JN069785

生徒指導提要

令和４年12月 改訂

コンパクト版・関連法令付録

本書は、文部科学省がデジタルテキストとして令和４年12月にホームページ上に公表した「生徒指導提要」の改訂版を書籍化したものです。
（引用元：https://www.mext.go.jp/content/20230220-mxt_jidou01-000024699-201-1.pdf）
後半には、関連法令を付録として掲載しています。

ジアース教育新社

まえがき

「生徒指導提要」は、小学校段階から高等学校段階までの生徒指導の理論・考え方や実際の指導方法等について、時代の変化に即して網羅的にまとめ、生徒指導の実践に際し教職員間や学校間で共通理解を図り、組織的・体系的な取組を進めることができるよう、生徒指導に関する学校・教職員向けの基本書として、平成22年に作成されました。

近年、子供たちを取り巻く環境が大きく変化する中、いじめの重大事態や児童生徒の自殺者数の増加傾向が続いており、極めて憂慮すべき状況にあります。加えて、「いじめ防止対策推進法」や「義務教育の段階における普通教育に相当する機会の確保等に関する法律」の成立等関連法規や組織体制の在り方など、提要の作成時から生徒指導をめぐる状況は大きく変化してきています。

こうした状況を踏まえ、生徒指導の基本的な考え方や取組の方向性等を再整理するとともに、今日的な課題に対応していくため、「生徒指導提要の改訂に関する協力者会議」を設置し、「生徒指導提要」について12年ぶりの改訂を行いました。

今般の改訂では、第Ⅰ部で「生徒指導の基本的な進め方」として生徒指導の意義や生徒指導の構造、教育課程との関係、生徒指導を支える組織体制について整理した上で、第Ⅱ部において、「個別の課題に対する生徒指導」として、各個別課題について、関連法規や対応の基本方針に照らしながら、未然防止や早期発見・対応といった観点から、指導に当たっての基本的な考え方や留意すべき事項等について示しております。

特に、今般の改訂では、課題予防・早期対応といった課題対応の側面のみならず、児童生徒の発達を支えるような生徒指導の側面に着目し、その指導の在り方や考え方について説明を加えています。

子供たちの多様化が進み、様々な困難や課題を抱える児童生徒が増える中、学校教育には、子供の発達や教育的ニーズを踏まえつつ、一人一人の可能性を最大限伸ばしていく教育が求められています。こうした中で、生徒指導は、一人一人が抱える個別の困難や課題に向き合い、「個性の発見とよさや可能性の伸長、社会的資質・能力の発達」に資する重要な役割を有しています。

生徒指導上の課題が深刻になる中、何よりも子供たちの命を守ることが重要であり、全ての子供たちに対して、学校が安心して楽しく通える魅力ある環境となるよう学校関係者が一丸となって取り組まなければなりません。その際、事案に応じて、学校だけでなく、家庭や専門性のある関係機関、地域などの協力を得ながら、社会全体で子供たちの成長・発達に向け包括的に支援していくことが必要です。

また、本年6月に「こども基本法」が成立し、子供の権利擁護や意見を表明する機会の確保等が法律上位置付けられました。子供たちの健全な成長や自立を促すためには、子供たちが意見を述べたり、他者との対話や議論を通じて考える機会を持つことは重要なことであり、例えば、校則の見直しを検討する際に、児童生徒の意見を聴取する機会を設けたり、児童会・生徒会等の場において、校則について確認したり、議論したりする機会を設けることが考えられます。児童生徒が主体的に参画することは、学校のルールを無批判に受け入れるのではなく、児童生徒自身がその根拠や影響を考え、身近な課題を自ら解決するといった教育的意義を有するものと考えています。

最後に、本書の改訂作業については、「生徒指導提要の改訂に関する協力者会議」の委員を始め、多くの原稿執筆者に御協力をいただきました。また、初の試みとなる本書のデジタルテキスト化に当たっては、八並光俊座長に全面的に作成・編集いただきました。この場を借りて厚く御礼申し上げます。

本書が全ての教職員や教育委員会等をはじめ多くの学校関係者に生徒指導の基本書として活用され、学校における生徒指導の一層の充実が図られることを切に願います。

令和4年12月

文部科学省初等中等教育局長
藤　原　章　夫

目次

第Ⅰ部

生徒指導の基本的な進め方

第1章

生徒指導の基礎

1.1　生徒指導の意義

1.1.1　生徒指導の定義と目的

(1) 生徒指導の定義

学校教育の目的は、「人格の完成を目指し、平和で民主的な国家及び社会の形成者として必要な資質を備えた心身ともに健康な国民の育成」（教育基本法第１条）を期することであり、また、「個人の価値を尊重して、その能力を伸ばし、創造性を培い、自主及び自律の精神を養う」（同法第２条第２号）ことが目標の一つとして掲げられています。この学校教育の目的や目標達成に寄与する生徒指導を定義すると、次のようになります。

生徒指導の定義

生徒指導とは、児童生徒が、社会の中で自分らしく生きることができる存在へと、自発的・主体的に成長や発達する過程を支える教育活動のことである。なお、生徒指導上の課題に対応するために、必要に応じて指導や援助を行う。

生徒指導は、児童生徒が自身を個性的存在として認め、自己に内在しているよさや可能性に自ら気付き、引き出し、伸ばすと同時に、社会生活で必要となる社会的資質・能力を身に付けることを支える働き（機能）です。したがって、生徒指導は学校の教育目標を達成する上で重要な機能を果たすものであり、学習指導と並んで学校教育において重要な意義を持つものと言えます。

(2) 生徒指導の目的

生徒指導の目的は、教育課程の内外を問わず、学校が提供する全ての教育活動の中で児童生徒の人格が尊重され、個性の発見とよさや可能性[*1]の伸長を児童生徒自らが図りながら、多様な社会的資質・能力を獲得し、自らの資質・能力を適切に行使して自己実現を果たすべく、自己の幸福と社会の発展を児童生徒自らが追求することを支えるところに求められます[*2]。

生徒指導の目的

生徒指導は、児童生徒一人一人の個性の発見とよさや可能性の伸長と社会的資質・能力の発達を支えると同時に、自己の幸福追求と社会に受け入れられる自己実現を支えることを目的とする。

生徒指導において発達を支えるとは、児童生徒の心理面（自信・自己肯定感等）の発達のみならず、学習面（興味・関心・学習意欲等）、社会面（人間関係・集団適応等）、進路面（進路意識・将来展望等）、健康面（生活習慣・メンタルヘルス等）の発達を含む包括的なものです。

また、生徒指導の目的を達成するためには、児童生徒一人一人が自己指導能力を身に付けることが重要です。児童生徒が、深い自己理解に基づき、「何をしたいのか」、「何をするべきか」、主体的に問題や課題を発見し、自己の目標を選択・設定して、この目標の達成のため、自発的、自律的、かつ、他者の主体性を尊重しながら、自らの行動を決断し、実行する力、すなわち、「自己指導能力」を獲得することが目指されます。

児童生徒は、学校生活における多様な他者との関わり合いや学び合いの経験を通して、

[*1] 「「令和の日本型学校教育」の構築を目指して～全ての子供たちの可能性を引き出す、個別最適な学びと、協働的な学びの実現～（答申）」中央教育審議会（令和３年）の答申では、令和の日本型学校教育において、児童生徒の個別最適な学びの実現に向けて、児童生徒のよい点や可能性を伸ばし、これまで以上に児童生徒の成長やつまずき、悩み等の理解に努め、個々の興味・関心・意欲等を踏まえてきめ細かく支援することが大切であると指摘されている。

[*2] 本書では、児童生徒に対して、①特定の課題を想定しない場合は「支える」若しくは「支持する」、②特定の課題を想定した指導や援助の場合は「指導する」、「援助する」若しくは「指導・援助」、又は③上記の①②を包括的に示す場合は「支援する」と表記する。なお、特別支援教育は、障害のある幼児児童生徒の自立や社会参加に向けた主体的な取組を支援するという視点に立ち、幼児児童生徒一人一人の教育的ニーズを把握し、その持てる力を高め、生活や学習上の困難を改善又は克服するため、適切な指導及び必要な支援を行うものであることから、13.1においては「指導や支援」という表記を使用している。

学ぶこと、生きること、働くことなどの価値や課題を見いだしていきます。その過程において、自らの生き方や人生の目標が徐々に明確になります。学校から学校への移行、学校から社会への移行においても、主体的な選択・決定を促す自己指導能力が重要です。

1.1.2　生徒指導の実践上の視点

これからの児童生徒は、少子高齢化社会の出現、災害や感染症等の不測の社会的危機との遭遇、高度情報化社会での知識の刷新や ICT 活用能力の習得、外国の人々を含め多様な他者との共生と協働等、予測困難な変化や急速に進行する多様化に対応していかなければなりません。

児童生徒の自己指導能力の獲得を支える生徒指導では、多様な教育活動を通して、児童生徒が主体的に課題に挑戦してみることや多様な他者と協働して創意工夫することの重要性等を実感することが大切です。以下に、その際に留意する実践上の視点を示します。

(1) 自己存在感の感受

児童生徒の教育活動の大半は、集団一斉型か小集団型で展開されます。そのため、集団に個が埋没してしまう危険性があります。そうならないようにするには、学校生活のあらゆる場面で、「自分も一人の人間として大切にされている」という自己存在感を、児童生徒が実感することが大切です。また、ありのままの自分を肯定的に捉える自己肯定感や、他者のために役立った、認められたという自己有用感[*3]を育むことも極めて重要です。

(2) 共感的な人間関係の育成

学級経営・ホームルーム経営（以下「学級・ホームルーム経営」という。）の焦点は、教職員と児童生徒、児童生徒同士の選択できない出会いから始まる生活集団を、どのようにして認め合い・励まし合い・支え合える学習集団に変えていくのかということに置かれます。失敗を恐れない、間違いやできないことを笑わない、むしろ、なぜそう思ったのか、どうすればできるようになるのかを皆で考える支持的で創造的な学級・ホームルームづくりが生徒指導の土台となります。そのためには、自他の個性を尊重し、相手の立場に立って考え、行動できる相互扶助的で共感的な人間関係をいかに早期に創りあげるかが重要と

[*3] 「生徒指導リーフ Leaf.18 「自尊感情」？ それとも、「自己有用感」？」国立教育政策研究所生徒指導・進路指導研究センター（平成27年）

なります。

(3) 自己決定の場の提供

児童生徒が自己指導能力を獲得するには、授業場面で自らの意見を述べる、観察・実験・調べ学習等を通じて自己の仮説を検証してレポートする等、自ら考え、選択し、決定する、あるいは発表する、制作する等の体験が何より重要です。児童生徒の自己決定の場を広げていくために、学習指導要領が示す「主体的・対話的で深い学び」の実現に向けた授業改善を進めていくことが求められます。

(4) 安全・安心な風土の醸成

児童生徒一人一人が、個性的な存在として尊重され、学級・ホームルームで安全かつ安心して教育を受けられるように配慮する必要があります。他者の人格や人権をおとしめる言動、いじめ、暴力行為などは、決して許されるものではありません。お互いの個性や多様性を認め合い、安心して授業や学校生活が送れるような風土を、教職員の支援の下で、児童生徒自らがつくり上げるようにすることが大切です。そのためには、教職員による児童生徒への配慮に欠けた言動、暴言や体罰等が許されないことは言うまでもありません。

1.1.3　生徒指導の連関性

(1) 生徒指導とキャリア教育

生徒指導と同様に、児童生徒の社会的自己実現を支える教育活動としてキャリア教育があります。生徒指導を進める上で、両者の相互作用を理解して、一体となった取組を行うことが大切です。

小・中学校学習指導要領の総則において、キャリア教育について「児童（生徒）が、学ぶことと自己の将来とのつながりを見通しながら、社会的・職業的自立に向けて必要な基盤となる資質・能力を身に付けていくことができるよう、特別活動を要としつつ各教科等の特質に応じて、キャリア教育の充実を図ること。」と示されています。キャリア教育を学校教育全体で進めるという前提の下、これまでの教科の学びや体験活動等を振り返るなど、教育活動全体の取組を自己の将来や社会につなげていくことが求められています。

進路指導については、「その中で、生徒が自らの生き方を考え主体的に進路を選択することができるよう、学校の教育活動全体を通じ、組織的かつ計画的な進路指導を行うこと。」（中学校）とあります。つまり、キャリア教育の中に進路指導が包含されており、高等学校の学習指導要領にも同様の内容が示されています。さらに、小学校学習指導要領第６章、中学校及び高等学校学習指導要領第５章の特別活動の学級活動・ホームルーム活動（以下「学級・ホームルーム活動」という。）の内容項目（3）が「一人一人のキャリア形成と自己実現」となっており、小・中・高を通じたキャリア教育の積み重ねの重要性が指摘されています（→ 2.5.3 学級・ホームルーム活動と生徒指導）。

いじめや暴力行為などの生徒指導上の課題への対応においては、児童生徒の反省だけでは再発防止力は弱く、自他の人生への影響を考えること、自己の生き方を見つめること、自己の内面の変化を振り返ること及び将来の夢や進路目標を明確にすることが重要です。したがって、生徒指導とキャリア教育は、深い関係にあると言えます。

(2) 生徒指導と教育相談

教育相談は、生徒指導から独立した教育活動ではなく、生徒指導の一環として位置付けられるものであり、その中心的役割を担うものと言えます。教育相談の特質と、生徒指導の関係は以下のとおりです。

① 個別性・多様性・複雑性に対応する教育相談

教育相談とは、一人一人の児童生徒の教育上の諸課題について、本人又は保護者などにその望ましい在り方について助言をするものと理解されてきました。教育相談には、個別相談やグループ相談などがありますが、児童生徒の個別性を重視しているため、主に個に焦点を当てて、面接やエクササイズ（演習）を通して個の内面の変容を図ることを目指しています。それに対して、生徒指導は主に集団に焦点を当て、学校行事や体験活動などにおいて、集団としての成果や発展を目指し、集団に支えられた個の変容を図ります。

また、社会の急激な変化とともに、児童生徒の発達上の多様性や家庭環境の複雑性も増しています。例えば、深刻ないじめ被害のある児童生徒や長期の不登校児童生徒への対応、障害のある児童生徒等、特別な配慮や支援を要する児童生徒への対応、児童虐待や家庭の貧困、家族内の葛藤、保護者に精神疾患などがある児童生徒への対応、性同一性障害や性的指向・性自認に係る児童生徒への対応などが求められます。その意味では、生徒指導における教育相談は、現代の児童生徒の個別性・

多様性・複雑性に対応する生徒指導の中心的な教育活動だと言えます。

② 生徒指導と教育相談が一体となったチーム支援

教育相談は、どちらかといえば事後の個別対応に重点が置かれていましたが、不登校、いじめや暴力行為等の問題行動、子供の貧困、児童虐待等については、生徒指導と教育相談が一体となって、「事案が発生してからのみではなく、未然防止、早期発見、早期支援・対応、さらには、事案が発生した時点から事案の改善・回復、再発防止まで一貫した支援[*4]」に重点をおいたチーム支援体制をつくることが求められています。

1.2　生徒指導の構造

1.2.1　2軸3類4層構造

生徒指導は、児童生徒の課題への対応を時間軸や対象、課題性の高低という観点から類別することで、構造化することができます。生徒指導の分類を示すと、図1のようになります。

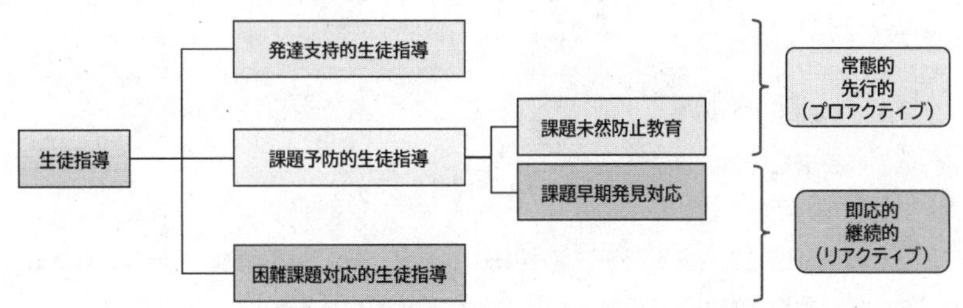

図1　生徒指導の分類

[*4] 「児童生徒の教育相談の充実について～学校の教育力を高める組織的な教育相談体制づくり～（報告）」教育相談等に関する調査研究協力者会議（平成29年）。また、学校教育法施行規則の一部を改正する省令の施行（平成29年）により、スクールカウンセラーとスクールソーシャルワーカーの職務内容が規定された。スクールカウンセラーは、心理に関する高度な専門的知見を有する者として、スクールソーシャルワーカーは、児童生徒の最善の利益を保障するため、ソーシャルワークの価値・知識・技術を基盤とする福祉の専門性を有する者として、校長の指揮監督の下、不登校、いじめや暴力行為等の問題行動、子供の貧困、児童虐待等の未然防止、早期発見、支援・対応等を、教職員と連携して行うことが明記された。

(1) 生徒指導の2軸

児童生徒の課題への対応の時間軸に着目すると、図1の右端のように2分されます。

① 常態的・先行的（プロアクティブ）生徒指導

日常の生徒指導を基盤とする発達支持的生徒指導（→ 1.2.2 発達支持的生徒指導）と組織的・計画的な課題未然防止教育（→ 1.2.3 課題予防的生徒指導：課題未然防止教育）は、積極的な先手型の常態的・先行的（プロアクティブ）生徒指導と言えます[*5]。

② 即応的・継続的（リアクティブ）生徒指導

課題の予兆的段階や初期状態における指導・援助を行う課題早期発見対応（→ 1.2.4 課題予防的生徒指導：課題早期発見対応）と、深刻な課題への切れ目のない指導・援助を行う困難課題対応的生徒指導（→ 1.2.5 困難課題対応的生徒指導）は、事後対応型の即応的・継続的（リアクティブ）生徒指導と言えます。

(2) 生徒指導の3類

生徒指導の課題性（「高い」・「低い」）と課題への対応の種類から分類すると、図1のように以下の3類になります。

① 発達支持的生徒指導

全ての児童生徒の発達を支えます。

② 課題予防的生徒指導

全ての児童生徒を対象とした課題の未然防止教育と、課題の前兆行動が見られる一部の児童生徒を対象とした課題の早期発見と対応を含みます。

③ 困難課題対応的生徒指導

深刻な課題を抱えている特定の児童生徒への指導・援助を行います。

[*5] 「「令和の日本型学校教育」の構築を目指して～全ての子供たちの可能性を引き出す、個別最適な学びと、協働的な学びの実現～（答申）」において、「児童生徒の問題行動の発生を未然に防止するために、成長を促す指導等の積極的な生徒指導の充実・・・（略）・・・を図るとともに・・・」と示されている。（第Ⅱ部各論2．9年間を見通した新時代の義務教育の在り方について（6）いじめの重大事態、虐待事案等に適切に対応するための方策）

(3) 生徒指導の４層

図２は、図１の２軸３類に加えて、生徒指導の対象となる児童生徒の範囲から、全ての児童生徒を対象とした第１層「発達支持的生徒指導」と第２層「課題予防的生徒指導：課題未然防止教育」、一部の児童生徒を対象とした第３層「課題予防的生徒指導：課題早期発見対応」、そして、特定の生徒を対象とした第４層「困難課題対応的生徒指導」の４層から成る生徒指導の重層的支援構造[*6]を示したものです。以下で、具体的に各層について説明します。

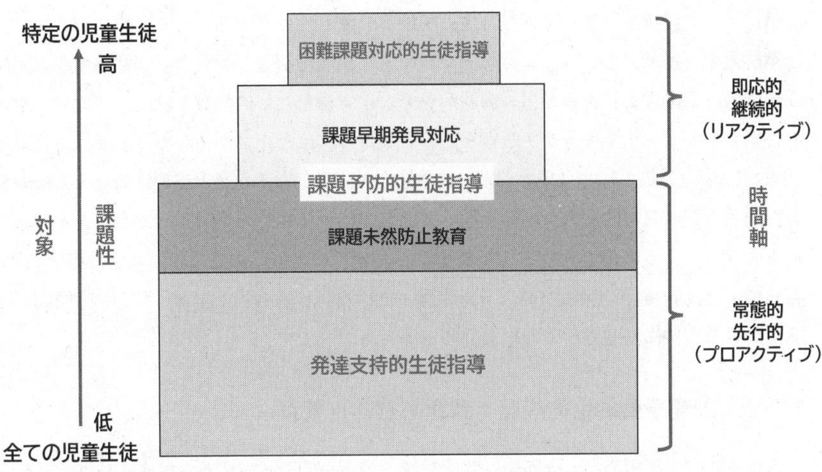

図２　生徒指導の重層的支援構造

[*6] 従来の『生徒指導提要』（平成22年）では、①成長を促す指導（全ての児童生徒を対象に、個性を伸ばすことや、自身の成長に対する意欲を高めることをねらいとしたもの）、②予防的な指導（一部の児童生徒を対象に、深刻な問題に発展しないように、初期段階で諸課題を解決することをねらいとしたもの）、③課題解決的な指導（深刻な問題行動や悩みを抱え、なおかつその悩みに対するストレスに適切に対処できないような特別に支援を必要とする児童生徒の課題解決をねらいとしたもの）の３層構造であったが、今回はこの構造（3階建て）を発展させ①の成長を促す指導が、第1層「発達支持的生徒指導」と第2層「課題予防的生徒指導：課題未然防止教育」に分けられた。

1.2.2　発達支持的生徒指導

発達支持的生徒指導は、特定の課題を意識することなく、全ての児童生徒を対象に、学校の教育目標の実現に向けて、教育課程内外の全ての教育活動において進められる生徒指導の基盤となるものです。発達支持的というのは、児童生徒に向き合う際の基本的な立ち位置を示しています。すなわち、あくまでも児童生徒が自発的・主体的に自らを発達させていくことが尊重され、その発達の過程を学校や教職員がいかに支えていくかという視点に立っています。すなわち、教職員は、児童生徒の「個性の発見とよさや可能性の伸長と社会的資質・能力の発達を支える」ように働きかけます。

発達支持的生徒指導では、日々の教職員の児童生徒への挨拶、声かけ、励まし、賞賛、対話、及び、授業や行事等を通した個と集団への働きかけが大切になります。例えば、自己理解力や自己効力感、コミュニケーション力、他者理解力、思いやり、共感性、人間関係形成力、協働性、目標達成力、課題解決力などを含む社会的資質・能力の育成や、自己の将来をデザインするキャリア教育など、教員だけではなくスクールカウンセラー（以下「SC」という。）等の協力も得ながら、共生社会の一員となるための市民性教育・人権教育等の推進などの日常的な教育活動を通して、全ての児童生徒の発達を支える働きかけを行います。このような働きかけを、学習指導と関連付けて行うことも重要です。意図的に、各教科、「特別の教科 道徳」（以下「道徳科」という。）、総合的な学習（探究）の時間、特別活動等と密接に関連させて取組を進める場合もあります。

1.2.3　課題予防的生徒指導：課題未然防止教育

課題予防的生徒指導は、課題未然防止教育と課題早期発見対応から構成されます。課題未然防止教育は、全ての児童生徒を対象に、生徒指導の諸課題の未然防止をねらいとした、意図的・組織的・系統的な教育プログラムの実施です。

具体的には、いじめ防止教育、SOS の出し方教育を含む自殺予防教育、薬物乱用防止教育、情報モラル教育、非行防止教室等が該当します。生徒指導部を中心に、SC 等の専門家等の協力も得ながら、年間指導計画に位置付け、実践することが重要です。

1.2.4　課題予防的生徒指導：課題早期発見対応

課題早期発見対応では、課題の予兆行動が見られたり、問題行動のリスクが高まったりするなど、気になる一部の児童生徒を対象に、深刻な問題に発展しないように、初期の段階で諸課題を発見し、対応します。例えば、ある時期に成績が急落する、遅刻・早退・欠席が増える、身だしなみに変化が生じたりする児童生徒に対して、いじめや不登校、自殺などの深刻な事態に至らないように、早期に教育相談や家庭訪問などを行い、実態に応じて迅速に対応します。

特に、早期発見では、いじめアンケートのような質問紙に基づくスクリーニングテストや、SC やスクールソーシャルワーカー[*7]（以下「SSW」という。）を交えたスクリーニング会議によって気になる児童生徒を早期に見いだして、指導・援助につなげます。

また、早期対応では、主に、学級・ホームルーム担任が生徒指導主事等と協力して、機動的に課題解決を行う機動的連携型支援チームで対応することとなります。しかし、問題によっては、生徒指導主事や生徒指導担当、教育相談コーディネーター[*8]（教育相談担当主任等）や教育相談担当、学年主任、特別支援教育コーディネーター、養護教諭、SC、SSW 等の教職員が協働して校内連携型支援チームを編成し、組織的なチーム支援によって早期に対応することが望まれます[*9]。

1.2.5　困難課題対応的生徒指導

いじめ、不登校、少年非行、児童虐待など特別な指導・援助を必要とする特定の児童生徒を対象に、校内の教職員（教員、SC、SSW 等）だけでなく、校外の教育委員会等（小

[*7] 各学校等へ配置されるSCは、公認心理師や臨床心理士、精神科医及び児童生徒の心理に関して高度に専門的な知識及び経験を有する者等の中から各自治体が選考している。また、各学校等へ配置されるSSWは、社会福祉士や精神保健福祉士等及び福祉や教育の分野において専門的な知識及び経験を有する者等の中から各自治体が選考している。

[*8] 教育相談コーディネーターは、全ての学校に配置されているとは限らない。また、学校により名称も様々で、教育相談主任、教育相談担当と呼ばれている場合もある。本書では、それらを総称して、教育相談コーディネーターと表記する。

[*9] 一人の児童生徒に対して、一つの支援チームを編成する。学級・ホームルーム担任に生徒指導主事や学年主任、教育相談コーディネーター等を加えた最小のチームが、機動的に課題解決を行う機動的連携型支援チームである。それに対して、校内の校務分掌や学年を超えた支援チームは、校内連携型支援チームである。さらに、学校と関係機関等で構成されるネットワーク型支援チームがある。（→ 3.4.2 生徒指導と教育相談が一体となったチーム支援の実際「図 6 支援チームの形態」）

中高等学校又は特別支援学校を設置する国公立大学法人、学校法人、大学を設置する地方公共団体の長及び学校設置会社を含む。)、警察、病院、児童相談所、NPO 等の関係機関との連携・協働による課題対応を行うのが、困難課題対応的生徒指導です。困難課題対応的生徒指導においては、学級・ホームルーム担任による個別の支援や学校単独では対応が困難な場合に、生徒指導主事や教育相談コーディネーターを中心にした校内連携型支援チームを編成したり、校外の専門家を有する関係機関と連携・協働したネットワーク型支援チームを編成したりして対応します。

児童生徒の背景には、児童生徒の個人の性格や社会性、学習障害・注意欠陥多動性障害・自閉症などの発達障害[*10]といった個人的要因、児童虐待・家庭内暴力・家庭内の葛藤・経済的困難などの家庭的要因、また、友人間での人間関係に関する要因など、様々な要因が絡んでいます。学校として、このような課題の背景を十分に理解した上で、課題に応じて管理職、生徒指導主事、学級・ホームルーム担任、養護教諭、SC、SSW 等の専門家で構成される校内連携型支援チームや、関係機関等との連携・協働によるネットワーク型支援チームを編成して、計画的・組織的・継続的な指導・援助を行うことが求められます。

生徒指導と言うと、課題が起き始めたことを認知したらすぐに対応する（即応的)、あるいは、困難な課題に対して組織的に粘り強く取り組む（継続的）というイメージが今も根強く残っています。しかし、いじめの重大事態や暴力行為の増加、自殺の増加などの喫緊の課題に対して、起きてからどう対応するかという以上に、どうすれば起きないようになるのかという点に注力することが大切です。

いじめを例にすると、いじめの疑いのある段階からの発見やいじめを認知した段階で迅速な対処を行う課題早期発見対応、そして、いじめ解消に向けた困難課題対応的生徒指導が重要であることは言うまでもありませんが、SNS によるいじめなど、教職員に見えにくいいじめへの対応の難しさを考えると、全ての児童生徒を対象に前向きな取組を行うことが求められます。人権意識を高める観点から、例えば、国語の授業で他人を傷つけない言語表現を学習する。あるいは、市民性教育の観点から、ネットでの誹謗中傷的書き込みの他者への影響等を、道徳科や特別活動等で学習する。こうした取組は、教職員が日常的に

[*10] DSM-5（アメリカ精神医学会の診断基準DSM-5「精神疾患の診断・統計マニュアル第5版」）においては、発達障害は、知的障害（知的能力障害）、コミュニケーション障害、自閉スペクトラム症（ASD）、ADHD（注意欠如・多動症）、学習障害（限局性学習症、LD）、発達性協調運動障害、チック症の7つに分けられている。

児童生徒に働きかける発達支持的生徒指導（常態的）と言えます。同時に、いじめが起きないように積極的にいじめに関する課題未然防止教育（先行的）を、児童会・生徒会と協力して展開することも大切です。

全ての児童生徒を対象にした、人を傷つけない言語表現の学習、情報モラル教育、法教育といった発達支持的生徒指導は、児童生徒の実態と合ったものであれば、いじめの抑止効果を持つことが期待されます。また、課題予防的生徒指導（課題早期発見対応）や困難課題対応的生徒指導を通して、起こった事象を特定の児童生徒の課題として留めずに、学級・ホームルーム、学年、学校、家庭、地域の課題として視点を広げて捉えることによって、全ての児童生徒に通じる指導の在り方が見えてきます。

このように、発達支持的生徒指導や課題予防的生徒指導（課題未然防止教育）の在り方を改善していくことが、生徒指導上の諸課題の未然防止や再発防止につながり、課題早期発見対応や困難課題対応的生徒指導を広い視点から捉え直すことが、発達支持的生徒指導につながるという円環的な関係にあると言えます。その意味からも、これからの生徒指導においては、特に常態的・先行的（プロアクティブ）な生徒指導の創意工夫が一層必要になると考えられます。

1.3　生徒指導の方法

1.3.1　児童生徒理解

生徒指導に共通する方法として、児童生徒理解及び集団指導と個別指導の方法原理があります。まず、児童生徒理解について、考えてみましょう。

(1) 複雑な心理・人間関係の理解

生徒指導の基本と言えるのは、教職員の児童生徒理解です。しかし、経験のある教職員であっても、児童生徒一人一人の家庭環境、生育歴、能力・適性、興味・関心等を把握することは非常に難しいことです。また、授業や部活動などで、日常的に児童生徒に接していても、児童生徒の感情の動きや児童生徒相互の人間関係を把握することは容易ではありません。さらに、スマートフォンやインターネットの発達によって、教職員の目の行き届かない仮想空間で、不特定多数の人と交流するなど、思春期の多感な時期にいる中学生や高校生の複雑な心理や人間関係を理解するのは困難を極めます。したがって、いじめや児童虐待の未然防止においては、教職員の児童生徒理解の深さが鍵となります。

(2) 観察力と専門的・客観的・共感的理解

児童生徒理解においては、児童生徒を心理面のみならず、学習面、社会面、健康面、進路面、家庭面から総合的に理解していくことが重要です。また、学級・ホームルーム担任の日頃のきめ細かい観察力が、指導・援助の成否を大きく左右します。また、学年担当、教科担任、部活動等の顧問等による複眼的な広い視野からの児童生徒理解に加えて、養護教諭、SC、SSW の専門的な立場からの児童生徒理解を行うことが大切です。この他、生活実態調査、いじめアンケート調査等の調査データに基づく客観的な理解も有効です。特に、教育相談では、児童生徒の声を、受容・傾聴し、相手の立場に寄り添って理解しようとする共感的理解が重要になります。

(3) 児童生徒、保護者と教職員の相互理解の重要性

的確な児童生徒理解を行うためには、児童生徒、保護者と教職員がお互いに理解を深めることが大切です。児童生徒や保護者が、教職員に対して、信頼感を抱かず、心を閉ざした状態では、広く深い児童生徒理解はできません。児童生徒や保護者に対して、教職員が積極的に、生徒指導の方針や意味などについて伝え、発信して、教職員や学校側の考えについての理解を図る必要があります。例えば、授業や行事等で教職員が自己開示をする、あるいは、定期的な学級・ホームルーム通信を発行することなどを通して、児童生徒や保護者に教職員や学校に対する理解を促進することが大切です。

1.3.2　集団指導と個別指導

集団指導と個別指導は、集団に支えられて個が育ち、個の成長が集団を発展させるという相互作用により、児童生徒の力を最大限に伸ばし、児童生徒が社会で自立するために必要な力を身に付けることができるようにするという指導原理に基づいて行われます。そのためには、教職員は児童生徒を十分に理解するとともに、教職員間で指導についての共通理解を図ることが必要です。

(1) 集団指導

集団指導では、社会の一員としての自覚と責任、他者との協調性、集団の目標達成に貢献する態度の育成を図ります。児童生徒は役割分担の過程で、各役割の重要性を学びながら、協調性を身に付けることができます。自らも集団の形成者であることを自覚し、互いが支え合う社会の仕組みを理解するとともに、集団において、自分が大切な存在であることを実感します。指導においては、あらゆる場面において、児童生徒が人として平等な立場で互いに理解し信頼した上で、集団の目標に向かって励まし合いながら成長できる集団をつくることが大切です。そのために、教職員には、一人一人の児童生徒が

① 安心して生活できる
② 個性を発揮できる
③ 自己決定の機会を持てる
④ 集団に貢献できる役割を持てる
⑤ 達成感・成就感を持つことができる
⑥ 集団での存在感を実感できる
⑦ 他の児童生徒と好ましい人間関係を築ける
⑧ 自己肯定感・自己有用感を培うことができる
⑨ 自己実現の喜びを味わうことができる

ことを基盤とした集団づくりを行うように工夫することが求められます。

(2) 個別指導

個別指導には、集団から離れて行う指導と、集団指導の場面においても個に配慮することの二つの概念があります。

授業など集団で一斉に活動をしている場合において、個別の児童生徒の状況に応じて配慮することも個別指導と捉えられます。また、集団に適応できない場合など、課題への対応を求める場合には、集団から離れて行う個別指導の方がより効果的に児童生徒の力を伸ばす場合も少なくありません。『「令和の日本型学校教育」の構築を目指して～全ての子供たちの可能性を引き出す、個別最適な学びと、協働的な学びの実現～（答申）』において指摘されているように、「生徒指導上の課題の増加、外国人児童生徒数の増加、通常の学

級に在籍する障害のある児童生徒、子供の貧困の問題等により多様化する子供たち」への対応も含め、誰一人取り残さない生徒指導が求められています。さらに今後、個の課題や家庭・学校環境に応じた、適切かつ切れ目のない生徒指導を行うことが大切となります。

1.3.3　ガイダンスとカウンセリング

生徒指導の集団指導と個別指導に関連して、学習指導要領の第1章「総則」(小学校・中学校は第4、高等学校は第5款)で新設された「児童(生徒)の発達の支援」(以下、括弧内は、中学校と高等学校での表記)の「1　児童(生徒)の発達を支える指導の充実」の「(1) 学級経営(高等学校はホームルーム経営)の充実」において、以下のようにガイダンスとカウンセリングの双方による支援の重要性が明記されました。

> 学習や生活の基盤として、教師と児童(生徒)との信頼関係及び児童(生徒)相互のよりよい人間関係を育てるため、日頃から学級経営の充実を図ること。また、主に集団の場面で必要な指導や援助を行うガイダンスと、個々の児童(生徒)の多様な実態を踏まえ、一人一人が抱える課題に個別に対応した指導を行うカウンセリングの双方により、児童(生徒)の発達を支援すること。

生徒指導上の課題としては、小学校入学後に、うまく集団になじめない、学級が落ち着かないなどの小1プロブレムや、小学校から中学校に移行した際に、不登校児童生徒数や暴力行為の発生件数が増加するなどの中1ギャップが見られます。また、人間関係で多くの児童生徒が悩みを持ち、学習面の不安だけでなく、心理面や進路面での不安や悩みを抱えることも少なくありません。そのような課題に対しては、教職員が児童生徒や学級・ホームルームの実態に応じて、ガイダンスという観点から、学校生活への適応やよりよい人間関係の形成、学習活動や進路等における主体的な取組や選択及び自己の生き方などに関して、全ての児童生徒に、組織的・計画的に情報提供や説明を行います。場合によっては、社会性の発達を支援するプログラム(ソーシャル・スキル・トレーニングやソーシャル・エモーショナル・ラーニング[*11]等)などを実施します。

[*11] ソーシャル・エモーショナル・ラーニング(SEL：社会性と情動の学習)は、自己の捉え方と他者との関わり方を基盤として、社会性(対人関係)に関するスキル、態度、価値観を身につける学習であり、社会性と情動に関する心理教育プログラムの総称である。

また、カウンセリングという観点からは、児童生徒一人一人の生活や人間関係などに関する悩みや迷いなどを受け止め、自己の可能性や適性についての自覚を深めるように働きかけたり、適切な情報を提供したりしながら、児童生徒が自らの意志と責任で選択、決定することができるようにするための相談・助言等を個別に行います。

ガイダンスとカウンセリングは、教員、SC、SSW 等が協働して行う生徒指導において、児童生徒の行動や意識の変容を促し、一人一人の発達を支える働きかけの両輪[*12] として捉えることができます。

1.3.4　チーム支援による組織的対応

深刻化、多様化、低年齢化する生徒指導の諸課題を解決するためには、前述のように、学級・ホームルーム担任が一人で問題を抱え込まずに生徒指導主事等と協力して、機動的連携型支援チームで対応することが求められます。また、対応が難しい場合は、生徒指導主事や教育相談コーディネーター、学年主任、養護教諭、SC、SSW 等校内の教職員が連携・協働した校内連携型支援チームによる組織的対応が重要となります。さらに、深刻な課題は、校外の関係機関等との連携・協働に基づくネットワーク型支援チームによる地域の社会資源を活用した組織的対応が必要になります。課題早期発見対応や困難課題対応的生徒指導においては、チームによる指導・援助に基づく組織的対応によって、早期の課題解決を図り、再発防止を徹底することが重要です。また、発達支持的生徒指導や課題未然防止教育においても、チームを編成して学校全体で取組を進めることが求められます。

(1) チーム支援の特色

チーム支援の特色として、次の 2 点が挙げられます。

第一は、生徒指導上の課題に取り組んでいる児童生徒一人一人に対して、保護者、学校内の複数の教職員、関係機関の専門家、地域の人々等が、アセスメント[*13]に基づいて、

[*12] 『小学校学習指導要領（平成29年告示）解説特別活動編』第 4 章の第 2 節の 3「ガイダンスとカウンセリングの趣旨を踏まえた指導を図る」、『中学校学習指導要領（平成29年告示）解説特別活動編』第 3 章の第 1 節の 3 (6)「ガイダンスの趣旨を踏まえた指導」、『高等学校学習指導要領（平成30年告示）解説特別活動編』第 3 章の第 1 節の 3 (6)「ガイダンスの趣旨を踏まえた指導」を参照)

[*13] チーム支援において、当該児童生徒の課題に関連する問題状況や緊急対応を要する危機の程度等の情報を収集・分析・共有し、課題解決に有効な支援仮説を立て、支援目標や方法を決定するための資料を提供するプロセスのことである。（→ 3.4.2 生徒指導と教育相談が一体となったチーム支援の実際）

支援チームを編成して、課題予防的生徒指導や困難課題対応的生徒指導を行います。

第二に、チーム支援のプロセスは、①チーム支援の判断とアセスメントの実施、②課題の明確化と目標の共有、③チーム支援計画の作成、④支援チームによる実践、⑤点検・評価に基づくチーム支援の終結・継続と捉えることができます。

(2) チーム支援の留意点

チーム支援においては、児童生徒の学習情報、健康情報、家庭情報等極めて慎重な取扱いを要する個人情報を扱います。そのため、守秘義務や説明責任等に注意をしなければなりません。以下は、チーム支援のみならず、生徒指導全般にも共通する留意事項です。

① 合意形成と目標の共通理解

チーム支援に関して、保護者や児童生徒と事前に、「何のために」「どのように進めるのか」「情報をどう扱い、共有するのか」という点に関して、合意形成や共通理解を図ります。

② 守秘義務と説明責任

参加するメンバーは、個人情報を含めチーム支援において知り得た情報を守秘しなければなりません。チーム内守秘義務（集団守秘義務）が重要です。学校や教職員は、保護者や地域社会に対して、説明責任を有し、情報公開請求に応えることも求められます。特に、当該児童生徒の保護者の知る権利への配慮が大切です。

③ 記録保持と情報セキュリティ

会議録、各種調査票、チーム支援計画シート、教育相談記録等を、的確に作成し、規定の期間保持することが必要です。これらの情報資産については、自治体が定める教育情報セキュリティポリシーに準拠して慎重に取り扱うことが求められます。

1.4　生徒指導の基盤

1.4.1　教職員集団の同僚性

組織的かつ効果的に生徒指導を実践するためには、教職員同士が支え合い、学び合う同僚性が基盤となります。教職員や専門スタッフ等の多職種で組織される学校がチームとして実効的に機能するには、職場の組織風土（雰囲気）が大切です。換言すると、学級・

ホームルーム担任中心の抱え込み型生徒指導から、多職種による連携・協働型生徒指導へと転換していく際に重要となるのは、職場の人間関係の有り様です。

(1) 教職員の受容的・支持的・相互扶助的な人間関係

組織的・効果的な生徒指導を行うには、教職員が気軽に話ができる、生徒指導実践について困ったときに、同僚教職員やスタッフに相談に乗ってもらえる、改善策や打開策を親身に考えてもらえる、具体的な助言や助力をしてもらえる等、受容的・支持的・相互扶助的人間関係が形成され、組織として一体的な動きをとれるかどうかが鍵となります。また、職能開発という点からも、教職員が絶えず自らの生徒指導実践を振り返り、教職員同士で相互に意見を交わし、学び合うことのできる同僚関係[*14]が不可欠です。

(2) 教職員のメンタルヘルスの維持とセルフ・モニタリング

生徒指導を実践する上で、教職員のメンタルヘルス[*15]の維持は重要です。生徒指導では、未経験の課題性の高い対応を迫られることがあります。自分の不安や困り感を同僚に開示できない、素直に助けてほしいといえない、努力しているが解決の糸口がみつからない、自己の実践に肯定的評価がなされない等により、強い不安感、焦燥感、閉塞感、孤立感を抱き、心理的ストレスの高い状態が継続することがあります。この状態が、常態化するとバーンアウト（燃え尽き症候群）のリスクが高まります。

それに対して、受容的・支持的・相互扶助的な同僚性がある職場であれば、バーンアウトの軽減効果が期待されます。また、自分の心理状態を振り返る、セルフ・モニタリング

[*14] 「今後の教員養成・免許制度の在り方について（答申）」中央教育審議会（平成18年）「２．教員をめぐる現状」、「５　教員の多忙化と同僚性の希薄化」において、「社会の変化への対応や保護者等からの期待の高まり等を背景として、教員の中には、多くの業務を抱え、日々子どもと接しその人格形成に関わっていくという使命を果たすことに専念できずに、多忙感を抱いたり、ストレスを感じる者が少なくない。また、教科指導や生徒指導など、教員としての本来の職務を遂行するためには、教員間の学び合いや支え合い、協働する力が重要であるが、昨今、教員の間に学校は一つの組織体であるという認識の希薄になっていることが多かったり、学校の小規模化を背景に、学年主任等が他の教員を指導する機能が低下するなど、学びの共同体としての学校の機能（同僚性）が十分発揮されていないという指摘もある。」と同僚性の希薄化を指摘している。

[*15] 「教職員のメンタルヘルス対策について（最終まとめ）」教職員のメンタルヘルス対策検討会議（平成25年）では、教職員のメンタルヘルス不調の背景に関して、「教員は、対人援助職であるために、必ずしも決まった正解がない事例が多く、終わりが見えにくく目に見える成果を実感しづらい場合も多い。それゆえ自分の行動が適切かどうかの迷いや不安を抱きながら対応していることもある。このため、自分自身の努力に対する周りからの肯定的な評価やフィードバックが得られないと燃え尽きてしまうことがある。」とバーンアウトについて言及している。

も重要です。不安や苦しみを自覚したときに、一人で抱え込まず、SC も含めて身近な教職員に相談できる職場の雰囲気や体制の整備が求められます。

1.4.2　生徒指導マネジメント

生徒指導を切れ目なく、効果的に実践するためには、学校評価を含む生徒指導マネジメントサイクルを確立することが大切です。

(1) PDCA サイクルによる取組

PDCA サイクルでは、はじめに、学校の環境、児童生徒の状況、保護者や地域の人々の願い等について、調査や聴取を実施します。これに加え、各種審議会答申や世論の動向等を見据えて、「児童生徒がどのような態度や能力を身に付けるように働きかけるか」「何を生徒指導の重点とするか」等の目標を立てます。これを基に、生徒指導計画（P：Plan）を策定し、実施（D：Do）し、点検・評価（C：Check）を行い、次年度の改善（A：Action）へとつなげます。

(2) PDCA サイクルでの留意点

PDCA サイクルの推進に当たっては、管理職のリーダーシップと、保護者の学校理解や教職員理解が不可欠です。その際の留意点は、以下のとおりです。

① 生徒指導に関する明確なビジョンの提示

校長は、組織マネジメントの観点から、学校、家庭、地域の実態に基づいて、生徒指導の目標や育成したい児童生徒像に関する明確なビジョンを学校内外で提示し、一体感を醸成することが大切です。

② モニタリングと確実な情報共有

実施段階では、管理職によるきめ細かい教職員の動静把握、すなわち、モニタリングを適確に行うことが求められます。そのためには、各教職員との確実な情報共有、委員会・部会・学年会等の議事内容の理解が不可欠です。

③ 保護者の学校理解と教職員理解

学校における生徒指導が効果を発揮するためには、保護者による学校や教職員への理解が鍵となります。そのため、学校から保護者へ積極的に情報を発信していくことが必要です。学校ホームページによる情報発信の工夫、あるいは、学級・ホームルーム担任による保護者向けの学級・ホームルーム通信、学年便り、生徒指導部や教育相談部による通信等によって、生徒指導の目標理解や協力のお願い、児童生徒の実態に関する情報共有等を図ります。保護者の学校理解や教職員理解の深まりは、家庭や地域との連携・協働の基盤となります。

1.4.3　家庭や地域の参画

生徒指導は、学校の中だけで完結するものではなく、家庭や地域及び関係機関等との連携・協働を緊密にし、児童生徒の健全育成という広い視野から地域全体で取り組む「社会に開かれた生徒指導」として推進を図ることが重要です。具体的な方法としては、以下の 2 点があります。

(1) コミュニティ・スクール

第一の方法としては、コミュニティ・スクール（学校運営協議会制度）を活用して、地域社会総がかりで生徒指導を展開します。学校運営協議会を通じて、保護者や地域の人々等が一定の権限と責任[*16]を持って学校運営に参画する仕組みを置く学校が、コミュニティ・スクールです。

「地方教育行政の組織及び運営に関する法律」（第 47 条の 5 ）で、その意義や役割が規定されており、学校運営協議会の設置は教育委員会の努力義務とされています。保護者や地域の人々等の意見を学校運営に反映させるための協議や基本方針の承認を行うことを通じて、生徒指導の課題や重点目標の共通理解、具体的な教育活動の案出、家庭と地域との連携・協働、評価と改善事項等を地域と学校が共有して具体的な取組へとつなげることが可能となります。保護者や地域の人々が学校や教育委員会に意向を伝えるとともに、学校からも保護者や地域の人々に意向を伝えることが、具体的な取組を推進する上で重要です。

[*16] 学校運営協議会の主な役割として、次の 3 つがある。①校長が作成する学校運営の基本方針を承認する、②学校運営に関する意見を教育委員会又は校長に述べることができる、③教職員の任用に関して、教育委員会規則に定める事項について、教育委員会に意見を述べることができる。

(2) 地域学校協働活動

第二の方法として、「学校を核とした地域づくり」として、コミュニティ・スクールと一体的に取り組む地域学校協働活動があります。地域学校協働活動とは、地域の高齢者・成人・学生・保護者・PTA ・NPO ・民間企業・団体・機関等の幅広い地域の人々等の参画を得て、地域全体で児童生徒の学びや発達を支える活動です。

地域学校協働活動は、平成 29 年 3 月の社会教育法（第 5 条第 2 項）の改正により、法律に位置付けられました。登下校の見守り、多様な教育的ニーズのある児童生徒への学習支援、放課後や土曜日等における学習プログラムの提供、職場体験の場の提供等、学校と地域が連携・協働することによって、生徒指導を地域社会全体で行うことが可能になります。

1.5 生徒指導の取組上の留意点

1.5.1 児童生徒の権利の理解

第一の留意点は、教職員の児童の権利に関する条約[*17]についての理解です。

(1) 児童の権利に関する条約

児童生徒の人権の尊重という場合に、留意すべきは、平成元年 11 月 20 日に第 44 回国連総会において採択された児童の権利に関する条約です。日本は、平成 2 年にこの条約に署名し、平成 6 年に批准し、効力が生じています。

この場合の児童とは、18 歳未満の全ての者を指します。本条約の発効を契機として、児童生徒の基本的人権に十分配慮し、一人一人を大切にした教育が行われることが求められています。生徒指導を実践する上で、児童の権利条約の四つの原則を理解しておくことが不可欠です。

四つの原則とは、第一に、児童生徒に対するいかなる差別もしないこと、第二に、児童

[*17] 「「児童の権利に関する条約」について」文部事務次官（平成6年5月20日）では、「本条約の発効により、教育関係について特に法令等の改正の必要はないところでありますが、もとより、児童の人権に十分配慮し、一人一人を大切にした教育が行われなければならないことは極めて重要なことであり、本条約の発効を契機として、更に一層、教育の充実が図られていくことが肝要であります。このことについては、初等中等教育関係者のみならず、広く周知し、理解いただくことが大切であります。」として、周知している。

生徒にとって最もよいことを第一に考えること、第三に、児童生徒の命や生存、発達が保障されること、第四に、児童生徒は自由に自分の意見を表明する権利を持っていることを指します。関連する条文の概要は、以下のとおりです。

① 差別の禁止

児童又はその父母若しくは法定保護者の人種、皮膚の色、性、言語、宗教、政治的意見その他の意見、国民的、種族的若しくは社会的出身、財産、心身障害、出生又は他の地位にかかわらず、いかなる差別もなしにこの条約に定める権利を尊重し、及び確保する。（第２条）

② 児童の最善の利益

児童に関する全ての措置をとるに当たっては、公的若しくは私的な社会福祉施設、裁判所、行政当局又は立法機関のいずれによって行われるものであっても、児童の最善の利益が主として考慮されるものとする。（第３条）

③ 生命・生存・発達に対する権利

生命に対する児童の固有の権利を認めるものとし、児童の生存及び発達を可能な最大限の範囲において確保する。（第６条）

④ 意見を表明する権利

児童が自由に自己の意見を表明する権利を確保する。児童の意見は、その児童の年齢及び成熟度に従って相応に考慮される。（第12条）

いじめや暴力行為は、児童生徒の人権を侵害するばかりでなく、進路や心身に重大な影響を及ぼします。教職員は、いじめの深刻化や自殺の防止を目指す上で、児童生徒の命を守るという当たり前の姿勢を貫くことが大切です。

また、安全・安心な学校づくりは、生徒指導の基本中の基本であり、同条約の理解は、教職員、児童生徒、保護者、地域の人々等にとって必須だと言えます。

(2) こども基本法

令和４年６月に公布された「こども基本法」においては、「日本国憲法及び児童の権利に関する条約の精神にのっとり、次代の社会を担う全てのこどもが、生涯にわたる人格形成の基礎を築き、自立した個人としてひとしく健やかに成長することができ、こどもの心身の状況、置かれている環境等にかかわらず、その権利の擁護が図られ、将来にわたって幸福な生活を送ることができる社会の実現を目指して、こども施策を総合的に推進すること」が目的として示されています（第1条）。併せて、以下のような本法基本理念の趣旨等について、児童の権利に関する条約とともに理解しておくことが求められます。

（基本理念の主な記載）

① 全てのこどもについて、個人として尊重され、その基本的人権が保障されるとともに、差別的取扱いを受けることがないようにすること。（第3条第1号）

② 全てのこどもについて、適切に養育されること、その生活を保障されること、愛され保護されること、その健やかな成長及び発達並びにその自立が図られることその他の福祉に係る権利が等しく保障されるとともに、教育基本法の精神にのっとり教育を受ける機会が等しく与えられること。（第3条第2号）

③ 全てのこどもについて、その年齢及び発達の程度に応じて、自己に直接関係する全ての事項に関して意見を表明する機会及び多様な社会的活動に参画する機会が確保されること。（第3条第3号）

④ 全てのこどもについて、その年齢及び発達の程度に応じて、その意見が尊重され、その最善の利益が優先して考慮されること。（第3条第4号）

1.5.2　ICT の活用

第二の留意点は、ICT を活用した生徒指導の推進です。令和の日本型学校教育の実現に向けては、GIGA スクール構想を踏まえ、今後 ICT を活用した生徒指導を推進することが大切です。ICT を活用することで、以下のような教育効果が期待されます。ただし、実践に当たっては、不断の教職員の ICT 活用能力の向上が必要となります。

なお、校務系データ（出欠情報、健康診断情報、保健室利用情報、テスト結果、成績情報等）と、学習系データ（学習記録データ、児童生徒アンケートデータ等）等を組み合わせることで、一人一人の児童生徒や学級・ホームルームの状況を多様な角度から、客観的なデータを用いて分析・検討することも可能となります。

(1) データを用いた生徒指導と学習指導との関連付け

学習指導要領では、「学習指導と関連付けながら、生徒指導の充実を図ること。」と明記されています。学習指導と生徒指導が、相関的な関係を持つことを、多くの教職員が経験的に実感しています。児童生徒の孤独感や閉塞感の背景には、勉強が分からない、授業がつまらない等、学習上のつまずきや悩みがある場合が少なくありません。分かりやすい授業、誰にも出番のある全員参加の授業が、児童生徒の自己肯定感や自己有用感を高めます。ICT を活用することで、学習指導と生徒指導の相互作用を、データから省察することが求められます。

(2) 悩みや不安を抱える児童生徒の早期発見・対応

ICT を活用することで、児童生徒の心身の状態の変化に気付きやすくなる、あるいは、児童生徒理解の幅の広がりにつながることも考えられ、悩みや不安を抱える児童生徒の早期発見や早期対応の一助になることも期待されます。一方、ICT により得られる情報はあくまで状況把握の端緒であり、それにより支援の画一化が生じたりしないよう留意し、把握した状況から適切に対応する体制を構築しておくことが求められます。

(3) 不登校児童生徒等への支援

学校に登校できない児童生徒に対する学習保障や生徒指導という観点から、ICT を活用した支援は「義務教育の段階における普通教育に相当する教育の機会の確保等に関する法律」の「不登校児童生徒が行う多様な学習活動の実情を踏まえ、個々の不登校児童生徒の状況に応じた必要な支援が行われるようにすること。」（第３条第２号）という基本理念の実現方法の一つと言えます。

また、病気療養中の児童生徒については、「小・中学校等における病気療養児に対する同時双方向型授業配信を行った場合の指導要録上の出欠の取扱い等について（通知）」、「高等学校等におけるメディアを利用して行う授業に係る留意事項について（通知）」、「学校教育法施行規則の一部を改正する省令の施行について（通知）」等を参考にし、ICT を活用した通信教育やオンライン教材等を活用するなど、教育機会の確保に努める必要があります。

1.5.3　幼児教育との接続

第三の留意点は、幼児教育と小学校教育との円滑な接続です。生徒指導では、児童生徒が、自己の存在感を実感しながら、よりよい人間関係を形成し、有意義で充実した学校生活を送る中で、現在及び将来における自己実現を図っていくことができるようにすることが求められます。こうした生徒指導の考え方に立てば、幼児期において、信頼する大人との温かな関係の中で幼児が自己を発揮しながら、他の幼児や地域の人々等との関係を深めていくことは、非常に重要です。したがって、幼児教育の成果が小学校教育へと引き継がれ、子供の発達や学びが連続するようにすることが不可欠です。

そのためには、幼稚園・保育所・認定こども園と小学校（以下「幼保小」という。）の教職員が交流体験や情報交換を通して、幼児がどのように友達のよさや自分のよさ、可能性に気付き、人に対する信頼感や思いやりの気持ちを持てるようになるのか、あるいは、現状での幼児教育や小学校教育の課題がどこにあるのかを、相互理解することが大切です。加えて、幼保小の教職員が、後述する「幼児期の終わりまでに育ってほしい姿」を共有し、幼児教育と小学校教育の円滑な接続について協働して考えていくことが必要です。

その際、幼保小の接続期におけるスタートカリキュラムの位置付けや役割を踏まえ、入学当初のみならずその後の小学校における生活や学習へのつながりを視野に検討する姿勢が求められます。こうした幼児教育と小学校教育の円滑な接続は、小学校という新たな環境においても、児童が安心して楽しく学習や生活を送ることにつながります。

(1) 幼児期の終わりまでに育ってほしい姿

幼児教育と小学校教育との円滑な接続を図るために、幼稚園教育要領、保育所保育指針、幼保連携型認定こども園の教育・保育要領において、「幼児期の終わりまでに育ってほしい姿」が示されています。具体的には、以下の 10 項目です。

① 健康な心と体
② 自立心
③ 協同性
④ 道徳性・規範意識の芽生え
⑤ 社会生活との関わり

⑥ 思考力の芽生え

⑦ 自然との関わり・生命尊重

⑧ 数量や図形、標識や文字等への関心・感覚

⑨ 言葉による伝え合い

⑩ 豊かな感性と表現

幼児教育においては、これらの「幼児期の終わりまでに育ってほしい姿」を踏まえた指導を工夫することが大切です。小学校教育においては、幼稚園教育要領等に基づく幼児教育を通して育まれた資質・能力を踏まえた教育活動を実施し、児童が主体的に自己を発揮しながら学びに向かうことが可能となるように働きかけることが求められています。幼保小の教職員が、このような姿について共通理解を図り、指導の充実につなげていくことが大切です。

(2) スタートカリキュラムの工夫

小学校では、幼児期における遊びを通した総合的な学びから、各教科等における、より自覚的な学びに円滑に移行できるよう、入学当初において、生活科を中心とした合科的・関連的な指導や弾力的な時間割の設定など、指導計画の作成や指導の工夫をすることが必要です。いわゆるスタートカリキュラム[*18]を編成・実施することにより、自分で考え、選択・判断し、行動する自己指導能力や他者との協働性の土台をつくることが可能になります。

1.5.4　社会的自立に向けた取組

第四の留意点は、児童生徒の社会的自立に向けた取組です。生徒指導は、児童生徒が社会の中で自分らしく生きることができる存在となるように、適切な働きかけを行うことであるという点に留意し、社会的自立に向けた取組を日常の教育活動を通じて実施することが求められます。

民法の改正により、令和 4 年 4 月から、成年年齢が 18 歳に引き下げられたことから、18 歳となった時点で生徒は成人となり、親権に服することがなくなります。つまり、学校

[*18] 「発達や学びをつなぐスタートカリキュラム　スタートカリキュラム導入・実践の手引き」国立教育政策研究所教育課程研究センター編（平成30年）

教育法上の保護者がなくなるということに他なりません。このように、生徒の自立が制度的に前倒しとなる部分がある一方で、ひきこもりの増加に代表されるように、社会的自立が困難な状況にある若者の存在も課題とされています。

平成22年に施行された「子ども・若者育成支援推進法」に基づく「子供・若者育成支援推進大綱」（令和３年４月６日 子ども・若者育成支援推進本部決定）は、成年年齢引き下げ等への円滑な対応に加えて、子供・若者の生活する場として、家庭、学校、地域社会、情報通信環境（インターネット空間）及び就業（働く場）の５つを挙げ、それぞれの課題について解説しています。学校という場の課題として、児童生徒の多様化、自殺・不登校等生徒指導上の課題の深刻化、教職員の多忙化・不足、学校の減少、情報化への対応の５点を示しています。このような状況の下にあって、生徒指導は学校内で完結するものでもなく、また、卒業や中途退学、進路変更などに伴ってただちに終了するというものでもありません。日頃から児童生徒の社会的自立に向けた支援を行うことはもとより、生涯を見通したキャリア教育や適切な進路指導を行うことも大切です。また、必要な場合には、就労支援事業所や子供・若者相談機関などにつなぐといった支援を行うことも求められます。

第2章

生徒指導と教育課程

2.1　児童生徒の発達を支える教育課程

学校が編成する教育課程は「学校教育の目的や目標を達成するために、教育の内容を生徒の心身の発達に応じ、授業時数との関連において総合的に組織した各学校の教育計画」であり、各教科等の年間指導計画も教育課程の編成の一環として作成されるものです。これら教育課程に係る諸計画に基づき実施される教育活動は、教育課程内の活動と呼ばれます。こうした活動の多くは、いわゆる「授業」という形で行われるために、ともすれば学習指導の場というイメージが強く働き、生徒指導との関係が十分に踏まえられていないことも少なくありません。しかし、第1章でも触れたとおり、学習指導の目的を達成する上で、また生徒指導の目的を達成し、生徒指導上の諸課題を生まないためにも、教育課程における生徒指導の働きかけが欠かせません。

したがって、教育課程の編成や実施に当たっては、学習指導と生徒指導を分けて考えるのではなく、相互に関連付けながら、どうすれば両者の充実を図ることができるのか、学校の教育目標を実現できるのかを探ることが重要になります。その際、学習指導要領第1章総則の「児童（生徒）の発達の支援」の中の「1 児童（生徒）の発達を支える指導の充実」に示された視点を具現化することが求められます。

2.1.1　学習指導要領「総則」と生徒指導

学習指導要領において、「よりよい学校教育を通じてよりよい社会を創る」という目標を学校と社会が共有し、それぞれの役割を果たすことができるように、「子供一人一人の発達をどのように支援するか」という児童生徒の発達を支える視点に立つことの重要性が示されました。具体的には、「総則」に示された「①学級・ホームルーム経営の充実、②生徒指導の充実、③キャリア教育の充実、④指導方法や指導体制の工夫改善による個に応じた指導の充実」です[*19]。要点は、以下のとおりです。

① 学級・ホームルーム経営の充実

学習や生活の基盤として、教員と児童生徒との信頼関係及び児童生徒相互のよりよい人間関係を育てるため、日頃から学級・ホームルーム経営の充実を図ること。また、主に集団の場面で必要な指導や援助を行うガイダンスと、個々の児童の多様な実態を踏まえ、一人一人が抱える課題に個別に対応した指導や援助を行うカウンセリング（→ 1.3.3. ガイダンスとカウンセリング）の双方により、児童生徒の発達を支援すること。

② 生徒指導の充実

児童生徒が、自己の存在感を実感しながら、よりよい人間関係を形成し、有意義で充実した学校生活を送る中で、現在及び将来における自己実現を図っていくことができるよう、児童生徒理解を深め、学習指導と関連付けながら、生徒指導の充実を図ること。

③ キャリア教育の充実

児童生徒が、学ぶことと自己の将来とのつながりを見通しながら、社会的・職業的自立に向けて必要な基盤となる資質・能力を身に付けていくことができるよう、特別活動を要としつつ各教科等の特質に応じて、キャリア教育の充実を図ること（→ 1.1.3 生徒指導の連関性）。

④ 個に応じた指導の充実

児童生徒一人一人の能力・適性、興味・関心、性格等が異なることを踏まえ、教員が個々の児童生徒の特性等を十分理解し、それに応じた指導方法の工夫や、学校の実態に応じた指導体制の工夫改善により、個に応じた指導の充実を図ること。

[*19] 「小学校学習指導要領（平成29年告示）」第 1 章総則第 4　1　児童の発達を支える指導の充実、「中学校学習指導要領（平成29年告示）」第 1 章総則第 4　1　生徒の発達を支える指導の充実、「特別支援学校小学部・中学部学習指導要領（平成29年告示）」第 1 章総則第 5　1　児童又は生徒の調和的な発達を支える指導の充実、「高等学校学習指導要領（平成30年告示）」第 1 章総則第 5 款　1　生徒の発達を支える指導の充実、「特別支援学校学習指導要領（平成31年告示）」第 1 章総則第 5　1　生徒の調和的な発達を支える指導の充実

これらのことは、ガイダンスとカウンセリングにより、常態的・先行的（プロアクティブ）及び即応的・継続的（リアクティブ）な活動を通して、「児童生徒一人一人の個性の発見とよさや可能性の伸長と社会的資質・能力の発達を支えると同時に、自己の幸福追求と社会に受け入れられる自己実現を支える」という生徒指導の目的を達成することにもつながります。

2.1.2　学習指導と生徒指導

学習指導要領では、知・徳・体にわたる「生きる力」のバランスの取れた育成を重視しており、学習指導と生徒指導との関連を意識しながら、日々の教育活動を充実していくことが重要です。このことは、学習指導を担う教員が同時に生徒指導の主たる担い手にもなるという日本型学校教育の特徴を最大限に発揮させることでもあります。

学習指導において、児童生徒一人一人に対する理解（児童生徒理解）の深化を図った上で、安全・安心な学校・学級の風土を創り出す、児童生徒一人一人が自己存在感を感じられるようにする、教職員と児童生徒の信頼関係や児童生徒相互の人間関係づくりを進める、児童生徒の自己選択や自己決定を促すといった生徒指導の実践上の視点を生かすことにより、その充実を図っていくことが求められています。また、生徒指導においては、「社会の中で自分らしく生きることができる存在へと児童生徒が、自発的・主体的に成長や発達する過程を支える」という生徒指導の意義を再確認することが求められます。個別の問題行動等への対応といった課題早期発見対応及び困難課題対応的生徒指導にとどまることなく、全ての児童生徒を対象にした課題未然防止教育、さらには一人一人のキャリア形成等も踏まえた発達支持的生徒指導の視点が重要になります。学習指導要領の趣旨の実現に向け、全ての子供たちが自らの可能性を発揮できるように「個別最適な学び」と「協働的な学び」を一体的に充実していく上で、特に発達支持的生徒指導の考え方を生かすことが不可欠です。

2.1.3　学級・ホームルーム経営と生徒指導

教育課程における活動は、学級・ホームルームという土台の上で実践されます。学級・ホームルームは、学校における生活集団であり、学習集団であり、生徒指導の実践集団であると捉えることができます。

学級・ホームルームは、児童生徒にとって、学習や生活など学校生活の基盤となるものです。児童生徒は、学校生活の多くの時間を学級・ホームルームで過ごすため、自己と学級・ホームルームの他の成員との個々の関係や自己と学級・ホームルーム集団との関係は、学校生活そのものに大きな影響を与えることとなります。教員は、個々の児童生徒が、学級・ホームルーム内でよりよい人間関係を築き、学級・ホームルームの生活に適応し、各教科等の学習や様々な活動の効果を高めることができるように、学級・ホームルーム内での個別指導や集団指導を工夫することが求められます。

学級・ホームルーム経営の内容は多岐にわたりますが、学級・ホームルーム集団としての質の高まりを目指したり、教員と児童生徒、児童生徒相互のよりよい人間関係を構築しようとしたりすることが中心的な内容と言えます。学級・ホームルーム担任は、学校の教育目標や学級・ホームルームの実態を踏まえて作成した学級・ホームルーム経営の目標・方針に即して、必要な諸条件の整備を行い、学級・ホームルーム経営を展開します。その点において、児童生徒が自主的・実践的によりよい生活や人間関係を形成しようとして展開される特別活動は、結果として児童生徒が主体となって集団の質を高めたり、より深い人間関係を形成したりすることにつながります。

学級・ホームルーム経営は、年度当初の出会いから始まる生活づくりを通して、学級・ホームルーム集団を、共に認め・励まし合い・支え合う集団にしていくことを目指します。これは、児童生徒の居場所をつくり、失敗や間違いを通して皆で考え、支え合い、創造する集団、つまり、生徒指導の実践集団を育てることでもあります。その際に、児童生徒の発達を支えるという視点が重要になります。なぜなら、児童生徒は、それぞれが直面する課題を解決することによって自己実現し、自己指導能力を育んでいくからです。学級・ホームルーム経営で行う生徒指導は、発達支持的生徒指導と課題未然防止教育を実践することに他なりません。

学級・ホームルーム経営では、児童生徒自身が学級や学校生活、人間関係をよりよいものにするために、皆で話し合い、皆で決めて、皆で協力して実践することを通じて、学級・ホームルームの友達のよいところに気付いたり、良好な人間関係を築いたり、学級・ホームルームの雰囲気がよくなったりすることを実感することが大切です。このように学級・ホームルーム活動における自発的・自治的な活動を通して、学級・ホームルーム経営の充実を図ることで、学級・ホームルームにおいて、お互いを尊重し合う温かい風土が醸成されます。こうした主体的な活動を通して、お互いを尊重し合い、よさや可能性を発揮し合えるような学級・ホームルーム集団となることが、個々の児童生徒が自己有用感や自己肯定感などを獲得することにつながります。

これらの実践は、学校・学年及び学級やホームルームの特性を踏まえた年間指導計画に基づいて取り組まれます。年間指導計画の中でも、特に4月の出会いの時期は大切です。この時期の体験が年間を通した生活集団・学習集団・生徒指導の実践集団の基盤となるからです。この時期に、学級・ホームルーム集団の中で役割を担ったり協力し合って活動したりして自己存在感を実感できるようにし、自己肯定感を獲得するように働きかけることが求められます。さらに、学級・ホームルーム活動における自発的、自治的な活動を中心として、教職員と児童生徒、児童生徒同士の共感的で温かな人間関係を築くことが重要です。

また、一人一人の児童生徒が発達課題を通して自己実現するためには、児童生徒自身による規範意識を醸成することも大切です。児童生徒が規範意識を身に付けることが、児童生徒にとって安全・安心な居場所づくりへとつながるからです。このような学級・ホームルームにおいてこそ、安心して自らの意見を述べたり、自己の仮説を発表したり、他者の意見や考えを共感的に受け止めたりすることが可能になります。自ら考え、選択し、決定し、発表し、実践する体験としての学びの循環を通じて、児童生徒が主体的・自律的な選択・決定をしていく基盤となる自己指導能力を身に付けていくことになります。

なお、全ての児童生徒を対象としたいじめや暴力行為等の課題の未然防止教育は、自己指導能力を育てるとともに、自己の在り方生き方や進路に関わる教育とも言えるものです。児童生徒の社会的自己実現を支える教育は、キャリア教育（進路指導）と密接に関連し、相互に作用し合うものです。そのため、キャリアを形成していく上で必要な基礎的・汎用的能力[*20]を児童生徒が身につけることを、学級・ホームルーム経営の中に位置付けて実践することも重要です。また、学校経営の中に生徒指導の視点がしっかりと位置付けられ、それに基づいた学年の取組や学級・ホームルーム経営が教職員の共通理解に基づいて行われ、さらには個々の教職員の指導や援助が行われることが求められます。

[*20] 「基礎的・汎用的能力」とは、キャリア教育において育成すべき力として示された「人間関係形成・社会形成能力」、「自己理解・自己管理能力」、「課題対応能力」、「キャリアプランニング能力」の4つの能力のことである。「今後の学校におけるキャリア教育・職業教育の在り方について（答申）」中央教育審議会（平成23年）。

2.1.4　教育課程編成上の留意点

各学校の教育課程に基づく教育活動の充実を図る上では、学校の教育目標の設定が重要となります。具体的には、教育基本法等の法令や学習指導要領などに基づき、児童生徒の実態や地域の状況、さらには都道府県や市町村の教育目標等も参考にしながら、学校の教育目標を明確にすることが求められます。その上で、目標を達成できるように、あるいは、目標に少しでも近づけるように、年度の時間割や学校行事等を組み立てます。

その際に大切なことは、次の三点です。

①「この教育目標の達成に向けて協働したい」と全教職員が思えるような目標を設定すること

② 保護者や地域からの協力[*21]が得られるように目標の共有に努めること

③ 教育目標に照らしながら各教科等の授業のねらいを改善したり、教育課程の実施状況を評価したりすることが可能になるような具体性のある教育目標を設定すること

2.2　教科の指導と生徒指導

教科[*22]は、教育課程を構成する基本的な要素であり、大部分を占めています。教科には、目標や内容が設定されており、学校教育全体の目標を踏まえたものになっています。そのため、各教科の目標の中には生徒指導の目的と重なり合うものがあります。教科指導を進めるに当たっては、教科の目標と生徒指導のつながりを意識しながら指導を行うことが重要です。また、教科指導の大半は、学級・ホームルームを単位とした授業により進められます。授業を進めるに当たっては、個々の児童生徒の習熟の程度など、その学習状況を踏まえた個に応じた指導に取り組むとともに、児童生徒間の交流を図るなど、集団指導ならではの工夫をこらし、可能な範囲で生徒指導を意識した授業を行うことが大切です。

[*21] 教育課程の編成についての基本的な方針については、家庭や地域とも共有されるよう努めることが求められている（小学校学習指導要領第1章の第2の1、中学校学習指導要領第1章の第2の1、高等学校学習指導要領第1章第2款の1）。その背景にあるのは、児童生徒に求められる資質・能力とは何かを学校と社会とが共有し、連携する「社会に開かれた教育課程」の観点である。

[*22] 教科とは、各校種の学習指導要領で示されている「各教科」を指している。具体的には、小学校及び中学校は「第2章　各教科」を、高等学校は、「第2章　各学科に共通する各教科」と「第3章　主として専門学科において開設される各教科」である。

2.2.1　個に応じた指導の充実

児童生徒が学習内容を確実に身に付けることができるようにするためには、児童生徒や学校の実態を考慮し、個に応じた指導[*23]を充実することが重要です。

そのためには、学習内容の習熟の程度を把握するだけでなく、興味・関心、学習意欲や授業への参加状況、学習上のつまずきの原因の把握など、児童生徒一人一人の学習状況のきめ細かな把握に努めることが求められます。例えば、学習内容の習熟に課題がある場合には、単に学習内容が分からない場合だけでなく、特別支援教育に関連する発達上の理由から生じている場合も考えられます。また、児童生徒が授業で積極的に発言をしない、グループ活動で消極的な態度が見られる場合には、その背景に友人関係での悩みがある場合も考えられます。このように、児童生徒一人一人に対するきめ細かで、継続的で確かな児童生徒理解に基づく個に応じた指導の充実は、生徒指導の面からも不可欠です（→ 1.3.1 児童生徒理解）。

2.2.2　児童生徒理解を基盤とした教科の指導

(1) 児童生徒理解に関する情報の収集

教科の指導に児童生徒理解を通じて得た情報を活かすには、情報収集の方法を工夫する必要があります。主な方法としては、以下のようなものが考えられます。

① 授業観察からの主観的情報の収集

授業者である教員の主観的な情報を、メモや一定の観察記録票で収集します。学級・ホームルームの学習の雰囲気や気になる児童生徒の言動などを、担当教員個人だけでなく、同僚教員や管理職に授業観察をしてもらいメモや観察記録票で収集します。

② 課題・テスト・各種調査・生活日誌等からの客観的情報の収集

授業での課題、小テスト、中間・期末試験、生活実態調査、いじめアンケート調

[*23] 学習指導要領においては、児童生徒が、基礎的・基本的な知識及び技能の習得も含め、学習内容を確実に身に付けることができるように、児童生徒や学校の実態に応じ、個別学習やグループ別学習、繰り返し学習、学習内容の習熟の程度に応じた学習、児童生徒の興味・関心等に応じた課題学習、補充的な学習や発展的な学習などの学習活動を取り入れることや、教員間の協力による指導体制を確保することなど、指導方法や指導体制の工夫改善により、個に応じた指導の充実を図ることが求められている。

査、進路希望調査、生活日誌（生活記録ノート）などの客観的な情報を収集します。

③ 出欠・遅刻・早退、保健室の利用などの客観的情報の収集

出欠・遅刻・早退、保健室の利用実態に関する客観的な情報を収集します。特に、生徒指導上の諸課題や、心身の健康や家庭生活の状態と関連します。

④ ICT を活用した客観的情報の収集

GIGA スクール構想の下で整備された、児童生徒一人一台の ICT 端末等も活用し、児童生徒一人一人の客観的な情報を抽出して、整理しておきます。

(2) チームによる分析と共通理解

教科の授業において個に応じた指導を実践するには、授業に関連する児童生徒理解を通じて得た情報に基づいて、当該児童生徒に対する配慮事項、指導目標や支援目標の設定、具体的な指導方法や支援方法を明確にして、関連する教職員が情報を共有をして、チームとして取り組むことが望まれます（→ 3.4 生徒指導と教育相談が一体となったチーム支援）。具体的には、学年会・教科部会、生徒指導部会、教育相談部会、あるいは、ケース会議などで、児童生徒一人一人、気になる児童生徒、配慮を要する児童生徒の情報を提示して、複数の教職員による多面的な意見に基づく協議を行い、授業において学級・ホームルーム担任個人で実践できること、他の教職員と連携・協働して実践すること、全教職員が共通して実践した方がよいことなどを共通理解します。

2.2.3　教科の指導と生徒指導の一体化

授業は全ての児童生徒を対象とした発達支持的生徒指導の場となります。教科の指導と生徒指導を一体化させた授業づくりは、生徒指導の実践上の視点である、自己存在感の感受、共感的な人間関係の育成、自己決定の場の提供、安全・安心な風土の醸成を意識した実践に他なりません。教員が学習指導と生徒指導の専門性を合わせもつという日本型学校教育の強みを活かした授業づくりが、児童生徒の発達を支えます。

(1) 自己存在感の感受を促進する授業づくり

授業において、児童生徒が「自分も一人の人間として大切にされている」と感じ、自分を肯定的に捉える自己肯定感や、認められたという自己有用感を育む工夫が求められま

す。学習の状況等に基づく「指導の個別化」や、児童生徒の興味・関心、キャリア形成の方向性等に応じた「学習の個性化」により個別最適な学びを実現できるように、授業で工夫することが大切です。児童生徒の多様な学習の状況や興味・関心に柔軟に応じることにより、「どの児童生徒も分かる授業」、「どの児童生徒にとっても面白い授業」になるよう創意工夫することが必要です。なお、ICT の活用は、授業における個別最適な学びの実現に役立ちます。

(2) 共感的な人間関係を育成する授業

共感的な人間関係を育成する観点からは、授業において、互いに認め合い・励まし合い・支え合える学習集団づくりを促進していくことが大切です。例えば、児童生徒がお互いに、自分の得意なところを発表し合う機会を提供する授業づくりや、発表や課題提出において、失敗を恐れない、間違いやできないことが笑われない、むしろ、なぜそう思ったのかという児童生徒の考えについて児童生徒同士がお互いに関心を抱き合う授業づくりが求められます。このような授業を通して実現される共感的な人間関係が育つ学習集団づくりは、いじめや非行の防止等の基盤になります。そのためには、教員が学級・ホームルームの児童生徒の多様な個性を尊重し、相手の立場に立って考え、行動する姿勢を率先して示すことが大切です。教員が児童生徒の間違いや不適切な言動に、どのように対応するか、児童生徒は常に関心を持っています。

(3) 自己決定の場を提供する授業づくり

児童生徒が、授業場面で自らの意見を述べたり、観察・実験・調べ学習等において自己の仮説を検証しレポートにまとめたりすることを通して、自ら考え、選択し、決定する力が育ちます。したがって、教員は、児童生徒に意見発表の場を提供したり、児童生徒間の対話や議論の機会を設けたり、児童生徒が協力して調べ学習をする、実験する、発表する、作品を作る、演じるなどの取組を積極的に進めたりして、児童生徒の学びを促進するファシリテーター[*24]としての役割を果たすことも重要です。

[*24] ファシリテーターとは、授業や集団活動における議論や対話の際に、グループが共通の目的を理解し、協力し、目的を達成できるように支援する人のことをいう。

(4) 安全・安心な「居場所づくり」に配慮した授業

授業において、児童生徒の個性が尊重され、安全かつ安心して学習できるように配慮することも不可欠です。授業は一般に学級・ホームルームの単位で行われるため、一人一人の児童生徒が安全・安心に学べるように学級・ホームルーム集団が児童生徒の「(心の) 居場所」[*25]になることが望まれます。

2.3　道徳科を要とした道徳教育における生徒指導

平成27年3月、学習指導要領等の一部改正により、小学校・中学校においては、従前の「道徳の時間」が「道徳科」として新たに教育課程に位置付けられました。この背景には、いじめの問題等への対応に向けて、道徳の教材の充実や道徳の新たな枠組みによる教科化など道徳教育の抜本的な改善充実が求められたことがあります[*26]。児童生徒が現実の困難な問題に主体的に対処できる実効性ある力を身に付ける上で、道徳教育が大きな役割を果たすことに強い期待がもたれています。

また、高等学校における道徳教育は、人間としての在り方生き方に関する教育として各教科等の特質に応じ学校の教育活動全体を通じて、生徒が人間としての在り方生き方を主体的に探求し豊かな自己形成を図ることができるよう、適切な指導を行うこととされています。その際、生徒が、答えが一つではない課題に誠実に向き合い、それらを自分のこととして捉え、他者と協働しながら自分の答えを見いだしていく思考力、判断力、表現力等や、これらの基になる主体性を持って多様な人々と協働して学ぶ態度を身に付けることが目指されます。このことに対応して、公民科に新たに設けられた「公共」及び「倫理」、並びに特別活動が中核的な指導の場面とされています。したがって、道徳教育と「児童生徒一人一人の個性の発見とよさや可能性の伸長と社会的資質・能力の発達と、同時に、自己の幸福追求と社会に受け入れられる自己実現を支える」ことを目的とする生徒指導を相互に関連させることが重要です。

[*25] この表現は、「登校拒否（不登校）問題について－児童生徒の「心の居場所」づくりをめざして－」学校不適応対策調査研究協力者会議（平成4年3月）で最初に用いられ、「今後の不登校への対応の在り方について（報告）」不登校問題に関する調査研究協力者会議（平成15年4月）においても言及された。また、国立教育政策研究所生徒指導・進路指導研究センター「生徒指導リーフ2「絆づくり」と「居場所づくり」」が参考になる。

[*26] 「いじめの問題等への対応について」（第一次提言）教育再生実行会議（平成25年）

2.3.1　道徳教育と生徒指導の相互関係

学校における道徳教育は、教育基本法及び学校教育法に定められた教育の根本精神に基づき、自己（人間として）の生き方を考え、主体的な判断の下に行動し、自立した人間として他者と共によりよく生きるための基盤となる道徳性を養うことを目標としており[*27]、道徳科を要として学校の教育活動全体を通じて行うものともされています。

一方、生徒指導は、「社会の中で自分らしく生きることができる存在へと児童生徒が、自発的・主体的に成長や発達する過程」を支える意図で、教育活動のあらゆる場面において行われるものです。道徳教育が道徳性の育成を直接的なねらいとしている点を除けば、道徳教育と生徒指導はいずれも児童生徒の人格のよりよい発達を目指すものであり、学校の教育活動全体を通じて行うという点で共通しています。

このような道徳教育と生徒指導は、以下のような点で密接な関係にあります。例えば、道徳教育において児童生徒の道徳性が養われることで、やがて児童生徒の日常生活における道徳的実践がより確かなものとなり、ひいては自己実現にもつながるため、生徒指導が目指す「社会の中で自分らしく生きることができる存在へと児童生徒が、自発的・主体的に成長や発達」することを達成できることになります。逆に、児童生徒に対する生徒指導が徹底されれば、児童生徒は望ましい生活態度を身に付けることになり、これは道徳性を養うという道徳教育のねらいを支えることになります。したがって、道徳教育で培われた道徳性を、生きる力として日常の生活場面に具現化できるよう支援することが生徒指導の大切な働きとなります。

2.3.2　道徳科の授業と生徒指導

道徳科の特質は、学校の教育活動全体を通じて行う道徳教育の要として、道徳的諸価値についての理解を基に、自己を見つめ、物事を（広い視野から）多面的・多角的に考え、自己（人間として）の生き方についての考えを深める学習を通して道徳性を養うことにあ

[*27] 小学校学習指導要領より（括弧内は中学校）。なお、高等学校については、次のとおり一部表現が変わるが、同趣旨である。「道徳教育は、教育基本法及び学校教育法に定められた教育の根本精神に基づき、生徒が自己探求と自己実現に努め国家・社会の一員としての自覚に基づき行為しうる発達の段階にあることを考慮し、人間としての在り方生き方を考え、主体的な判断の下に行動し、自立した人間として他者と共によりよく生きるための基盤となる道徳性を養うことを目標とする。」

ります（括弧内は中学校）。

道徳科の授業では、その特質を踏まえ、生徒指導上の様々な問題に児童生徒が主体的に対処できる実効性ある力の基盤となる道徳性を身に付けることが求められており、道徳科の授業と生徒指導には以下のような相互補完関係があります。なお、実際の指導に際しては、両者は一体的に働くものであることに十分留意する必要があります。

(1) 道徳科の授業の充実に資する生徒指導

① 道徳科の授業に対する学習態度の育成

教員が児童生徒理解を深め、児童生徒との信頼的な人間関係を築くとともに、児童生徒が自主的に判断・行動し、積極的に自己を生かすことができることを目指して発達支持的生徒指導の充実を図ることは、自らの生き方と関わらせながら学習を進めていく態度を身に付け、道徳科の授業を充実させることにつながります。

② 道徳科の授業に資する資料の活用

発達支持的生徒指導や課題予防的生徒指導のために行った調査結果（児童生徒理解のための質問紙調査など）を、道徳科の授業の導入やまとめ等で活用したり、生徒指導上の問題を題材とした教材を用いたりすることによって、児童生徒の道徳的価値についての理解を一層深めることができます。

③ 学級内の人間関係や環境の整備、望ましい道徳科授業の雰囲気の醸成

児童生徒の人間関係を深める（発達支持的生徒指導）とともに、一人一人の悩みや問題を解決（困難課題対応的生徒指導）したり、柔軟に教室内の座席の配置やグループの編成を弾力化（課題予防的生徒指導）したりするなどの指導によって、道徳科の授業を充実させることができます。

(2) 生徒指導の充実に資する道徳科の授業

① 生徒指導を進める望ましい雰囲気の醸成

道徳科の授業で児童生徒の悩みや心の揺れ、葛藤などを生きる課題として取り上げ、自己の生き方を深く考え、人間としての生き方についての自覚を深め、児童生徒の道徳的実践につながる力を育てることは、生徒指導上の悩みを持つ児童生徒を温かく包み、その指導効果を上げることにつながります。

② 道徳科の授業を生徒指導につなぐ

学習指導要領では、道徳科の授業で指導する内容として以下のようなものが示されていますが、これらの指導は、そのまま発達支持的生徒指導につなぐことができます。

- 自主的に判断し、誠実に実行してその結果に責任を持つこと
- 思いやりの心や感謝の心を持つこと
- 相互理解に努めること
- 法や決まりの意義を理解し、その遵守に努めること
- 公正公平な態度で、いじめや差別、偏見のない社会の実現に努めること
- 主体的に社会の形成に参画し、国際社会に生きる日本人としての自覚をもつこと
- 生命の尊さを理解し、かけがえのない自他の生命を尊重すること
- 自然を愛護し人間の力を超えたものに対する畏敬の念を深めること　など

③ 道徳科の授業展開の中で生徒指導の機会を提供

道徳科の授業の学習の過程においては、教員と児童生徒及び児童生徒相互のコミュニケーションを通した人間的な触れ合いの機会が重視されます。これらは、児童生徒相互の理解及び児童生徒と教員との相互理解を通して、互いの人間関係・信頼関係を築く発達支持的生徒指導にもつながります。

また、その場に応じた適切な話し方や受け止め方など、主体的な学習態度の形成は、課題予防的生徒指導を行う機会ともなります。

特に、道徳科の指導においては、問題解決的な学習、道徳的行為に関する体験的な学習など多様な方法を取り入れた指導の工夫が求められており、このことは児童生徒が、現実の生徒指導上の課題に主体的に対処できる実効性ある力を身に付けるように働きかけることにもつながります。

2.3.3　道徳科と他の教育活動との関連の充実と生徒指導

今日、いじめをはじめとして生徒指導上の課題が複雑化、深刻化しています。そのため、教育の現場においては、どうしてもこれらの課題対応に追われることになりがちです。しかし、このような対症療法としての生徒指導だけでは、課題対応に追われ、児童生徒の健全な成長を図るという教育本来の機能を十分に果たすことができず、場合によって

は、より深刻な状況をもたらすことにもなりかねません。

教育再生実行会議（平成 25 年）の提言の中でも、「制度の改革だけでなく、本質的な問題解決に向かって歩み出さなければなりません。」と示されているように、道徳科を要とする道徳教育と生徒指導、両者の相互の関係をさらに一歩進めて、道徳科の授業の一層の改善充実を図り、確かな道徳性の育成に支えられた発達支持的生徒指導の充実が求められています。

特に、生徒指導上の課題の防止や解決につながる道徳性を養う上で、道徳教育の要となる道徳科と各教科等をはじめとする他の教育活動との関連を相互に図り、学校の教育活動全体として効果的に取り組むことが重要です。

2.4　総合的な学習（探究）の時間における生徒指導

小学校と中学校の総合的な学習の時間では、探究的な見方・考え方を働かせ、横断的・総合的な学習を行うことを通して、よりよく課題を解決し、自己の生き方を考えていくための資質・能力の育成が目指されています。

また、高等学校の総合的な探究の時間では、探究の見方・考え方を働かせ、横断的・総合的な学習を行うことを通して、自己の在り方生き方を考えながら、よりよく課題を発見し解決していくための資質・能力の育成が目指されています。

つまり、総合的な学習（探究）の時間においては、他の教科等以上に、知識や技能を自ら求めていく人間像が想定されていると言えます。そうした自ら求めようとする姿勢を児童生徒に促すのは、生徒指導の定義にある「社会の中で自分らしく生きることができる存在へと児童生徒が、自発的・主体的に成長や発達する過程を支える」ことと重なります。

総合的な学習（探究）の時間で育成を目指す資質・能力の一つに、小学校と中学校では、探究的な学習に主体的・協働的に取り組むとともに、互いのよさを生かしながら、積極的に社会に参画しようとする態度を養うこと、高等学校では、探究に主体的・協働的に取り組むとともに、互いのよさを生かしながら、新たな価値を創造し、よりよい社会を実現しようとする態度を養うこと、があります。

これも、上述の生徒指導の定義に通ずるものです（→ 1.1.1 生徒指導の定義と目的）。総合的な学習（探究）の時間を充実させることが、生徒指導の目標に直接又は間接に寄与することになると言えます。

2.4.1　総合的な学習（探究）の時間と生徒指導

各学校が設定する総合的な学習（探究）の時間の目標は、各学校における教育目標を踏まえて設定することになります。その際、学校は地域や児童生徒の実態等に応じて、教科等の枠を超えた横断的・総合的な学習とすること及び探究的な学習や協働的な学習とすることが求められます。

探究的な学習を実現する探究のプロセスを意識した学習活動では、①課題の設定→②情報の収集→③整理・分析→④まとめ・表現、を発展的に繰り返していくことになります。このような学習活動を通じて、主体的に問題や課題を発見し、自己の目標を選択、設定して、この目標の達成のため、自発的、自律的、かつ、他者の主体性を尊重しながら、自らの行動を決断し、実行する力である「自己指導能力」を育むことが目指されます。

さらに、高等学校の総合的な探究の時間では、小・中学校における総合的な学習の時間の成果を生かしつつ、探究が高度化し、自律的に行われるようにするとともに、初等中等教育の縦のつながりにおいて総仕上げを行う学校段階として、自己の在り方生き方に照らし、自己のキャリア形成の方向性と関連付けながら、自ら課題を発見し解決していくための資質・能力を育成することが求められています。

こうした学習活動において、教員には、児童生徒一人一人が持つ本来の力を引き出し、伸ばすように適切に支援することが必要になります。児童生徒の主体性が発揮されている場面では、児童生徒が自ら変容していく姿を見守り、学習活動が停滞したり迷ったりしている場面では、場に応じた指導をするように働きかけることが重要です。また、総合的な学習（探究）の時間では、容易に解決されないような複雑な問題を探究し、物事の本質を見極めようとする児童生徒の姿が見られます。そのような児童生徒の姿に積極的に寄り添い、幅広い情報を収集し、選択・判断しながら、よりよく児童生徒の学習を支えるとともに、その主体性が発揮できるように、児童生徒の学習状況に応じて教員が適切な指導を行うことも求められます。

これらの指導は、発達支持的生徒指導に他なりません。総合的な学習（探究）の時間を充実させることは、その目標を達成するに留まらず、自己指導能力の育成にもつながり、ひいては生徒指導の充実を図ることにもつながると言えます。

児童生徒が、自分は「何をしたいのか」、「何をするべきか」等、主体的に問題や課題を発見し、自己の目標を選択、設定して、その目標の達成のために取り組む。こうした教育活動は、生徒指導が目指す「自己指導能力の獲得」に資するものです。

2.4.2　総合的な学習（探究）の時間で協働的に取り組むことと生徒指導

総合的な学習（探究）の時間の目標には、「主体的・協働的に取り組むとともに、互いのよさを生かしながら、積極的に社会に参画（高等学校は、新たな価値を創造し、よりよい社会を実現）しようとする態度を養う。」と示されています。学習課題の解決に向かう学習過程においては、主体的に取り組むこと、協働的に取り組むことを重要視し、このことが、よりよい課題の解決につながると考えられています。

これは、「児童生徒一人一人の個性の発見とよさや可能性の伸長と社会的資質・能力の発達を支えると同時に、自己の幸福追求と社会に受け入れられる自己実現を支える」という生徒指導の目的と重なるものです。

総合的な学習（探究）の時間で育成することを目指す資質・能力は、自ら問いを見いだし、課題を立て、よりよい解決に向けて取り組むことを通して獲得されていきます。一方で、複雑な現代社会においては、いかなる問題についても、一人だけの力で何かを成し遂げることが困難な状況が見られることから、他者との協働が不可欠です。

総合的な学習（探究）の時間に、他者と協働的に課題に取り組むことにより、学習活動が発展したり、課題への意識が高まったり、自分とは異なる見方、考え方があることに気付くことで解決への糸口もつかみやすくなったりします。また、地域の人々や専門家など校外の大人との交流は、児童生徒の社会参画意識の醸成にもつながります。

このとき、教員は、児童生徒が多様な情報を活用し、自分と異なる視点からも考え、力を合わせたり交流したりして学べるように、支持的に働きかけるとともに、協働的に学ぶことを通じて個人の学習の質を高め、同時に集団の学習の質も高めていくことができるように、発達の段階に応じた指導や援助を行うことが大切です。すなわち、生徒指導の実践上の視点である、自己存在感の感受、共感的な人間関係の育成、自己決定の場の提供及び安全・安心な風土の醸成を踏まえ、学習活動において直接的あるいは間接的に支援することが求められます。

2.4.3　総合的な学習（探究）の時間において自己の（在り方）生き方を考えることと生徒指導

総合的な学習（探究）の時間では、実社会や実生活の課題を探究しながら、自己の（在り方）生き方を問い続ける姿勢が一人一人の児童生徒に涵養されることが求められています。学習活動において自己の生き方を考えることとは、

① 人や社会、自然とのかかわりにおいて自らの生活や行動について（高等学校は、「人や社会、自然との関わりにおいて、自らの生活や行動について考えて、社会や自然の一員として、人間として何をすべきか、どのようにすべきかなどを」）考えること
② 自分にとっての学ぶことの意味や価値を考えること
③ これら二つのことを生かしながら、学んだことを現在と将来の自己の（在り方）生き方につなげて考えること

という三つの視点から考えることに他なりません。

これは、生徒指導の目的にも通じるものです。児童生徒が自己を生かし、自己を模索し、自己を振り返り、自己を創る過程を支援することは、個性の発見とよさや可能性の伸長を児童生徒自らが図りながら、様々な資質・能力を獲得すること、そして、自らの資質・能力を適切に行使して自己実現を図りながら、自己の幸福と社会の発展を児童生徒自らが追求する態度を身に付けることを目指す生徒指導の考え方と重なるものです。

2.5　特別活動における生徒指導

特別活動は「なすことによって学ぶ」ことを方法原理とし、「集団や社会の形成者としての見方・考え方を働かせ、様々な集団活動に自主的、実践的に取り組み、互いのよさや可能性を発揮しながら集団や自己の生活上の課題を解決する」ことを通して、資質・能力を育む教育活動です。

特別活動において育成を目指す資質・能力の視点は、以下の三つです。

① 人間関係形成

集団の中で、人間関係を自主的、実践的によりよいものへと形成するという視点

です。

② 社会参画

よりよい学級・学校生活づくりなど、集団や社会に参画し様々な問題を主体的に解決しようとするという視点です。

③ 自己実現

集団の中で、現在及び将来の自己の生活の課題を発見し、よりよく改善しようとする視点です。

集団活動を基盤とする特別活動は、児童生徒一人一人の「個性の発見」「よさや可能性の伸長」「社会的資質・能力の発達」など生徒指導の目的を実現するために、教育課程において中心的な役割を果たしています。

特別活動の指導は、個々の児童生徒の生活や集団での生活、協働的に活動する場面において、児童生徒の自主性や自発性を尊重しながら展開されるものです。児童生徒が主体となり積極的な学習活動が展開されていくためには、教員の深い児童生徒理解、教員と児童生徒との信頼関係を前提とした生徒指導の充実が不可欠となります。

また、特別活動における集団活動の指導に当たっては、「いじめ」や「不登校」等の未然防止等も踏まえ、児童生徒一人一人を尊重し、児童生徒が互いのよさや可能性を発揮し、生かし、伸ばし合うなど、よりよく成長し合えるような集団活動として展開することが求められます。児童生徒が自由な意見交換を行い、全員が等しく合意形成に関わり、役割を分担して協力するといった活動を展開する中で、所属感や連帯感、互いの心理的な結び付きなどが結果として自然に培われるよう働きかけます。このような特別活動の特質は、生徒指導の充実や学級・ホームルーム経営とも深く関わるものです。

2.5.1　特別活動と生徒指導

特別活動は、生徒指導の目的である「児童生徒一人一人の個性の発見とよさや可能性の伸長と社会的資質・能力の発達を支える」ことに資する集団活動を通して、生徒指導の目的に直接迫る学習活動であると言えます。

特別活動の基本的な性格と生徒指導との関わりについては、次のように考えることができます。

(1) 所属する集団を、自分たちの力によって円滑に運営することを学ぶ

特別活動には、児童生徒の自発的、自治的な集団活動もあれば、教員主導の集団活動もあります。さらに、学級・ホームルーム単位で行われる活動もあれば、学級・ホームルームや学年の枠を超えた集団で行われる活動もあります。いずれの場合も教員の適切な指導が行われる集団の中で、「なすことによって学ぶ」という実践活動を通して様々なことを身に付けていくものです。

生徒指導の観点からは、特別活動の内容の特質に応じて、可能な限り児童生徒の自主性を尊重し、創意を生かし、目標達成の喜びを味わえるようにすることが大切です。特に、学校種や学年等の発達の段階に応じて、児童生徒による自発的、自治的な活動を重んじ、成就感や自信の獲得につながるような間接的な援助に努めることが求められます。

また、児童生徒が学級・ホームルームや学校生活上の諸問題を自ら積極的に見いだし、自主的に解決できるようにするために、一人一人の思いや願いを生かし、話合いを繰り返す過程で、よりよい集団活動の方法や実践的な態度を身に付けていくことができるよう働きかけることも重要です。

(2) 集団生活の中でよりよい人間関係を築き、それぞれが個性や自己の能力を生かし、互いの人格を尊重し合って生きることの大切さを学ぶ

特別活動では、多様な集団が編成され各種の集団活動が行われます。それらの集団活動では、学級・ホームルームにおいて日々生活や学習を共にする同年齢の児童生徒の人間関係、学級・ホームルームを離れた同年齢の人間関係、異年齢の集団活動を行う際の人間関係など、実に様々な人間関係の中で、児童生徒同士が協力し合って生活づくりや生活問題の解決に取り組んだり、生活や学習への適応などに関する学習に取り組んだりします。

多様な集団活動における協力し合う過程で互いの理解が深まり、互いを尊重し合う温かい人間関係が築かれ、豊かに広がっていくことにもなります。そうした集団活動の場においてこそ、児童生徒はそれぞれが個性を生かし、持てる能力を発揮して協働し、互いの人格を尊重し合って生きることの大切さを学びながら社会的自立に向けて人間的成長を図っていきます。

(3) 集団としての連帯意識を高め、集団や社会の形成者としての望ましい態度や行動の在り方を学ぶ

個々の児童生徒がよりよく成長できるようにするためには、学級・ホームルーム集団など児童生徒の毎日の生活の基盤となる集団が望ましいものでなければなりません。この集団を構成しているのは、児童生徒一人一人です。つまり、個人と集団とは相互関係にあるので、児童生徒にとって望ましい学級・ホームルーム、学校などの集団をつくることが、同時に、自らの成長を促進させることにもつながります。

したがって、特別活動では、多様な集団活動の中で児童生徒それぞれが役割を受け持ち、自己存在感を高め、自己の思いを実現する場や機会を十分確保するとともに、集団との関係で自己の在り方を自覚することができるように指導し、集団や社会の形成者としての連帯感や責任感を養うようにすることが大切です。

また、集団や社会の形成者として生活の充実と向上のために進んで貢献していこうとする社会性の基礎となる態度や行動を身に付け、様々な場面で自己の能力をよりよく生かし自己実現を図ることができるようにすることも重要です。これは主権者としての意識を高めることにもつながります。このように特別活動における集団活動には、生徒指導の機能が生かされる数多くの場や機会が存在しています。

2.5.2　特別活動の各活動・学校行事の目標と生徒指導

特別活動の目標は、学級・ホームルーム活動、児童会活動・生徒会活動（以下「児童会・生徒会活動」という。)、クラブ活動（小学校のみ)、学校行事の四つの内容を総括する全体目標として、以下のように示されています。

特別活動における「自己（人間として）の（在り方）生き方についての考えを深める」とは、実際に児童生徒が実践的な活動や体験的な活動を通し、現在及び将来にわたって希望や目標をもって生きることや、多様な他者と共生しながら生きていくことなどについての考えを深め、集団や社会の形成者としての望ましい認識をもてるようにすることであり、その指導においては、キャリア教育の視点を重視することも求められます。

特別活動の全体目標

集団や社会の形成者としての見方・考え方を働かせ、様々な集団活動に自主的、実践的に取り組み、互いのよさや可能性を発揮しながら集団や自己の生活上の課題を解決することを通して、次のとおり資質・能力を育成することを目指す。

(1) 多様な他者と協働する様々な集団活動の意義や活動を行う上で必要となることについて理解し、行動の仕方を身に付けるようにする。
(2) 集団や自己の生活、人間関係の課題を見いだし、解決するために話し合い、合意形成を図ったり、意思決定したりすることができるようにする。
(3) 自主的、実践的な集団活動を通して身に付けたことを生かして、集団や社会における生活及び人間関係をよりよく形成するとともに、自己（中学校は、「人間として」）の生き方について（高等学校は、「人間としての在り方生き方について」）の考えを深め、自己実現を図ろうとする態度を養う。

(1) 特別活動の全体目標と特別活動の各活動・学校行事

特別活動の全体目標で示された資質・能力は、各活動・学校行事の次のような活動を通して児童生徒が身に付けることを目指すものです。

① 学級・ホームルーム活動

学級・ホームルームや学校での生活をよりよくするための課題を見いだし、解決するために話し合い、合意形成し、役割を分担して協力して実践したり、学級・ホームルームでの話合いを生かして自己の課題の解決及び将来の生き方を描くために意思決定して実践したりすることに、自主的、実践的に取り組むことを通して資質・能力を育成する。

② 児童会・生徒会活動

異年齢の児童生徒同士で、学校生活の充実と向上を図るための諸問題の解決に向けて、計画を立て役割を分担し、協力して運営することに自主的、実践的に取り組むことを通して、資質・能力を育成する。

③ クラブ活動（小学校のみ）

異年齢の児童同士で協力し、共通の興味・関心を追求する集団活動の計画を立てて運営することに自主的、実践的に取り組むことを通して、個性の伸長を図りながら資質・能力を育成する。

④ 学校行事

全校又は学年の児童生徒で協力し、よりよい学校生活を築くための体験的な活動（高等学校は、全校若しくは学年又はそれらに準ずる集団で協力し、よりよい学校生活を築くための体験的な活動）を通して、集団への所属感や連帯感を深め、公共の精神を養いながら資質・能力を育成する。

このように、特別活動の全体目標及び各活動・学校行事のそれぞれの目標は、生徒指導の目指す自己指導能力や自己実現につながる力の獲得と重なる部分が多いことから、密接な関係にあると言えます。

(2) 生徒指導が中心的に行われる場としての特別活動

特別活動において、児童生徒は、実践活動や体験活動を通して、集団活動のよさや自己が社会の中で果たしている役割、自己の在り方や生き方との関連で集団活動の価値を理解するようになります。

さらに、多様な集団活動を通して、自主的・自律的に自らの行動を決断し、実行する能力の基盤となる自己指導能力や、集団や社会の形成者として主体的に参画する力、様々な場面で自己のよさや可能性を発揮し、自己実現を図る力を主体的に身に付けていきます。

このような特別活動の場において、教員は、生徒指導の観点から、特別活動の内容の特質や児童生徒の発達の段階に応じて、児童生徒による自発的、自治的な活動を重んじつつ、成就感や自信の獲得につながるように適切な指導や援助に努めることが求められます。

生徒指導は、児童生徒が自らを生かし自己実現できるよう支援する教育機能であり、学校の教育活動全体を通して推進することを基本としています。つまり、生徒指導の充実を図るためには、学校全体の共通理解と取組が不可欠であり、生徒指導が学校全体として組織的、計画的に行われていくことが求められます。その中でも、特別活動は、各教科等の時間以上に生徒指導の機能が作用していると捉えることができます。

したがって、特別活動は、集団や社会の形成者としての見方や考え方を働かせて、よりよい生活や人間関係を築き、人間としての生き方について自覚を深め、自己を生かす能力を獲得するなど、生徒指導が中心的に行われる場であると考えられます。教育課程の編成に当たっては、この点に十分配慮する必要があります。

2.5.3　学級・ホームルーム活動と生徒指導

児童生徒は、学級・ホームルーム活動における自発的、自治的な活動や、学校行事などに取り組むことを通して、集団への所属感や生活上の規範意識を高めるとともに、学級・ホームルームを安心して学習活動に励むことのできる環境として創り上げていきます。

このように児童生徒は、学級・ホームルーム活動を通して、個々の生活や学習上の課題を解決することや、学ぶ意義についての理解を深め、教科等の学習にも主体的に取り組むことができるようになります。すなわち、学級・ホームルーム活動における自発的、自治的な活動は、学級・ホームルーム経営の充実に資するものであるとともに、学校生活の基盤づくりや、互いを尊重し合う人間関係など教科等におけるグループ学習等の協働的な学習の基盤づくりに貢献する重要な役割を担っており、発達支持的生徒指導と重なるものと言えます。

(1)　学級・ホームルーム活動の活動内容と生徒指導

学級・ホームルーム活動の内容は、(1) 学級・ホームルームや学校における生活づくりへの参画、(2) 日常の生活や学習への適応と自己の成長及び健康安全、(3) 一人一人のキャリア形成と自己実現の三つです。

学級・ホームルーム活動 (1) は、児童生徒が学級・ホームルーム、学校生活の充実向上のために話し合い、集団としてよりよく合意形成を図って実践する自発的、自治的な活動です。学級・ホームルームや学校への所属感や連帯意識、参画意識を高めるとともに、集団や社会の一員として生活の充実向上のために進んで貢献しようとする社会性の基盤となる態度や行動を身に付け、様々な場面で自己の能力をよりよく生かし、自己実現を図ることができるようにすることが大切です。

学級・ホームルーム活動 (2) 及び (3) は、一人一人の児童生徒が学級・ホームルーム、学校における生活や学習などの自己の生活上の課題に気付き、学級での話合いを生かして、自分の課題に合った解決方法や実践方法などを意思決定して実践する活動であり、児童生徒の自己指導能力の育成を目指す教育活動に他なりません。

学級・ホームルーム活動及び生徒指導は、児童生徒が自らの課題を見いだし、それを改善しようとするなどの自己指導能力の獲得を目指し、児童生徒一人一人の人格形成を図ることをねらいとしていると言えます。

学級・ホームルーム活動の活動内容と生徒指導は密接な関連をもっており、このことからも学級・ホームルーム活動の時間は、生徒指導を行う中核的な場と言えます。児童生徒の発達の段階や、地域や学校、児童生徒の実態に応じて、指導内容が系統的になるように年間指導計画を適切に設定し、学級・ホームルーム活動の時間に意図的・計画的に指導することが求められます。

(2) 生徒指導を意識した学級・ホームルーム活動の取組

学校種や学年等の発達の段階に応じて、児童生徒が学級・ホームルームや学校生活上の諸問題を自ら積極的に見いだし、自主的に解決できるようにするために、一人一人の思いや願いを生かし、話合いを繰り返す過程で、多様な他者と協働する様々な集団活動の意義や活動を行う上で必要なことを理解し、実践的な態度を身に付けるようにすることが重要です。また、いじめの背景として、学級・ホームルーム内の人間関係に起因する問題が多く指摘されていることから、学級・ホームルーム経営と生徒指導の関連を意識した、学級・ホームルーム活動の充実が、課題予防的生徒指導として、いじめの未然防止[*28]の観点からも一層重要になります。加えて、学級・ホームルーム活動等で学んだ内容を、児童生徒一人一人が身に付けるためには、集団場面に続いてあるいは並行しての個別場面における指導や援助も必要になります。これらのことを踏まえ、学級・ホームルーム活動において、生徒指導を意識した取組の視点として、次の三点を挙げることができます。

- 学級・ホームルーム活動は、児童生徒の自主的、実践的な態度や、健全な生活態度が育つ場であること
- 学級・ホームルーム活動は、発達支持的生徒指導を行う中核的な場であること
- 学級・ホームルーム活動は、学業生活の充実や進路選択の能力の育成を図る教育活動の要の時間であること

[*28] 文部科学省国立教育政策研究所(2015)「いじめの未然防止Ｉ」『生徒指導リーフ』8、同「いじめの未然防止II」『生徒指導リーフ』9

(3) キャリア教育の要の時間としての学級・ホームルーム活動と生徒指導

将来の社会の形成者である児童生徒には、社会的自立に向けた取組（→ 1.5.4 社会的自立に向けた取組）が重要となります。学級・ホームルーム活動 (3) には、「社会参画意識の醸成」が小・中・高等学校共に共通する内容項目として挙げられています。

これは、児童生徒が集団や社会の形成者として、多様な他者と協働して、集団や生活上の諸問題を解決し、よりよい生活をつくろうとする態度を身に付け、「社会の中で自分らしく生きることができる存在」へと成長・発達する過程を支える教育活動としての生徒指導と重なるものです。また、学級・ホームルーム活動がキャリア教育の要の時間であることにも留意しながら、学校全体で取組を進めていくことも大切です。

学級・ホームルーム活動 (3) の授業で「キャリア・パスポート」を効果的に活用し、児童生徒が、自ら、現在及び将来の生き方を考えたり、自分に自信を持ち、よさを伸ばして生活したりできるように働きかけることが求められます。そのために、学級・ホームルームでの話合いを生かして考えを深め、なりたい自分やよりよい自分に向けて意思決定した目標や実践方法について粘り強く努力できる姿勢の獲得につながる活動になるよう配慮することが重要です。

2.5.4　児童会・生徒会活動、クラブ活動と生徒指導

児童会・生徒会活動は、全校の児童生徒で組織する異年齢集団活動です。児童生徒は常に全校的な視点をもってよりよい学校生活の充実と向上を目指して活動することになります。日常的に触れ合う学級集団の人間関係を超えた広い関わりの中で協力し合って学校生活上の諸問題の解決に取り組みます。

学習指導要領では、小学校・中学校共に、児童会・生徒会活動の内容に、「児童会・生徒会の組織づくりと児童会・生徒会活動の計画や運営」が示され、児童生徒が主体的に組織づくりに参画し、計画や運営を行うことができるようにすることが求められています。また、小学校のクラブ活動は、主として第 4 学年以上の同好の児童による異年齢集団活動です。よりよいクラブ活動づくりに参画し、共通の興味・関心を追求する過程で互いを理解し合い、互いのよさに学び合って交流し人間関係を豊かにしていきます。

(1) 児童会・生徒会活動、クラブ活動の特色と生徒指導

特別活動の内容のうち、小学校の児童会活動と中学校・高等学校の生徒会活動、小学校のクラブ活動は、それぞれのねらいや活動形態等の違いはあるものの、集団活動の基本的な性格や指導の在り方において共通の特色を有しています。それらの活動の役割や意義と生徒指導の関係については、次のように考えることができます。

① 異年齢集団活動を通して、望ましい人間関係を学ぶ教育活動であること
② より大きな集団の一員として、役割を分担し合って協力し合う態度を学ぶ教育活動であること
③ 自発的、自治的な実践活動を通して、自主的な態度の在り方を学ぶ教育活動であること

小学校における児童会活動やクラブ活動の実践の充実が、中学校、高等学校におけるよりよい実践につながっていきます。このことは、児童生徒の自発性、自主性、社会性の発達を支える生徒指導の実践上の視点と密接に関係しています。

児童会・生徒会活動、クラブ活動における自発的、自治的な活動には、児童生徒の発達の段階に応じた活動への指導や援助が必要です。小学校において全校的な活動をするに当たっては、常に低学年の実態を考える必要があり、多様な集団活動の実践を通して、高学年がリーダーシップやメンバーシップを実感できるようにします。

中学校から高等学校では、自治的な能力にも広がりや深まりが出てくることから、活動内容や運営において生徒自身の自主的な活動の成果や可能性に期待することができるようになります。異年齢集団による活動の場や機会をより多く設定し充実させることにより、高学年や上級生のリーダーシップを育て、学校としての活力を高め、学校文化の形成等を通して学校の教育目標の実現につなげることが重要です。

各活動の活性化や充実には、学級やホームルームにおける指導が大きく影響するため、学級・ホームルーム活動との関連を図って指導する必要があります。学級・ホームルーム活動で、児童生徒は生活上の諸問題について積極的に話し合ったり、係活動で友達と協力し合い創意工夫を生かして学級生活の充実を図ったり、当番活動など学級内の仕事を分担・協力する活動の経験を積んだり、集会活動などを通して人間関係を深めたりします。この過程において、自発的、自治的な活動を助長するための指導や援助を適切に行うこと

で、児童会・生徒会活動やクラブ活動も活発になり、学校の生活もより充実した楽しいものになります。同時に、児童会・生徒会活動やクラブ活動で経験した多様な活動が学級・ホームルームや学校の生活にも生かされ、より一層充実したものになっていきます。なお、児童会・生徒会においていじめの未然防止に資する活動に取り組む場合は、「いじめ防止対策推進法」の趣旨を踏まえ、児童生徒が自主的、実践的に取り組むことができるよう支援します（→ 4.3.2 いじめの未然防止教育）。

(2) 主権者意識の向上につながる児童会・生徒会活動と生徒指導

児童生徒の権利を保障する視点や、生徒指導の目的・目標からも、児童生徒が自ら学校生活の充実・向上に向けて、話し合い、協力して実践する児童会・生徒会活動は、児童生徒の自治的能力や主権者としての意識を高める上で極めて重要な活動と言えます。

そのための基盤となるのは学級・ホームルーム活動（2．5．3 (1)）です。児童生徒にとって一番身近な社会である学級や学校の生活に目を向け、自分たちでよりよい生活や人間関係を築くことが求められます。その経験を生かして、児童会・生徒会活動及び代表委員会や評議委員会、役員活動、各種専門委員会活動などにおいて、学校生活の充実と向上のための課題を児童生徒が自ら見いだし解決方法について話し合い、協力して実践したり、児童生徒が自らの発意・発想を生かして活動計画を作成したりします。児童会・生徒会の一員として自分の果たすべき役割などについて考え、決めたことに協力して取り組むなどの資質・能力を身に付けることが大切です。

(3) 生徒指導との関連を踏まえた児童会・生徒会活動、クラブ活動の運営上の工夫

児童会・生徒会活動、クラブ活動は、学校という社会的な場で多様な組織による集団活動を通して人間関係を学ぶ機会であり、生徒指導の充実に大きく貢献する教育活動です。生徒指導との関連を踏まえた運営上の工夫として、児童生徒の創意工夫を生かす指導計画の作成と改善に努めること、学級・ホームルーム活動、学校行事との関連を図ること、自発的、自治的な活動を生かす時間、活動場所等の確保に努めることなどが挙げられます。なお、小学校のクラブ活動では、児童が自分の興味や特性を生かそうと努力することによって、失いかけた自信や自己の価値に対する信頼感を取り戻し、問題傾向から抜け出ることができたという事例もあり、継続的な活動が行える十分な時間を確保することが生徒指導の充実にもつながると言えます。

2.5.5　学校行事と生徒指導

(1) 学校行事と生徒指導の関係

学校行事の目標は、「全校又は学年の児童（中学校は、「生徒」）（高等学校は、「若しくは学年又はそれらに準ずる集団」）で協力し、よりよい学校生活を築くための体験的な活動を通して、集団への所属感や連帯感を深め、公共の精神を養いながら」特別活動の全体目標に掲げられた資質・能力を育成することです。

この目標の下に、全校又は学年などを単位として、学校生活に秩序と変化を与え、学校生活の充実と発展に資する体験的な活動を行うことを内容とする教育活動が、学校行事に他なりません。学校行事[*29]の内容は、学習指導要領では小・中・高等学校とも基本的には同様となっており、小学校における集団活動や体験活動の豊かな実践が中学校・高等学校における学校行事の充実につながります。学校行事の特質は、多くの点で生徒指導の実践上の視点を生かすことのできる教育活動であると言えます。

学校行事の特色や役割、及び、指導の方向性として、次の 3 点を挙げることができます。

① 学校生活を豊かな充実したものにする体験的な教育活動であること
② 全校又は学年という大きな集団により人間関係を学ぶ教育活動であること
③ 多彩な内容を含んだ総合的、創造的な教育活動とすることが重要であること

このような、学級・ホームルームの場を超えた大きな集団の規模で行われる集団活動である学校行事では、他の学級・ホームルームや、異なる学年の児童生徒との交流、体験的な活動など、普段の学級・ホームルームでの生活や教科等の学習では経験する機会が少ない活動が行われることになります。そのことが、よりよい人間関係の構築や豊かで充実した学校生活づくりにつながります。

特に、文化的行事や体育的行事、遠足（中学・高等学校では旅行）・集団宿泊的行事では、全校縦割りの活動で協力し、励まし合ったり、集団宿泊活動及び自然体験学習などで寝食を共にしたりすることで、協力し合い、支え合うなどの直接体験を通して、自他のよさに気付いたり、人間関係を深めたり、命の大切さを学んだりすることが可能となります。こ

[*29] 学校行事は次の 5 つの内容、(1)儀式的行事、(2)文化的行事、(3)健康安全・体育的行事、(4)遠足（中学校・高等学校は、旅行）・集団宿泊的行事、(5)勤労生産・奉仕的行事、から構成される。

のように生徒指導の充実を図る上で、重要な意義を持っていると考えることができます。

(2) 生徒指導との関連を踏まえた学校行事における指導の工夫と配慮

学校行事における教員の指導については、児童生徒一人一人が受け身でなく、主体的に参加できるよう十分に配慮することが求められます。また、教科学習でつまずきがちであったり、問題行動が見られたり特別な支援を要したりする児童生徒に対しても、自分の得意とする能力や個性などを生かすことができるように配慮し、適切に役割を担うことができるようにすることも重要です。そうすることによって、学校行事への積極的な取組を促すことが期待できます。

このような児童生徒理解に基づいた教員の適切な配慮によって、集団生活への意欲や自信を失っている児童生徒の自己存在感や自己有用感を高めるとともに、自己の生き方についての考えを深め、自分の能力への自信を回復することが可能になります。したがって、特別活動を通して発達支持的生徒指導の充実を図ることは、児童生徒の「個性の発見とよさや可能性の伸長と社会的資質・能力の発達を支える」という生徒指導の目的を達成することに直接つながるものであると言えるでしょう。

第3章

チーム学校による生徒指導体制

3.1 チーム学校における学校組織

3.1.1 チーム学校とは

平成 27 年 12 月に中央教育審議会により「チームとしての学校の在り方と今後の改善方策について」が答申されました。本答申は、学校が抱える現代的課題に応えるために「チームとしての学校」が求められる背景として、次の 3 点を挙げています。

① 新しい時代に求められる資質・能力を育む教育課程を実現するための体制整備
② 児童生徒の抱える複雑化・多様化した問題や課題を解決するための体制整備
③ 子供と向き合う時間の確保等（業務の適正化）のための体制整備

「新しい時代に求められる資質・能力を育む教育課程を実現するための体制整備」では、「社会に開かれた教育課程」として、学校での学びと、実生活や社会生活、つまり現実世界とを接続させ、児童生徒自身が学ぶことに対する意義や意味を見いだすことの重要性が指摘されています。児童生徒が学校で日々学んでいることは、学校の中だけに閉じたものではなく、現実世界との関連があるということを認識することによって、将来の自己実現を展望することが可能になります。その際、図 3 のように地域社会の様々な人たちが学校の教育活動に参画し、適切なカリキュラム・マネジメント[*30]の下で教職員と協働することが求められます。

[*30] 児童や学校、地域の実態を適切に把握し編成した教育課程に基づき組織的かつ計画的に各学校の教育活動（授業）の質の向上を図ること。（平成27年「中央教育審議会教育課程企画特別部会論点整理」）

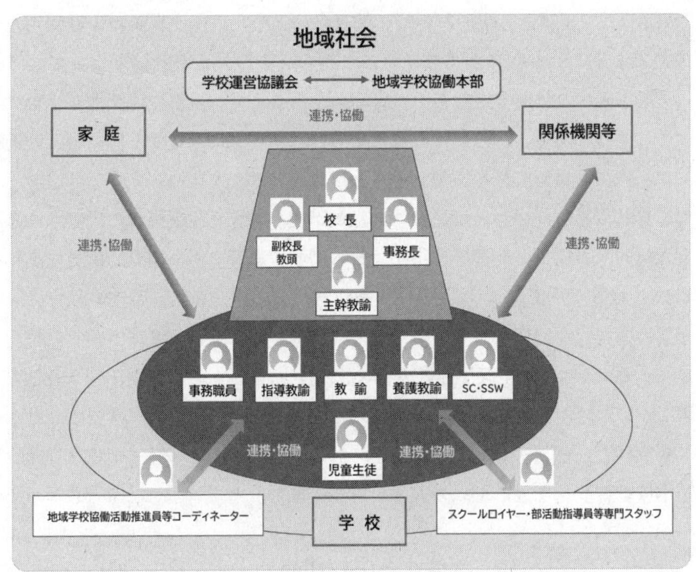

図3　チーム学校における組織イメージ

「複雑化・多様化した課題を解決するための体制整備」は、児童生徒の健全な成長や発達を保障するために解決すべき喫緊の課題です。日本は、諸外国に比して、学校内の専門職として教員が占める割合が高い国です[*31]。そのことによる利点も多くありますが、児童生徒の抱える問題や課題が複雑化・多様化しているなかで、教員の専門性をもって全ての問題や課題に対応することが、児童生徒の最善の利益の保障や達成につながるとは必ずしも言えない状況になっています。したがって、多様な専門職、あるいは、専門職という枠組みにとらわれない地域の様々な「思いやりのある大人」が、教員とともに学校内で連携・協働する体制を形作ることが求められています。日常的に学校で活動している非正規、非常勤の職員との連携・協働は、今後ますます重要性を増していくと考えられます[*32]。

[*31] 「国際教員指導環境調査（TALIS）2018 調査結果」日本の学校は教員以外の専門スタッフが諸外国と比べて少ない（教職員総数に占める教員の割合（日：82%、米：56%、英：51%）。

[*32] 「学校における専門スタッフ等の活用に関する調査結果報告書」総務省行政評価局（令和2年5月）

「子供と向き合う時間の確保等のための体制整備」は、OECDによる国際教員指導環境調査（TALIS）2018調査結果において、調査参加国中、日本の教員の１週間当たり勤務時間が最長であることが明らかになったことから、その是正が急務となっている課題です[*33]。児童生徒への豊かで実りある教育活動を行う上で、教員の専門性が十全に発揮されるように、多様な職種、さらには職種にとらわれず地域に存在する協力者との連携・協働によって、教員の負担軽減を実現することが求められます。

一方で、忘れてならないことは、日本の教員が担ってきた生徒指導に代表される児童生徒の「全人格的」な成長・発達を目指す「日本型学校教育」が、国際的に見て高く評価されていることです。平成31年１月の中央教育審議会答申「新しい時代の教育に向けた持続可能な学校指導・運営体制の構築のための学校における働き方改革に関する総合的な方策について」において、「児童生徒の人格の形成を助けるために必要不可欠な生徒指導・進路指導」が、学校が担うべき業務として改めて明示されています。学校における「働き方改革」を実現し、教員の負担の軽減を図りつつ、生徒指導の充実を図ることは、「令和の日本型学校教育」を支えるための重要な要件と言えます。

3.1.2　チーム学校として機能する学校組織

中央教育審議会答申「チームとしての学校の在り方と今後の改善方策について」（平成27年12月）において、チーム学校とは、「校長のリーダーシップの下、カリキュラム、日々の教育活動、学校の資源が一体的にマネジメントされ、教職員や学校内の多様な人材が、それぞれの専門性を生かして能力を発揮し、子供たちに必要な資質・能力を確実に身に付けさせることができる学校」と定義されています。そのような「チーム学校」を実現するためには、次の四つの視点が必要になります。

第一に、「教員が教育に関する専門性を共通の基盤として持ちつつ、それぞれ独自の得意分野を生かし」チームとして機能すると同時に、「心理や福祉等の専門スタッフを学校の教育活動の中に位置付け」、教員と専門スタッフとの連携・協働の体制を充実させることです。

第二に、「『チームとしての学校』が機能するためには、校長のリーダーシップが必要であり、学校のマネジメント機能をこれまで以上に強化していくこと」が求められていま

[*33]「国際教員指導環境調査（TALIS）2018調査結果」

す。そのためには、「主幹教諭の配置の促進や事務機能の強化など校長のマネジメント体制を支える仕組みの充実を図る」ことが不可欠です。校長がリーダーシップを発揮し、学校の教育力を向上させていくためには「副校長の配置や、教頭の複数配置、事務長の配置など、校長の権限を適切に分担する体制や校長の判断を補佐する体制の整備によって、管理職もチームとして取り組むこと」が重要です。

第三に、「教職員がそれぞれの力を発揮し、伸ばしていくことができるようにするためには、人材育成の充実や業務改善の取組を進めることが重要」であり、教職員の専門性を高め、それを発揮するための環境を整備することが求められます。具体的には、教員が持てる力を発揮できるように、「校務分掌や校内委員会の持ち方、業務の内容や進め方の見直し、教職員のメンタルヘルス対策等に取り組む」ことが重要です。

以上の三つの視点に加え、「チーム学校」が機能するための第四の視点として、教職員間に「同僚性」（→ 1.4.1 教職員集団の同僚性）を形成することが挙げられます。これら四つの視点から生徒指導体制を構築することにより、「児童生徒一人一人の発達を支える取組を組織的に進める」生徒指導が可能になります。

つまり、学校がチームとして機能するためには、教職員同士（教員のみならず事務職員や学校用務員、SC、SSW 等も含む）はもとより、教職員と多職種の専門家や地域の人々が連携・協働して教育活動を展開することが求められます。しかし、知識や経験、価値観や仕事の文化の違う者同士が関係性を築いていくのはそれほど簡単ではありません。専門性に由来するそれぞれに特有の文化やものの見方をお互いに理解し、考え方や感じ方の溝を埋めることが必要になります。そうでないと、教職員と多職種の専門家等との連携・協働が、かえってメンバーにストレスを生じさせることにもなりかねません。したがって、学校を基盤としたチームによる連携・協働を実現するためには、教職員、多職種の専門家など、学校に関係する人々に次のような姿勢が求められます。

① 一人で抱え込まない

一人でやれることには限界があります。一人で仕事をこなさなくてはという思い込みを捨てて組織で関わることで、児童生徒理解も対応も柔軟できめ細かいものになります。

② どんなことでも問題を全体に投げかける

些細なことでも、学年会や校務分掌の会議、職員会議、ケース会議等に報告し、常に問題を学年全体、学校全体として共有する雰囲気を生み出すことが大切です。

③ 管理職を中心に、ミドルリーダーが機能するネットワークをつくる

トップダウンのピラミッド型組織ではなく、情報の収集と伝達を円滑に進めるためのネットワークを学校の内外につくることが求められます。その際、連携した行動の核となる司令塔（コーディネーターの役割を果たすミドルリーダー）の存在があってはじめて、役割分担に基づく対応が可能になります。学校規模、学校種、地域性などの実情に応じて、一人でなく複数の教職員（例えば、副校長・教頭、生徒指導主事、養護教諭など）が「コーディネーターチーム」として連携の核になるという方法も考えられます。

④ 同僚間での継続的な振り返り（リフレクション）を大切にする

思い込みや独善を排するためには、常に自分たちの考えや行動を自己点検する必要があります。しかし、一人で内省的に振り返りを行うことには限界があります。同僚の教職員間で継続的に振り返りを行うことで自身の認知や行動の特性を自覚することができ、幅広い他者との協働が可能になります。

3.2　生徒指導体制

3.2.1　生徒指導部と生徒指導主事の役割

「学校教育法施行規則」では、調和のとれた学校運営が行われるためにふさわしい校務分掌の仕組みを整えることが求められています[*34]。また、学校に必置、あるいは、置くことができる「学校職員充て職」に関する規則が設けられています。

学校種によって異なりますが、「学校職員充て職」の例を挙げると、教務主任や生徒指導主事、進路指導主事、学年主任、保健主事、事務長、事務主任などが挙げられます。これらの主任や主事などは、管理職である校長の監督を受けながら、自らの役割に応じた事項を司り、連絡・調整・指導・助言などに当たります。

このように、学校は組織として校務分掌の仕組みを有しており、教職員は、学校組織の一員として、学校に必要なそれぞれの校務を分担しています。生徒指導は、教育課程の内

[*34] 学校教育法施行規則 第 43 条「小学校においては、調和のとれた学校運営が行われるためにふさわしい校務分掌の仕組みを整えるものとする。」

外を問わず、全ての教育活動を通して、全ての教職員が、全ての児童生徒を対象に行うものであるため、全ての校務分掌が、その目的や役割に応じて、生徒指導に直接的、間接的に関わることになります。

(1) 生徒指導部の役割

その中でも、特に、生徒指導主事[*35]を主担当とする生徒指導部（生徒指導委員会等、学校によって名称は異なります。）は、学校の生徒指導を組織的、体系的な取組として進めるための中核的な組織になります。

生徒指導部は、学校種や学校規模、地域によって異なるので一概に言えませんが、生徒指導主事（生徒指導主任・生徒指導部長等）と各学年の生徒指導担当に加えて、教育相談コーディネーターや養護教諭等から構成されます。SC や SSW を生徒指導部のメンバーとして位置付けることも重要です。

また、定例の部会等には管理職も参加することが望まれます。校長や副校長、教頭といった管理職の指導の下に、生徒指導主事を中心とするマネジメント体制を構築し、生徒指導部会を開催し、学校全体の生徒指導を推進します。

生徒指導部の主な役割としては、生徒指導の取組の企画・運営や全ての児童生徒への指導・援助、問題行動の早期発見・対応、関係者等への連絡・調整などが挙げられます。生徒指導を実効的な取組にしていくためには、生徒指導部がこれらの役割を果たしつつ、全校的な生徒指導体制を整備・構築していくことが求められます。

生徒指導体制とは、学校として生徒指導の方針・基準を定め、これを年間の生徒指導計画に組み込むとともに、事例研究などの校内研修を通じてこれを教職員間で共有し、一人一人の児童生徒に対して、一貫性のある生徒指導を行うことのできる校内体制を意味します。つまり、生徒指導体制とは、生徒指導部の組織構成や取組体制だけを意味するものではなく、それらを含め、全ての児童生徒を対象に全校的な指導・援助を展開する体制であることを忘れてはならないでしょう（図 4）。

[*35] 学校教育法施行規則 第 70 条第 1 項では、「中学校には、生徒指導主事を置くものとする。」とされている（高校、特別支援学校にも準用）。同規則同条第 4 項では、その役割について、「生徒指導主事は、校長の監督を受け、生徒指導に関する事項をつかさどり、当該事項について連絡調整及び指導、助言に当たる。」とされている。小学校については、学校教育法施行規則第47条の規定を受けて、生徒指導部、生徒指導主任等を置いている。なお、生徒指導主事は、昭和50年の学校教育法施行規則の改正による「主任の制度化」により、中学校及び高等学校に位置付けられたことに端を発する。

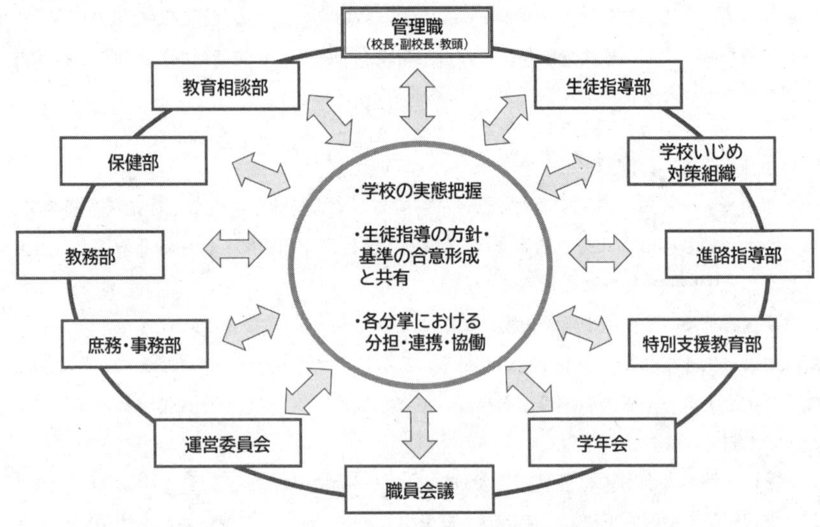

図４　生徒指導の学校教育活動における位置付け

(2) 生徒指導主事の役割

生徒指導部及び全校の生徒指導体制の要となる生徒指導主事には、担当する生徒指導部内の業務をラインとして処理していくだけでなく、学校の生徒指導全般にわたる業務の企画・立案・処理が職務として課せられます。生徒指導主事に求められる主な役割を具体的に示すと、次のとおりです。

① 校務分掌上の生徒指導の組織の中心として位置付けられ、学校における生徒指導を組織的・計画的に運営していく責任を持つ。なお、教科指導全般や特別活動において、生徒指導の視点を生かしたカリキュラム開発を進めていくことも重要な役割である。

② 生徒指導を計画的・継続的に推進するため、校務の連絡・調整を図る。

③ 生徒指導に関する専門的事項の担当者になるとともに、生徒指導部の構成員や学級・ホームルーム担任、その他の関係する教職員に対して指導・助言を行う。

④ 必要に応じて児童生徒や保護者、関係機関等に働きかけ、問題解決に当たる。

上記の役割を果たしていくためには、次のような姿勢が求められます。

① 生徒指導の意義や課題を十分に理解しておくこと。
② 学校教育全般を見通す視野や識見を持つこと。
③ 生徒指導上必要な資料の提示や情報交換によって、全教職員の意識を高め、共通理解を図り、全教職員が意欲的に取組に向かうように促す指導性を発揮すること。
④ 学校や地域の実態を把握し、それらを生かした指導計画を立てるとともに、創意・工夫に基づく指導・援助を展開すること。
⑤ 変動する社会状況や児童生徒の心理を的確に把握し、それを具体的な指導・援助の場で生かすこと。

各学校においては、生徒指導主事の任に当たる教員に業務が集中することがないよう、全校的視点に立って人選と校務分掌組織の業務分担を進めていくことも大切です。

なお、小学校においては、生徒指導主事（生活指導主任と呼ばれることもあります。）が学級担任を兼ねている場合が多いので、生徒指導主事に、副校長・教頭（若しくは教務主任等）、養護教諭を加えたチームで上記の役割を果たすことも考えられます。その際、三者間の密接な情報共有と意思疎通を図ることが求められます。

3.2.2　学年・校務分掌を横断する生徒指導体制

生徒指導は、生徒指導部の取組だけで完結するものではありません。学校に関わる全ての教職員が担うものであり、学校全体で取り組むことが必要です。児童生徒と直接関わることが多い学級・ホームルーム担任は、学級・ホームルーム経営を充実させることはもとより、同僚間で相互に学び合うことが求められます。教職員同士が支え合う学校環境を形成することによって、校内の情報共有やビジョンの共有、さらには生徒指導や教育相談、進路指導等の充実が図られ、結果的に児童生徒に肯定的な影響を及ぼすことが可能になります。

生徒指導体制づくりにおいては、生徒指導部の取組のみに着目するのではなく、各学年や各分掌、各種委員会等がそれぞれ組織として実効的に機能する体制をつくるとともに、学年や校務分掌を横断するチームを編成し、生徒指導の取組を推進することが重要です。その際、校長・副校長・教頭等をはじめとする管理職のリーダーシップの下で、学年主任や生徒指導主事、進路指導主事、保健主事、教育相談コーディネーター、特別支援コーディネーターなどのミドルリーダーによる横のつながり（校内連携体制）が形成されることが不可欠の前提となります。

生徒指導体制づくりにおいて大切な三つの基本的な考え方を、以下に示します。

(1) 生徒指導の方針・基準の明確化・具体化

第一に、児童生徒が身につけるべき基本的な生活習慣を含めて、生徒指導の方針・基準に一貫性を持たせ、明確にし、具体化することが求められます。学校の教育目標を達成するための各々の取組について足並みを揃えるために、各学校においては「生徒指導基本指針」あるいは「生徒指導マニュアル」等を作成し、教職員によって目標が異なるバラバラの実践が行われることを防止します。

方針・基準の作成に当たっては、学校や児童生徒の実態把握に基づいて目標設定を行うとともに、児童生徒や保護者、地域の人々の声にできる限り耳を傾けて合意形成を図ることが重要です。実態を無視して、方針・基準だけが硬直化して運用される場合（例えば、児童生徒の実態にそぐわない厳しすぎる校則等）には、児童生徒の成長・発達にマイナスに働くことがあることに留意する必要があります。さらに、方針・基準を作成後、児童生徒と保護者、地域の人々に周知し、理解を得る努力をすること（例えば、学校のホームページに掲載する等）が大切です。

(2) 全ての教職員による共通理解・共通実践

第二に、学校の教育目標として「児童生徒がどのような力や態度を身に付けることができるように働きかけるのか」という点についての共通理解を図ること、そして、共通理解された目標の下で、全ての教職員が、児童生徒に対して、粘り強い組織的な指導・援助を行っていくことが重要です。実践に当たっては、児童生徒を取り巻く環境や発達段階を丁寧に理解した上で、全校的な取組を進めることが求められます。その際、働きかけを効果的なものにするためには、教職員と児童生徒、教職員と保護者、教職員同士の信頼関係の形成に努めることが不可欠です。

(3) PDCA サイクルに基づく運営

第三に、生徒指導体制の下で進められている取組が児童生徒にとって効果的なものとなっているかどうか、定期的に点検し、振り返りに基づいて取組を更新し続けることが重要です。上述した「生徒指導の方針・基準の明確化・具体化」や「全ての教職員による共通理解・共通実践」は、一度確定したり、確認したりしたらそれで終わりというものではありません。児童生徒や保護者、教職員の声（例えば、アンケートの回答データ等）を踏まえて、不断の見直しと適切な評価・改善を行うことが求められます。

取組の点検のために実施する児童生徒へのアンケートの内容としては、学校に対する所属意識や愛着、学校への安全・安心感、教職員や学校に関わる大人との関係性、同級生や先輩・後輩との人間関係、いじめの被害や加害の経験等が挙げられます。学校の環境や地域とのつながり等について点検を行う場合は、保護者を対象にアンケートを実施することも有効です。また、教職員に対しても、生徒指導の取組や職場環境（例えば、教職員同士の協力関係や学び合いの状況等）への意識について確認し、生徒指導体制を整え、充実させていく上での手がかりにすることも大切です。

3.2.3　生徒指導のための教職員の研修

生徒指導体制を充実させるためには、全ての教職員が、問題意識や生徒指導の方針・基準を共有し、生徒指導を着実かつ的確に遂行することが求められます。その基盤となるのが、研修等を通した不断の研究と修養です。研修は、校内研修と校外研修に大別されます。

(1) 校内における研修

校内における研修には、全教職員が参加して組織的・計画的に行われる研修と、校務分掌に基づいて特定の教職員によって行われる研修があります。教職員のそれぞれが果たすべき役割や可能性などについて理解し、適切な組合せを考える必要があります。

全教職員が参加して行う校内研修は、教育理念や教育方法、生徒指導の方針・基準などについての共通理解を図り、日常的な指導のための共通基盤を形成することを目的とします。全教職員が参加して行われる研修以外にも、生徒指導を主として担当する複数の教職員（生徒指導部単独、若しくは関連する他の校務分掌と合同）によって行われる研修等があります。

(2) 校外における研修

生徒指導に関する校外の研修は、主として教育委員会等によって主催されます。生徒指導を適切に行う資質や能力は、全ての教職員に必要とされるため、初任者研修や中堅教諭等資質向上研修など、あらゆる段階の研修内容に盛り込まれています。

加えて、生徒指導主事や教育相談コーディネーター、進路指導主事など、校務分掌組織においてリーダーシップを発揮することが求められる教職員を対象とした研修も行われます。参加者個々の生徒指導の力量を高めることは当然のことですが、そのほかに、ミドルリーダーとして必要とされる資質や能力の向上を図る内容を組み込むことが重要です。

さらに、教職員一人一人が自発的意志によって自らの資質や能力を向上させるよう努め、学び続けることが肝要です。

(3) 生徒指導に関する研修の方向性

生徒指導を効果的に進めるには、単に問題の原因探しをするだけでなく、問題の構造や本質を冷静に探究・吟味し、必要があれば、意見や取組での対立にも考慮し、バランスのとれた具体的な解決策を見いだそうとする姿勢が不可欠です。

避けなければならないのは、問題の本質を理解しようとする姿勢を失い、問題の原因を児童生徒本人や家庭のみにあると決めつけて、教職員と児童生徒は相互に影響し合うという認識を欠いてしまうことです。そうなると、信頼関係を基盤に児童生徒や保護者に働きかけることが難しくなってしまいます。そうならないように、児童生徒の行動をみるときの自分自身の視座（視点や認識の枠組み）に気付くことが、教職員一人一人に求められます。あらゆる段階の研修において、「学び続ける教員」として、自己を理解し、自らの実践や体験を批判的に問い直す姿勢を持ち続けるようにすることが大切です。

また、研修の方向性として、個人の職能開発だけでなく、組織学習の視点に立つことも必要です。個人の職能開発では、教職員個人の生徒指導に関する知識・技術・態度それぞれについての改善・向上を図ることにより、学校の生徒指導力を強化することが目指されます。教職員一人一人の生徒指導上の力量形成を図ることが重要であることは言うまでもありませんが、組織学習においては、学校の継続的改善に力点が置かれます。個人の職能開発だけでなく、学校が継続的に自らの組織を改善していくためには、学校が「学習する組織」へと変容していくことが求められます。

そこでは、教職員個々の生徒指導の力量形成だけでなく、学校組織として取組を振り返り、組織改善を継続できる学校の組織力の向上を図ることが目指されます。また、生徒指導上の諸課題を同僚と協働して解決していくことを通して、教職員集団の認識や行動を変化させ、結果として個人の力量形成につなげていくという視点を持つことも不可欠です。

このように、各学校において、教職員同士が継続的な振り返りを通して、学び合う文化・風土が根付くように、校内研修の一層の工夫と充実を図ることが求められます。

3.2.4　生徒指導の年間指導計画

生徒指導を全校体制で推進していくためには、年間指導計画の整備と改善が重要な鍵となります。特に、児童生徒に関わる様々な問題行動などを未然に防止して、発達を支える生徒指導を実現していくためには、適正な年間指導計画を作成することが不可欠です。意図的、計画的、体系的な指導につながる年間指導計画を作成・実行するには、以下のような視点に立つ必要があります。

- 課題早期発見対応ないし困難課題対応的生徒指導だけでない、発達支持的生徒指導及び課題未然防止教育に関する学校の生徒指導の目標や基本方針などを、年間指導計画の中に明確に位置付ける。
- 児童生徒が、将来、社会の中で自己実現を果たすことができる資質・態度や自己指導能力を身に付けるように働きかけるという生徒指導の目的を踏まえて、年間指導計画の作成に当たる。
- 計画性を重視した効果的な支援を積み上げていく。

生徒指導の年間指導計画は、各学校の創意に基づいて作成されており、校種の違いや学校の実態によって、項目や形式が異なっています。しかし、計画が実効的な機能を果たすためには、全ての学校で計画の重要な柱となる、児童生徒を支え、指導・援助する「時期」と「内容」を明確に記す必要があります。また、年間指導計画の作成を通して、教育課程との関わりを具体的に明らかにしていくことも求められます。このため、計画を作成する段階から全教職員が参画し、全校体制で生徒指導に当たっていく意識を高めることが大切です。

また、年間指導計画の中に、生徒指導に関する教職員研修の機会を組み入れて、常に全教職員が組織的に取り組むことの重要性を意識することも重要です。なお、計画の中に担当部署や担当者名を明記するなど、教職員一人一人に生徒指導に対する当事者意識を喚起するような工夫を図っていくことも求められます。

3.3　教育相談体制

3.3.1　教育相談の基本的な考え方と活動の体制

教育相談の目的は、児童生徒が将来において社会的な自己実現ができるような資質・能力・態度を形成するように働きかけることであり、この点において生徒指導と教育相談は共通しています。ただ、生徒指導は集団や社会の一員として求められる資質や能力を身に付けるように働きかけるという発想が強く、教育相談は個人の資質や能力の伸長を援助するという発想が強い傾向があります。

この発想の違いから、時には、毅然とした指導を重視すべきなのか、受容的な援助を重視すべきなのかという指導・援助の方法を巡る意見の違いが顕在化することもあります。しかし、教育相談は、生徒指導の一環として位置付けられ、重要な役割を担うものであることを踏まえて、生徒指導と教育相談を一体化させて、全教職員が一致して取組を進めることが必要です。そのため、教職員には、以下のような姿勢が求められます。

① 指導や援助の在り方を教職員の価値観や信念から考えるのではなく、児童生徒理解（アセスメント）に基づいて考えること。
② 児童生徒の状態が変われば指導・援助方法も変わることから、あらゆる場面に通用する指導や援助の方法は存在しないことを理解し、柔軟な働きかけを目指すこと。
③ どの段階でどのような指導・援助が必要かという時間的視点を持つこと。

また、教育相談は、生徒指導と同様に学校内外の連携に基づくチームの活動として進められます。その際、チームの要となる教育相談コーディネーターの役割が重要です。

(1) 校内チーム

チームとして活動する際には、校長の指揮監督の下にあるメンバーで構成される校内チームが基本となります。校内チームは、目的によって二種類に分類されます。

第一は、機動的に支援を実施するために、担任とコーディネーター役の教職員（教育相談コーディネーター、特別支援教育コーディネーター、養護教諭など）を中心に構成される比較的少人数の支援チームです。

第二は、児童生徒理解や支援方針についての共通理解を図ることを目的とし、教育相談コーディネーター、特別支援教育コーディネーター、養護教諭等に、SC、SSW を加え、さらに、学年主任や生徒指導主事などの各分掌の主任等を含む比較的多様なメンバーで構成される支援チームです。

生徒指導部会、教育相談部会、スクリーニング会議、ケース会議などがこれに相当します。これらのチームが前者の少人数で動く支援チームの役割を尊重し、情報を共有しながら一定の裁量を認めることで、その機動性がより高まると考えられます。

発達支持的生徒指導や課題未然防止教育の観点で開かれる会議に教育相談コーディネーターや SC、SSW が参加し、ニーズを検討し、必要な活動を共に考え、年間計画を立てることも重要です。

(2) 学校外の専門機関等と連携したチーム

学校外には、児童生徒の支援を目的に活動をしている団体や施設があります。その活動に関する様々な情報を把握し、地域と協力して校外のネットワークを活かしたチーム支援を進めることも大切な視点です。

また、緊急性の高い事態が発生し、校内だけでは対応が難しい場合には、管理職を含めたケース会議を開き、外部機関との連携の可能性を探ります。その際には、情報の齟齬によって対応にずれが生じないように、外部との連絡なども含め教育相談コーディネーターが情報を一元的に管理することが必要になります。そのためにも、教育相談コーディネーターが自由に動けるような体制を整えておくことが重要です。

SC や SSW、医師、警察官などは、それぞれの職能団体が定めた倫理綱領や法によって守秘義務を負っています。そのことを相互に理解し、尊重することが必要です。その一方で、児童生徒の指導・援助に当たっては情報の共有は欠かせず、通告の義務が生じる場合もあることから、チームのメンバーは、守秘義務を理由にすることで支援が妨げられないように、必要な情報共有を行うという意識を持つことが求められます。

チームを組めば、そこには必ず守秘義務が発生します。たとえ立場の違う者同士がチームを組むとしても、チーム内での守秘義務が徹底されるならば、それぞれの立場における守秘義務を盾にしなければならないケースは減ると考えられます。したがって、チーム内での守秘義務の徹底は、良好な連携・協働を進めるための大前提と言えるでしょう。

3.3.2　教育相談活動の全校的展開

(1) 発達支持的教育相談

「発達支持的教育相談」とは、様々な資質や能力の積極的な獲得を支援する教育相談活動です。個々の児童生徒の成長・発達の基盤をつくるものと言えます。個別面談やグループ面談等の相談活動だけでなく、通常の教育活動を発達支持的教育相談の視点を意識しながら実践することも重要です。例えば、特別活動では、「望ましい人間関係の形成」、「協働的な問題解決能力の育成」などを目的とする活動が行われます。教科学習においても、対人関係スキルや協働的な問題解決力を身に付けることのできる学びが実施されます。こうした活動の発達支持的な側面に着目し、教育相談の考え方を意識しながら教育実践を行うことが求められます。

(2) 課題予防的教育相談：課題未然防止教育

「課題予防的教育相談」は大きく二つに分類できます。第一は、全ての児童生徒を対象とした、ある特定の問題や課題の未然防止を目的に行われる教育相談です。第二は、ある問題や課題の兆候が見られる特定の児童生徒を対象として行われる教育相談です。両者とも「課題予防的教育相談」として分類されます。前者の例としては、全ての児童生徒を対象に、いじめ防止や暴力防止のためのプログラムを、SC の協力を得ながら生徒指導主事と教育相談コーディネーターが協働して企画し、担任や教科担任等を中心に実践する取組などが挙げられます。

(3) 課題予防的教育相談：課題早期発見対応

一方、後者の例としては、発達課題の積み残しや何らかの脆弱性を抱えた児童生徒、あるいは環境的に厳しい状態にある児童生徒を早期に見つけ出し、即応的に支援を行う場合などを挙げることができます。具体的には、次のような取組を行います。

① 早期発見の方法

早期発見の方法として、代表的なものに「丁寧な関わりと観察」や「定期的な面接」、「作品の活用」、「質問紙調査」が挙げられます。危機的な状況に置かれていても、その状況を適切に表現出来ない児童生徒も少なくありません。したがって、児童生徒が危機のサインを表出するのを待つだけではなく、教職員が積極的に危機のサインに気付こうとする姿勢を持つことが大切です。

具体的には、「丁寧な関わりと観察」を通じて、児童生徒の心身の変化を的確に把握するように努めます。以下のようなサインに気付いた場合には、背後に何らかの問題が隠れている可能性を想定して対応することが求められます。

- 学業成績の変化（成績の急激な下降等）
- 言動の変化（急に反抗的になる、遅刻・早退が多くなる、つき合う友達が変わる等）
- 態度、行動面の変化（行動の落ち着きのなさ、顔色の優れなさ、表情のこわばり等）
- 身体に表れる変化（頭痛、下痢、頻尿、原因不明の熱等）

「定期相談」は、5分程度の面接であっても、継続することにより、「定期相談のときに相談できる」という安心感の形成と信頼関係の構築に効果的に作用します。面接に当たっては、受容的かつ共感的に傾聴することを心がけ、児童生徒理解に努めることが重要です。

「作品の活用」も有効です。児童生徒の日記、作文、絵などは、そのときの心理状態、自尊感情の有り様、発達の課題などに関する有益な情報を含んでいます。気になる作品等があれば、写真におさめて記録に残したり、他の教職員やSCと一緒に検討したりすることも大切です。

「質問紙調査」は、観察や面接などで見落とした児童生徒のSOSを把握するために有効な方法と言えます。観察では友人関係に問題がないと思われていた児童生徒へのいじめが発覚し、改めて質問紙調査を確認すると実は課題が示されていたというな事例も見られます。観察等と組み合わせた質問紙調査を行うことで、より深い児童生徒理解が可能になります。

② 早期対応の方法

「早期対応の方法」として、代表的なものに「スクリーニング会議」や「リスト化と定期的な情報更新」、「個別の支援計画」、「グループ面談」、「関係機関を含めた学校内外のネットワーク型による支援」が挙げられます。

「スクリーニング会議」は、教育相談コーディネーターをはじめ、生徒指導主事、特別支援教育コーディネーター、養護教諭、SC、SSW などが集まり、リスクの高い児童生徒を見いだし、必要な支援体制を整備するために開催される会議です。

この会議では、悩みや不安を抱える児童生徒を広く網に掛けるようにスクリーニングします。会議で取り上げることによって、児童生徒のリスク要因を理解し意識的に見守る教職員の目が増えます。欠席日数、遅刻・早退の回数、保健室の利用回数などスクリーニングにかける際の基準を決めておくことと、学級・ホームルーム担任以外も対象の児童生徒を認識しておくことが重要です。そうすることで、学級・ホームルーム担任の抱え込みなどによる支援の遅れを防ぐことができます。

「リスト化と定期的な情報更新」は、身体面、心理面、対人関係面、学習面、進路面などの領域で気になる児童生徒を全てリスト化し、定期開催される「スクリーニング会議」で確認し、リストの情報をアップデートすることです。アップデート自体が早期発見について高い効果を持ち、何らかの問題が生じたときにも、豊富で正確な情報に基づく的確な介入が可能になります。その中でも特に集中的な関わりの必要性があると判断された児童生徒は、「ケース会議」に付託され、必要に応じてチーム支援が実行に移されることになります。

「個別の支援計画」[*36]は、「ケース会議」の対象となる援助ニーズの高い児童生徒について、アセスメントに基づくプランニングを行い、具体的な支援策を明示するために作成されるものです。特定の様式はありませんが、各都道府県教育委員会等でも試作されていますので、参考にしながら各学校で使いやすいものを作成することが求められます。

「グループ面談」は、「進路に関する悩み」や「SNS について」、「数学が分から

[*36] ここで述べる個別の支援計画とは、特別支援教育における「個別の教育支援計画」と「個別の指導計画」とは異なるもので、援助ニーズの高い児童生徒に対して作成することが望まれるものである。なお、特別支援教育における「個別の教育支援計画」とは、障害のある幼児一人一人に必要とされる教育的ニーズを正確に把握し、長期的な視点で乳幼児期から学校卒業後までを通じて、一貫した的確な支援を行うことを目的に作成するものである。また、「個別の教育支援計画」と関連するものに「個別の指導計画」がある。特別支援教育においては、「個別の教育支援計画」と「個別の指導計画」それぞれに作成する目的や活用する方法に違いがあるため、そのことに留意しつつ、相互の関連性を図るように配慮する必要がある。

ない」などの特定のテーマで対象者を募集したり、家庭状況や、欠席日数、遅刻・早退などのリスク要因の観点から対象者をピックアップしたりするなどして実施します。内容だけでなく、グループ面談を通じた人間関係形成が、問題の未然防止に高い効果を持ちます。

「関係機関を含めた学校内外のネットワークによる支援」は、各学級に一定数いるリスクの高い状態にある児童生徒（例えば、医療的ニーズや福祉的ニーズがある、保護者が精神疾患を抱えている、虐待や不適切な養育下にあるなど）に対して、相談できる人的ネットワークや学校以外に安心できる居場所を見つけ、確保することを意味します。例えば、学校内においては、「教育相談週間」を設定し、児童生徒が担任以外にも希望する教職員と面談できるようにし、学校内で相談できる対象者を広げられるようにする取組が考えられます。相談室・保健室・図書室・校長室等を居場所とする取組をしている学校もあります。また、学校外には、学習支援、集団遊び、生活支援、食事の提供などに取り組む放課後等デイサービスや公民館、民間団体などがあります。SSW と連携して、地域の社会資源を活用するためのネットワークを構築することも重要です。

(4) 困難課題対応的教育相談

「困難課題対応的教育相談」は、困難な状況において苦戦している特定の児童生徒、発達や適応上の課題のある児童生徒などを対象とします。こうした児童生徒に対してはケース会議を開き、教育相談コーディネーターを中心に情報収集を行い、SC や SSW の専門性を生かしながら、教育、心理、医療、発達、福祉などの観点からアセスメントを行い、長期にわたる手厚い支援を組織的に行うことによって課題の解決を目指します。その際、学校外のネットワークを活用して、地域の関係機関と連携・協働することが重要です。

なお、学級・ホームルーム担任が自らの指導力不足であるという責任を感じて追い込まれている場合も見られますので、学級・ホームルーム担任を支える観点も不可欠です。しかし、そのことは、学級・ホームルーム担任の代わりに他の教職員や専門家が全てを引き受けることではありません。あくまでも負担軽減を図ることで、学級・ホームルーム担任としての自負心を傷付けずに、必要な役割を果たせるように支えることが目的です。

3.3.3　教育相談のための教職員の研修

(1) 研修の目的と内容

教育相談研修の目的は、学校の教育相談体制を十分に機能させることです。したがって、研修を計画する段階で、誰が、何をできるようになるための研修なのかを明確にすることが重要です。

教育相談を中核で支えるのは教育相談コーディネーターです。したがって、心理学的知識や理論、カウンセリング技法、心理面に関する教育プログラムについての知識・技法だけでなく、医療・福祉・発達・司法についての基礎的知識を持つことが求められます。また、学級・ホームルーム担任は、発達障害や愛着などを含む心理的発達や社会的発達についての基本的な知識や学級・ホームルーム経営に生かせる理論や技法、カウンセリングの基礎技法などについての基本的な理解を身に付けることが望まれます。さらに、児童生徒の最も近いところにいるのは学級・ホームルーム担任であることを考えると、いじめや不登校についての基本的理解と予兆の現れ方、スクリーニングの方法などについての研修も必要になります。

教育相談コーディネーターや学級・ホームルーム担任などの教職員に対して、全ての児童生徒への発達支持的教育相談を行うために、社会性の発達を支えるプログラム（ソーシャル・スキル・トレーニング等）などに関する研修や、自殺予防教育やいじめ防止プログラムなどの課題未然防止教育に関する研修を行うことも大切です。

(2) 研修の計画

多忙化に伴う業務の見直しによって研修時間が削減されている学校や教育委員会等が少なくありません。しかし、知識や技法の習得には一定時間の研修が必要であり、研修をしなければ教職員の力量形成は進まず、児童生徒の問題は肥大化します。研修の計画に当たっては、学校の実情に応じて取り上げる課題に優先順位をつけるなどして、教職員の負担を軽減する工夫が必要になります。

また、研修を行う場合に最も重要なことは、実際に改善につながる内容と方法を学べる研修を企画することです。特に教育相談研修においては、実際の事例を取り上げて討議をしたり、演習やロールプレイを取り入れたりすることが有効です。研修の効果を実感することが、次の研修への動機付けとなります。

3.3.4　教育相談活動の年間計画

教育相談活動は、PDCA サイクルで展開されます。「本質的な問題点への気付き」がなければ、問題は繰り返されてしまうため、分析での気付きに基づいて改善案を作成します。教育相談は、予算、施設設備、人的資源（教職員、SC、SSW などからなる組織）、実践や研修に関する年間計画などによって支えられています。どの部分にどのような改善が必要なのかという観点から、改善策を考えることが重要です。

したがって、教育相談活動やその体制について、児童生徒、保護者、教職員に評価を依頼し、実施することが求められます。この三者の観点から得た評価を照らし合わせながら、最終的な評価を行います。

評価は問題点だけを検討することではありません。良かった点が明確になることで、教職員は実践に対する確信と効力感を持つことができます。また、たとえ課題があったとしても、それを具体的に分析することで、次に取り組むべきことが明確になり、実践の改善が促されます。

なお、教育相談は、教育相談コーディネーター、SC、SSW が個人的に実践するものでないことは、言うまでもありません。発達支持・課題予防（課題未然防止教育・課題早期発見対応）・困難課題対応の 3 類 4 層構造の教育相談が組織的・計画的に実践できる体制づくりが、何よりも重要です。このことを踏まえ、教育相談に関する校内組織は、学校種、学校の規模、職員構成、児童生徒の実態や地域性などを勘案し、実効的に機能する体制として構築されることが求められます。

次に、学校の教育計画全体の中に教育相談の全体計画を位置付け、それに基づいて年間計画を作成します。全ての児童生徒を対象とする発達支持的教育相談と課題未然防止教育は、年間計画に位置付けることが特に重要です。

さらに、教育相談活動はチームで行う活動であり、その構成員にはそれぞれ求められる役割があります。例えば、心理面に関する教育プログラムの開発は生徒指導主事と教育相談コーディネーターが SC の協力を得ながら行い、学級・ホームルーム担任が実施の中心になります。不登校児童生徒への面接は SC が実施し、スケジュール調整は教育相談コーディネーターが行い、学級・ホームルーム担任は、児童生徒との信頼関係の構築や学級づくりを進めます。発達障害が背景にあれば、特別支援教育コーディネーターが担任等と協働して「個別の指導計画」[*37]を立て、きめ細かな支援を行います。虐待の可能性があれば、学級・ホームルーム担任や養護教諭等の教職員と SSW 等が家庭や関係機関等と連携を取るなどの対応をします。このように、一つのケースや取組であっても、それぞれの立場から協力して教育相談を推進することが重要です。

3.4　生徒指導と教育相談が一体となったチーム支援

3.4.1　生徒指導と教育相談

時として、生徒指導の視点から、「教育相談は、話を聞くばかりで子供を甘やかしているのではないか」、教育相談の視点からは、「生徒指導は、きまりを押しつけるばかりで、子供の心を無視しているのではないか」というような対立的な意見が示されることもあります。また、学級・ホームルーム担任として、集団に重点を置く規範的・指導的態度と個に重点を置く受容的・相談的態度とのバランスをとるのが難しいという声が聞かれることもあります。

先述したように、教育相談は全ての児童生徒を対象に、発達支持・課題予防・困難課題対応の機能を持った教育活動です。また、教育相談はコミュニケーションを通して気付きを促し、悩みや問題を抱えた児童生徒を支援する働きかけです。その点において、主体的・能動的な自己決定を支えるように働きかけるという生徒指導の考え方と重なり合うものです。したがって、両者が相まってはじめて、包括的な児童生徒支援が可能になります。

児童生徒の発達上の課題や問題行動の多様化・深刻化が進む中で、今起こっていることの意味を探り今後起こり得る展開を予測し、ばらばらな理解による矛盾した対応を避けて、共通理解に基づく組織的対応を行うことの必要性が高まっています。そのため、学校として組織的な生徒指導を進める上で、心理的・発達的な理論に基づいて問題の見立てを行うアセスメント力や実際の指導場面での臨機応変で柔軟な対応力、学校内外の連携を可能にするコーディネート力などを備えることが求められます。

生徒指導は児童生徒理解に始まり、児童生徒理解に終わると言われるように、生徒指導におけるアセスメント（見立て）の重要性は言うまでもありません。理解の側面を抜きにした指導・援助は、働きかけの幅が狭くなり、長い目で見たときの効果が上がりにくくな

[*37] 障害のある児童生徒など一人一人の指導目標、指導内容及び指導方法を明確にし、きめ細やかに指導するために学校が作成するものである。

ります。例えば、すぐに暴力をふるう児童生徒に対する指導において、どうしてその児童生徒が暴力に訴えるのかという「理解」をせずに一方的な働きかけをしても、問題の根本的解決に至ることは難しいからです。児童生徒理解とは、一人一人の児童生徒に対して適切な指導・援助を計画し実践することを目指して、学習面、心理・社会面、進路面、家庭面の状況や環境についての情報を収集し、分析するためのプロセスを意味します。その点において、教育相談の基盤となる心理学の理論やカウンセリングの考え方、技法は児童生徒理解において有効な方法を提供するものと考えられます。

3.4.2　生徒指導と教育相談が一体となったチーム支援の実際

教育相談、キャリア教育、特別支援教育は、生徒指導と同様に児童生徒に対する指導・援助を行う分野として学校内の校務分掌に位置付けられ、それぞれに教育活動を展開しています。そのため、一人の児童生徒に対する指導・援助がお互いに独立した働きかけとして展開される場合も見受けられます。いじめや暴力行為、非行は生徒指導、不登校は教育相談、進路についてはキャリア教育（進路指導）、障害に関することは特別支援教育が担う、というように縦割りの意識と分業的な体制が強すぎると、複合的・重層的な課題を抱えた児童生徒への適切な指導・援助を行うことが阻害されてしまう状況も生じかねません。児童生徒一人一人への最適な指導・援助が行えるように、それぞれの分野の垣根を越えた包括的な支援体制をつくることが求められます。

担任一人ではできないことも、他の教職員や多職種の専門家、関係機関がチームを組み、アセスメントに基づいて役割分担をすることで、指導・援助の幅や可能性が飛躍的に広がります。また、学校だけでは対応しきれない部分をカバーしたり、よりよい解決の方向性を見いだしたりするためには、多職種の専門家との連携が不可欠です。異なる専門性に基づく発想が重ね合わさることで、新たな支援策が生み出されます。

(1) 困難課題対応的生徒指導及び課題早期発見対応におけるチーム支援

以下に、課題を抱えて苦戦したり、危機に陥ったりした児童生徒に対して、生徒指導と教育相談の連携を核に、多職種との協働も視野に入れた包括的な支援をチームとして展開するプロセス（図 5）と留意点を示しました。その際、生徒指導主事、教育相談コーディネーター、特別支援教育コーディネーター、養護教諭等のコーディネーターの果たす役割が極めて重要になります。

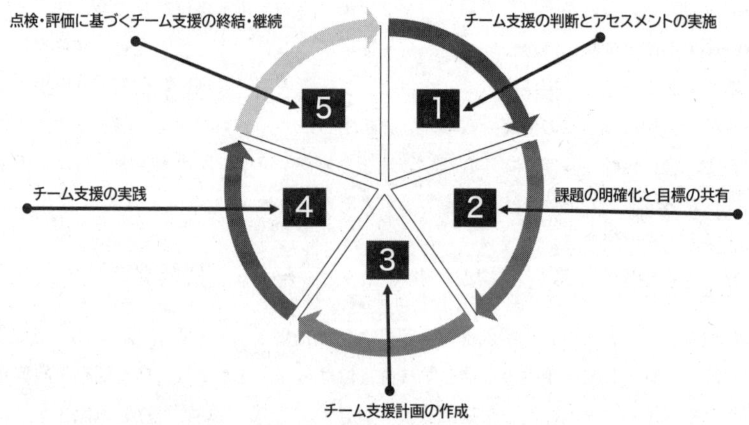

図5　チーム支援のプロセス
（困難課題対応的生徒指導及び課題早期発見対応の場合）

①チーム支援の判断とアセスメントの実施

課題を抱えて苦戦したり、危機に陥ったりして特別な指導・援助を必要とする児童生徒の課題解決について、生徒指導部や教育相談部、特別支援教育部等の校務分掌及び学年を横断したチーム支援の必要性を検討します。

その際、児童生徒の課題解決に向けて、生徒指導主事や教育相談コーディネーター等が中心となり、関係する複数の教職員（学校配置の SC、SSW 等を含む。）等が参加する、アセスメントのためのケース会議を開催します。当該児童生徒の課題に関連する問題状況や緊急対応を要する危機の程度等についての情報を収集・分析・共有し、課題解決に有効な支援仮説を立て、支援目標や方法を決定するための資料を提供し、チーム支援の必要性と方向性について判断します。③の段階で、アセスメントに基づいて、「チーム支援計画」が作成されるので、アセスメントは、チーム支援の成否の鍵を握っているといっても過言ではありません。

アセスメントには、多種多様な方法がありますが、その中でも、心理分野・精神医療分野・福祉分野等で活用されているアセスメントの方法として、生物・心理・社会モデル（以下「BPS モデル」という。）によるアセスメントを挙げることができます。

BPS モデル[*38]（Bio-Psycho-Social Model）では、児童生徒の課題を、生物学的要因、心理学的要因、社会的要因の3つの観点から検討します。例えば、不登校の児童生徒の場合、「生物学的要因（発達特性、病気等）」、「心理学的要因（認知、感情、信念、ストレス、パーソナリティ等）」及び「社会的要因（家庭や学校の環境や人間関係等）」から、実態を把握すると同時に、児童生徒自身のよさ、長所、可能性等の自助資源と、課題解決に役立つ人や機関・団体等の支援資源を探ります。

② 課題の明確化と目標の共有

ケース会議の目的は、その児童生徒や家庭に必要な指導・援助は何か、どうやってそれを届けていくか、を決定することです。そのためには、課題を明確化し、具体的な目標（方針）を共有した上で、それぞれの専門性や持ち味を生かした役割分担を行う必要があります。

また、指導・援助は中・長期的に継続されていくものであり、長期目標（最終到達地点）と、それを目指すスモールステップとしての短期目標が必要になります。状況に応じて、短期目標を修正したり、次のステップへと進めたりするため、ケース会議は継続的に行われるものであることを共通理解しておくことも大切です。

③ チーム支援計画の作成

アセスメントに基づいて、問題解決のための具体的なチームによる指導・援助の計画を作成します。「何を目標に（長期目標と短期目標）、誰が（支援担当者や支援機関）、どこで（支援場所）、どのような支援を（支援内容や方法）、いつまで行うか（支援期間）」を記載した「チーム支援計画」を作成し、支援目標を達成するための支援チームを編成します。支援チームには、以下のような形態（図6）が考えられます。

- 児童生徒や保護者と連携しつつ、学級・ホームルーム担任とコーディネーター役の教職員（生徒指導主事や教育相談コーディネーター、特別支援コーディネーター、学年主任等）が連携して、機動的に問題解決を行う機動的連携型支援チーム。

[*38] BPSモデルを活用したアセスメントとして、『児童・生徒を支援するためのガイドブック～不登校への適切な対応に向けて～』東京都教育委員会（2018）がある。同書では、BPSモデルに基づき「身体・健康面」、「心理面」及び「社会・環境面」という3観点が示されている。

- 生徒指導主事、教育相談コーディネーター、特別支援教育コーディネーター、養護教諭、SC、SSW などがコーディネーターとなり、学年主任や関係する校務分掌主任などを加えて、課題早期発見対応の対象となる児童生徒のスクリーニングや困難課題対応的生徒指導などのために、校内の教職員の連携・協働に基づいて定期的にケース会議を開催し、継続的に支援を行う校内連携型支援チーム。
- 学校、家庭と教育委員会、地域の関係機関等がそれぞれの役割や専門性を生かして連携・協働し、困難課題対応的生徒指導を継続的に行うネットワーク型支援チーム（自殺、殺人、性被害、児童虐待、薬物乱用等、学校や地域に重大な混乱を招く危険性のある事態が発生した場合には、ネットワーク型緊急支援チームとして危機対応に当たる。）。

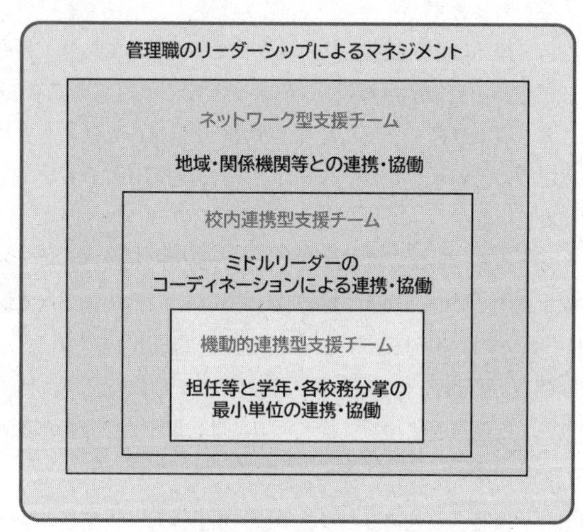

図6　支援チームの形態

④ チーム支援の実践

チーム支援計画に基づいて、チームによる指導・援助を組織的に実施します。その際の留意点として、以下のことが指摘できます。

- 定期的なチームによるケース会議の開催

チームによる指導・援助の実施段階では、コーディネーターが中心となって、定期的にケース会議を開催します。ケース会議では、メンバーの支援行為、児童生徒や保護者の反応・変化についての経過報告を行い、目標達成の進捗状況を把握します。特に、効果的な支援は継続・発展させ、そうでない支援は中止・改善する必要があります。

- 関係者間の情報共有と記録保持

支援対象となっている児童生徒や保護者との密接な情報共有が、効果的な実践や信頼関係の基盤となります。また、会議の録音や会議録、チームとしての活動記録などを、適切に保存しておくことも必要です。

- 管理職への報告・連絡・相談

チーム支援の活動に関しては、管理職に報告・連絡・相談をし、細やかな情報共有を行うことが求められます。管理職は、支援チームの活動状況を把握（モニタリング）し、効果について評価した上で、適時適切な指示や助言を行うするように心がけます。

⑤ 点検・評価に基づくチーム支援の終結・継続

チーム支援計画で設定した長期的、短期的な目標の達成状況について学期末や学年末に総括的評価を行うことが必要です。チーム支援計画の目標が達成されたと判断された場合は、チーム支援を終結します。なお、年度を越える場合は、再度新年度にケース会議を開催してアセスメントを行い、チーム支援計画を見直して支援を継続します。その際、前年度における支援の状況（児童生徒の様子、活動記録など）についての引継ぎが、支援の継続性を担保する鍵になります。

ここまでは、困難課題対応的生徒指導、及び課題早期発見対応におけるチーム支援のプロセスを示してきましたが、次に、発達支持的生徒指導及び課題未然防止教育におけるチーム支援について考えてみます。

(2) 発達支持的生徒指導及び課題未然防止教育におけるチーム支援

全ての児童生徒を対象とする発達支持的生徒指導及び課題未然防止教育においても、生徒指導と教育相談の連携を核に多職種との協働に基づく取組をチームとして展開することの重要性は言うまでもありません。また、生徒指導に関するどのような取組でも、学校の教育活動において成果を上げるためには、漠然と取り組むのではなく、目標を立て、それに向けて計画的なプロセスを辿ることが必要です。

以下に、全ての児童生徒を対象にした発達支持的生徒指導及び課題未然防止教育において、管理職のリーダーシップの下、全校体制で取り組むチーム支援のプロセスと留意点（図７）を示しました。

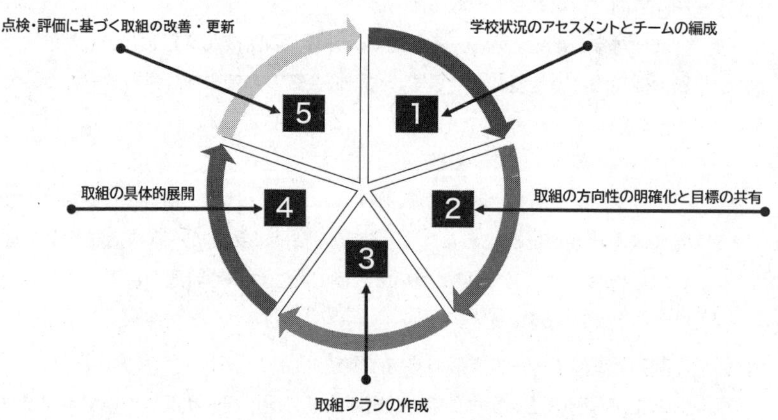

図７　チーム支援のプロセス
（発達支持的生徒指導及び課題未然防止教育の場合）

① 学校状況のアセスメントとチームの編成

学校や学年、学級・ホームルーム、児童生徒の全体状況の把握（アセスメント）においては、個別の児童生徒理解と同様に、多角的・多面的でかつ客観的な資料を得ることが重要です。例えば、自校の不登校やいじめ、暴力行為などの経年変化や生徒指導記録から問題行動の傾向や特徴を丁寧に読み取ったり、学力テストの結果から学習状況の問題点を洗い出したりすることなどが考えられます。

また、教職員が自分の足で地域を見て回り、登下校の交通事情や町並み・家並みの様子などから児童生徒の実態や地域の雰囲気を肌で感じ、客観的なデータと重ね合わせることも大切です。アセスメントと並行して、校長のリーダーシップの下、取組を推進する核となるチームを校務分掌や学年を横断して編成します。

② 取組の方向性の明確化と目標の共有

得られた情報を分析して、学校や児童生徒の課題及び児童生徒の成長を支える自助資源・支援資源などを見いだし、具体的な教育活動に結びつけます。そこで大切なことは、個人でなく、組織で取り組むという意識です。学校の状況や児童生徒の現状を的確に把握した上で、明確な目標を設定し、教職員間で共有することが不可欠の前提になります。

そのためには、学校や地域の置かれている状況や児童生徒の課題と自助資源・支援資源などを教職員間で共通理解し、全校体制での組織的取組につなげるための校内研修を実施することが求められます。

③ 取組プランの作成

取組の計画を作成するに当たっては、学校を取り巻く環境を内部環境と外部環境に区分し（内部環境：児童生徒、教職員、校内体制、施設、校風や伝統など、外部環境：保護者、地域住民、関係機関、自然・風土、産業など）、それぞれの「強み」と「弱み」を洗い出し、実現可能な取組の方向性を探ることが重要です[*39]。

その際、課題の原因を児童生徒の特性や家庭や地域の環境など、学校や教職員以外の原因に求めるだけでなく、自分たちが自明としている価値観や認識の枠組みを見直し、校内体制や学校組織の在り方そのものに対する問い直しを行うことも必要です。

その上で、具体的な取組プランを作成します。既存のプログラム等を参考にする場合でも、各学校の実情に合わせて、内容の吟味や指導の工夫を行うことが重要です。

④ 取組の具体的展開

目標の達成に向けて様々な取組を進める上で大切なことは、時間的な展望を持つことです。在学期間を見据えた長期的な取組、学年、学期というスパンでの中期的な取組、教科のある単元や一つの学校行事という短期間での取組を、児童生徒の発達段階や学校・地域の実情に即して展開することが重要です。その際、児童生徒の主体的・能動的な活動を教職員はじめ学校に関係する人々が支える、という視点を忘れてはならないでしょう。

⑤ 点検・評価に基づく取組の改善・更新

[*39] 「学校組織マネジメント研修～すべての教職員のために～モデル・カリキュラム）」マネジメント研修カリキュラム等開発会議　文部科学省（平成17年）

実際の取組においては、計画（Plan）を立て、実行（Do）するだけでなく、その後の振り返りとしての点検・評価（Check）と、それに基づく改善と更新（Action）が重要です。実行したことを振り返り、その効果を点検・評価 (C) し、必要に応じて改善策 (A) を考え、さらに新たな計画 (P)、実践 (D) につなげるという繰り返し（PDCA サイクル）が取組を充実させることになり、生徒指導の効果を上げることにつながります（→ 1.4.2 生徒指導マネジメント）。全校体制によるチーム支援の取組の改善・更新を積み重ねていくことにより、「チームとしての学校」が発展していきます。

今後、学校状況のアセスメントに基づく組織を活かした取組を、PDCA サイクルを意識しながら推進することが、一層求められます。

3.5　危機管理体制

3.5.1　学校危機とは

学校が安全で安心な環境であることは、児童生徒の学力向上や社会性の発達、健やかな成長や体力の増進につながる前提条件になります。学校安全は、学校安全計画に基づき、安全教育、安全管理、組織活動の側面から、生活安全、交通安全、災害安全の 3 領域に実践課題を設定し、全ての教職員で取り組むことによって実現される教育活動です。

学校では、けんか、いじめ、窃盗、暴力行為、授業中や課外活動中のけが、実験や実習中の火災といったものから、学校全体に混乱をもたらす食中毒、感染症、放火や殺傷事件、また地域全体の危機である自然災害などが発生することがあります。事件・事故や災害などによって、通常の課題解決方法では解決することが困難で、学校の運営機能に支障をきたす事態を「学校危機」と呼びます。学校には、特別な備えや対応が求められますが、特に、児童生徒等に危害が生じた場合には、当該児童生徒及び関係者の心身の健康を回復するための必要な支援を行うことが不可欠です。

学校危機は、学校で発生した事案だけでなく、児童生徒の個人的な事柄や地域社会における出来事からの影響を受け、緊急対応が必要になる場合もあります。学校レベルの危機は、学校管理下の事案であり、教職員がその対応に当たりますが、個人レベルの危機には、虐待、帰宅後の事件・事故、家族旅行中の事故、家族の死亡、性的被害、自殺、貧困問題など、学校の管理下に含まれないものもあります。しかし、そのようなものであっても、学校は、児童生徒個人や学校での交友関係に配慮した対応を行うことが必要になります。

また、地域社会レベルの危機では、自然災害のように多くの児童生徒が類似した危機を同時に経験する場合があり、休日や夜間であっても安否確認や居住場所、通学路の安全の確認が必要になります。教職員個人の危機についても、児童生徒への影響が想定される場合には学校としての対応が求められます。

3.5.2　学校危機への介入

事件・事故を防止するためには、学校は、事件・事故につながる危険因子を除去するとともに、災害の影響を最小化するように努めなければなりません。しかし、日頃から万全な取組をしていても事件・事故が発生したり、災害の影響が及んだりする場合があります。そのような状況下では、学校は、迅速に対応し、被害の最小化、早期回復に向けた取組を進めることが求められます。そのためには、学校として、事件・事故や災害への対応を想定した危機管理体制と組織活動、外部の関係機関との連携を、平常時から築いておくことが必要です。

以下、学校危機管理の実際について、事件・事故を回避し、災害の影響を緩和するために学校が取り組む「リスクマネジメント」と、事件・事故、災害発生直後に、被害を最小化し、早期の回復へ向けた取組である「クライシスマネジメント」に分けて説明します。

(1) リスクマネジメント

リスクマネジメントは、事件・事故の発生を未然に防止し、災害の影響を回避、緩和するための取組です。安全管理では、定期的に学校の施設や設備を点検し、事件や事故につながらないように修理したり使用停止にしたり、ルールやきまりの遵守の徹底などを通して、発生の防止に取り組みます。また、安全教育では、児童生徒が危険に気付いて回避したり、被害に遭わないように自ら判断したりする力を育成するための予防的な指導を行います。その際、安全管理と安全教育は密接に関連させて進めていくことが大切です。

例えば、安全点検の結果を安全教育の具体的な資料として活用したり、望ましくない行動を取り上げ、適切な行動の仕方を考えさせたりすることによって、進んで安全な行動が実践できるような資質・能力を身に付けるように働きかけます。

これらに加え、学校は危機への対応に備える危機管理体制を整える必要があります。事件・事故、災害が潜在的で突発的な危険因子によって引き起こされ、その発生や影響を回避できなかった場合に、できる限り迅速に対応を開始し、被害を最小化するため、次のような事柄を想定した準備が必要になります。

① 危機管理マニュアルの整備

まず、児童生徒、教職員の安全を確保した上で、学校内では、現況の報告、情報の収集、会議、状況判断と意思決定、情報の伝達と共有、集会、集団管理、心のケアなどを想定しておきます。学校外の対応としては、保護者、教育委員会等、警察と消防、マスコミ、医療機関、保健所、児童相談所、臨床心理士会や公認心理師団体、周辺の学校、校区の自治会、市町村などに対し、連絡、説明、協力や支援の要請などを行うことが想定されます。

学校危機対応は管理職の主導で進められますが、事前に作成しておいた危機管理マニュアルを基に、管理職の不在時であっても危機の内容と学校の体制に応じ、役割を分担してチームで対応していきます。

② 危機対応の実践的研修

また、積極的な備えのためには、研修が必須です。事件・事故、災害発生時の学校運営を想定した研修では、学校組織の再編成、短縮授業や休校、保護者説明会、行事予定などについて協議し、記録と情報管理、マスコミ対応を含めたシミュレーション訓練を実施し、危機対応マニュアルや教職員間の申し合わせ事項を確認しておきます。

心のケアの研修では、事件・事故、災害発生後の子供の反応と、それへの対応に関する基礎的な知識について、共通理解を図っておくことも必要です。

③ 日常の観察や未然防止教育等の実施

さらに、日常的な教育活動におけるリスクマネジメントの取組も重要です。学級・ホームルーム担任が朝の健康観察により児童生徒の心身の健康課題に気付き迅速に対応したり、教職員間でリスクへの気付きを共有したり、校務分掌間で早期に対応したりすることがリスクマネジメントの実践につながります。

また、遠足や修学旅行に向けた準備や指導、学級・ホームルーム活動におけるいじめ問題などを扱った話合い、怒りの対処法による怒りや攻撃性の置換え練習、ソーシャルスキルやコミュニケーションスキルの育成、児童生徒同士のトラブルを自分たちで解決しようとする児童生徒同士による調停法、さらには、ストレスマネジメントや SOS の出し方に関する教育を含む自殺予防教育、人権学習などの実践も、学校危機のリスクを低減する取組になります。

(2) クライシスマネジメント

安全管理や安全教育による事前の取組を進めていたにもかかわらず、事件・事故が発生したり、災害の影響が及んだりした際には、学校運営と心のケアに関する迅速かつ適切な対応を行うことによって、被害を最小限にとどめる必要があります。

① 初期段階の対応と早期の介入

事件・事故・災害発生直後の初期の対応や早期の介入は、クライシスマネジメントの初期段階に当たるものです。負傷者が出た場合には、応急手当や救命救急処置を即座に行い、救急車の要請を行うなどの対応を、日頃からの訓練を通して、全ての教職員が行えるようにしておくことが求められます。

- 事件・事故、災害が発生したときには、まず、児童生徒を安全な場所へ誘導した後に点呼を実施し、場合によっては捜索を進め、被害に遭った児童生徒の氏名や被害の程度について情報収集をします。そして、警察と消防への通報、保護者への連絡、救急車の誘導、教職員間での情報共有と必要な指示を行うことになります。
- 管理職は、状況や経過を見極めながら、校内連携型危機対応チームを招集してミーティングを開催し、事実確認、情報共有、役割分担の確認、連絡や報告、今後の活動の進め方、外部の関係機関への支援要請などの判断を迅速に行う必要があります。
- さらに、児童生徒が安全な場所で保護者や家族と再会できるよう手配します。また、被害を受けた児童生徒が、周囲の対応（周囲からの言葉、態度等）やマスコミの報道（事実誤認、プライバシー侵害、取材等）や警察の事情聴取に際して不快感を抱いたり、不利益な扱いを受けることで精神的負担や時間的負担を感じてさらに傷ついたりするといった二次被害を防ぐための配慮を行うことも必要になります。
- 児童生徒への対応に加えて、来校する警察や消防、保護者や近隣の住民、報道関係者などの集団管理の対応も進めることが必要です。

② 中・長期の支援

- 危機対応を開始した後には、危機の解消に向け、当日の対応、翌日以降の対応、１週間後、それ以降の中長期的な対応についての方策を検討していきます。これは、継続的な対応のなかでも、中長期の支援となります。
- 日常の学校生活が徐々に回復していくなかで、心のケアの進め方について、SC や SSW と協議し、アセスメントに基づく対応を進める必要があります。学校や学級・ホームルーム全体を対象にする対応、ニーズが類似した少人数のグループを対象にする対応、個人を対象とした個別対応の３段階で対応します。
- 回復への支援については、けがなどの場合であっても、身体的な回復だけでなく、学校生活へ復帰して再適応するために、休んでいた間の友人関係など社会的側面、学校に戻ることについての不安や心配といった情緒的側面も含めて回復に向けた包括的な支援を行うことが必要になります。

③ 再発防止への取組

- 最後に、事件・事故、災害の発生直後からの被害の回復と併行して、学校は、再発防止に向けた取組を実施しなければなりません。危機が継続している場合にはその被害を回避し、影響を最小化して安全を確保する取組を進めつつ、同様の被害を繰り返さないための取組を具体的に示し、全ての教職員が実践することが求められます。
- 事件・事故、災害の教訓を生かし、安全管理の見直しと徹底、安全教育の強化、危機管理体制の見直しと一層の整備を進めます。これは、次の危機事案に備えて、教訓を生かしたリスクマネジメントへ循環した対応が行われることを意味しています。

なお、防災教育を含む安全教育の更なる充実に当たっては、「文部科学省×学校安全」において示された文部科学省や都道府県等で実施されている取組や、これまでに作成された資料などを参考にすることも重要です。

3.6　生徒指導に関する法制度等の運用体制

3.6.1　校則の運用・見直し

(1) 校則の意義・位置付け

児童生徒が遵守すべき学習上、生活上の規律として定められる校則は、児童生徒が健全な学校生活を送り、よりよく成長・発達していくために設けられるものです。校則[*40]は、各学校が教育基本法等に沿って教育目標を実現していく過程において、児童生徒の発達段階や学校、地域の状況、時代の変化等を踏まえて、最終的には校長により制定されるものです。

校則の在り方は、特に法令上は規定されていないものの、これまでの判例では、社会通念上合理的と認められる範囲において、教育目標の実現という観点から校長が定めるものとされています。また、学校教育において社会規範の遵守について適切な指導を行うことは重要であり、学校の教育目標に照らして定められる校則は、教育的意義を有するものと考えられます。

校則の制定に当たっては、少数派の意見も尊重しつつ、児童生徒個人の能力や自主性を伸ばすものとなるように配慮することも必要です（→ 1.5.1 児童生徒の権利の理解）。

(2) 校則の運用

校則に基づく指導を行うに当たっては、校則を守らせることばかりにこだわることなく、何のために設けたきまりであるのか、教職員がその背景や理由についても理解しつつ、児童生徒が自分事としてその意味を理解して自主的に校則を守るように指導していくことが重要です。そのため、校則の内容について、普段から学校内外の関係者が参照できるように学校のホームページ等に公開しておくことや、児童生徒がそれぞれのきまりの意義を理解し、主体的に校則を遵守するようになるために、制定した背景等についても示しておくことが適切であると考えられます。

その上で、校則に違反した場合には、行為を正すための指導にとどまるのではなく、違反に至る背景など児童生徒の個別の事情や状況を把握しながら、内省を促すような指導となるよう留意しなければなりません。

[*40] 「校則」の代わりに、「生活のきまり」、「生徒心得」などと呼ぶ学校もある。

(3) 校則の見直し

校則を制定してから一定の期間が経過し、学校や地域の状況、社会の変化等を踏まえて、その意義を適切に説明できないような校則については、改めて学校の教育目的に照らして適切な内容か、現状に合う内容に変更する必要がないか、また、本当に必要なものか、絶えず見直しを行うことが求められます。さらに、校則によって、教育的意義に照らしても不要に行動が制限されるなど、マイナスの影響を受けている児童生徒がいないか、いる場合にはどのような点に配慮が必要であるか、検証・見直しを図ることも重要です。

校則は、最終的には校長により適切に判断される事柄ですが、その内容によっては、児童生徒の学校生活に大きな影響を及ぼす場合もあることから、その在り方については、児童生徒や保護者等の学校関係者からの意見を聴取した上で定めていくことが望ましいと考えられます。また、その見直しに当たっては、児童会・生徒会や保護者会といった場において、校則について確認したり議論したりする機会を設けるなど、絶えず積極的に見直しを行っていくことが求められます。そのためには、校則を策定したり、見直したりする場合にどのような手続きを踏むことになるのか、その過程についても示しておくことが望まれます。

なお、校則の見直しに関して、例えば、以下のような取組により、校則に向き合う機会を設けている学校や教育委員会もあります[*41]。

① 学校における取組例

- 各学級で校則や学校生活上の規則で変更してほしいこと、見直してほしいことを議論。
- 生徒会やPTA 会議、学校評議員会において、現行の校則について、時代の要請や社会常識の変化等を踏まえ、見直しが必要な事項について意見を聴取。
- 児童生徒や保護者との共通理解を図るため、校則をホームページに掲載するとともに、入学予定者等を対象とした説明会において、校則の内容について説明。

② 教育委員会における取組例

- 校則の内容、見直し状況について実態調査を実施。
- 学校等の実態に即した運用や指導ができているか等の観点から、必要に応じて

[*41] 「校則の見直し等に関する取組事例について」初等中等教育局児童生徒課（令和3年6月8日）

校則を見直すよう依頼。

- 校則を学校のホームページへ掲載するとともに、校則について生徒が考える機会を設けられるよう改定手続きを明文化するなど、児童生徒・保護者に周知するよう依頼。

(4) 児童生徒の参画

校則の見直しの過程に児童生徒自身が参画することは、校則の意義を理解し、自ら校則を守ろうとする意識の醸成につながります。また、校則を見直す際に児童生徒が主体的に参加し意見表明することは、学校のルールを無批判に受け入れるのではなく、自身がその根拠や影響を考え、身近な課題を自ら解決するといった教育的意義を有するものとなります。

3.6.2　懲戒と体罰、不適切な指導

学校における懲戒とは、児童生徒の教育上必要があると認められるときに、児童生徒を叱責したり、処罰したりすることです。懲戒は、学校における教育目的を達成するために、教育的配慮の下に行われなければなりません。その際には、組織的に指導の方向性や役割分担を検討した上で、児童生徒の特性や心情に寄り添いながら本人や関係者の言い分をしっかりと聴くとともに、それ以外にも必要な情報を収集するなどして、事実関係の確認を含めた適正な手続きを経るようにする必要があります。指導後においても、児童生徒を一人にせず、心身の状況の変化に注意を払うことに留意するとともに、保護者等の理解と協力を得られるようにしていくことが重要です。

懲戒には、児童生徒への叱責、起立、居残り、宿題や清掃当番の割当て、訓告など、児童生徒の教育を受ける地位や権利に変動をもたらす法的効果を伴わない、事実行為としての懲戒と呼ばれるものがあります。また、退学や停学といった法的効果を伴う懲戒もあります。退学は、児童生徒の教育を受ける権利を奪うものであり、停学はその権利を一定期間停止するものです。

懲戒は、学校教育法第 11 条に規定されていますが、その手続きについて法令上の規定はありません。しかし、懲戒を争う訴訟や損害賠償請求訴訟が提起される場合もあり、学校は懲戒に関する基準をあらかじめ明確化し、児童生徒や保護者に周知し、理解と協力を

得るように努めることが求められます。

学校における児童生徒への体罰は、文部科学省の調査によれば、年々減少傾向にありますが、いまもなお発生しています。体罰は、学校教育法第11条で明確に禁止されており、懲戒と体罰に関する解釈・運用については、「体罰の禁止及び児童生徒理解に基づく指導の徹底について」（平成25年3月13日初等中等教育局長、スポーツ・青少年局長通知）において、以下のとおり示されています。

(1) 体罰等の禁止及び懲戒について

体罰による指導では、児童生徒に正常な倫理観を養うことはできず、むしろ力による解決への志向を助長することになりかねません。体罰によることなく、児童生徒の規範意識や社会性の育成を図るよう、適切に懲戒を行い、粘り強く指導することが重要です。

(2) 懲戒と体罰の区別について

懲戒行為が体罰に当たるかどうかは、当該児童生徒の年齢、健康、心身の発達状況、当該行為が行われた場所的・時間的環境、懲戒の態様等の諸条件を総合的かつ客観的に考え、個々の事案ごとに判断する必要があります。これらのことを勘案して、懲戒の内容が、身体に対する侵害や肉体的苦痛を与えると判断される場合には、体罰になります。

(3) 正当防衛及び正当行為について

教職員が児童生徒による暴力行為の防衛のためにやむを得ず行った行為は、児童生徒の身体への侵害や肉体的苦痛を与えた場合であっても体罰には該当しません。

(4) 体罰の防止と組織的な指導体制について

教育委員会等、学校、校長、教職員はそれぞれの立場で、体罰の未然防止や組織的な対応を徹底する必要があります。また、体罰を行った場合や他の教職員の体罰を目撃した場合には、速やかに関係者に事実関係を確認し、管理職や教育委員会等に報告します。

(5) 部活動における不適切な指導について

部活動は学校教育の一環であり、特定の生徒等に対して執拗かつ過度に肉体的・精神的負荷を与えることは教育的指導とは言えないことに留意し、教育活動として適切に実施されなければなりません。

さらに、本通知においては、上記で示した児童生徒の懲戒・体罰等に関する参考事例がまとめられています。ただし、体罰かどうかの判断は、最終的には、(2) で示した諸条件や部活動に関するガイドライン[*42]を踏まえ、個々の事案ごとに判断する必要があります。

〔不適切な指導と考えられ得る例〕

- 大声で怒鳴る、ものを叩く・投げる等の威圧的、感情的な言動で指導する。
- 児童生徒の言い分を聞かず、事実確認が不十分なまま思い込みで指導する。
- 組織的な対応を全く考慮せず、独断で指導する。
- 殊更に児童生徒の面前で叱責するなど、児童生徒の尊厳やプライバシーを損なうような指導を行う。
- 児童生徒が著しく不安感や圧迫感を感じる場所で指導する。
- 他の児童生徒に連帯責任を負わせることで、本人に必要以上の負担感や罪悪感を与える指導を行う。
- 指導後に教室に一人にする、一人で帰らせる、保護者に連絡しないなど、適切なフォローを行わない。

また、たとえ身体的な侵害や、肉体的苦痛を与える行為でなくても、いたずらに注意や過度な叱責を繰り返すことは、児童生徒のストレスや不安感を高め、自信や意欲を喪失させるなど、児童生徒を精神的に追い詰めることにつながりかねません。教職員にとっては日常的な声掛けや指導であっても、児童生徒や個々の状況によって受け止めが異なることから、特定の児童生徒のみならず、全体への過度な叱責等に対しても、児童生徒が圧力と感じる場合もあることを考慮しなければなりません。そのため、指導を行った後には、児童生徒を一人にせず、心身の状況を観察するなど、指導後のフォローを行うことが大切です。加えて、教職員による不適切な指導等が不登校や自殺のきっかけになる場合もあることから、体罰や不適切な言動等が、部活動を含めた学校生活全体において、いかなる児童生徒に対しても決して許されないことに留意する必要があります[*43]。

[*42] 「運動部活動での指導のガイドライン」文部科学省（平成25年５月）、「運動部活動の在り方に関する総合的なガイドライン」スポーツ庁（平成30年３月）、「文化部活動の在り方に関する総合的なガイドライン」文化庁（平成30年12月）

[*43] 「池田町における自殺事案を踏まえた生徒指導上の留意事項について」児童生徒課長（平成29年10月20日）

なお、「教育職員等による児童生徒性暴力等の防止等に関する法律」第 3 条において、児童生徒性暴力[*44]が明記されており、児童生徒性暴力等等の禁止により免許状が失効等となった場合は、免許状の再授与に厳しい制限が課されることとなります。

3.6.3　出席停止制度の趣旨と運用

(1) 出席停止の要件

学校教育法第 35 条第 1 項では、出席停止の適用[*45]に当たって、性行不良であること、他の児童生徒の教育に妨げがあると認められること、という二つの基本的な要件[*46]を示しています。

また、性行不良について、「他の児童に障害、心身の苦痛又は財産上の損失を与える行為」「職員に傷害又は心身の苦痛を与える行為」「施設又は設備を損壊する行為」「授業その他の教育活動の実施を妨げる行為」の四つの行為を類型として例示し、その「一又は二以上を繰り返し行う」ことを出席停止の適用の要件として規定しています。

学校は、出席停止の適用について検討する中で、出席停止制度の趣旨と意義を踏まえ、要件に該当すると判断した場合には、出席停止を命じる権限と責任を有する市町村教育委員会に報告することになります。

(2) 出席停止の事前手続と適用

学校教育法第 35 条第 2 項では、出席停止を命じる場合、市町村教育委員会は、「あらかじめ保護者の意見を聴取するとともに、理由及び期間を記載した文書を交付しなければならない」と規定しています。意見の聴取を通じて保護者の言い分も聞き、そのために出席停止の理由も文書に付記しておかなければならないということです。

学校は、問題行動を起こす児童生徒の状況を市町村教育委員会に報告し、必要な指示や指導を受けるとともに、保護者の理解と協力が得られるよう努めるなど、市町村教育委員会と十分に連携できる体制を整える必要があります。場合によっては、警察や児童相談所等の関係機関との連携を図ることも考えられます。

[*44] 「教育職員等による児童生徒性暴力等の防止等に関する法律の公布について（通知）」文部科学事務次官通知（令和 3 年 6 月11日）

[*45] 「出席停止制度の運用の在り方について（通知）」初等中等教育局長(平成13年11月 6 日)

[*46] 出席停止について、小学校は学校教育法第35条、中学校は同法第49条（第35条を準用）に記載。

(3) 出席停止の措置の適用

市町村教育委員会は、教育委員会規則の規定に則り、事前手続を進め出席停止の適用を決定した場合、出席停止を命じる児童生徒の保護者に対して、理由及び期間を記した文書を交付します。学校は、教育委員会の指示や指導により、校長等がその場に立ち会うなどの対応を行うことが想定されます。

(4) 出席停止の期間中及び事後の対応

学校教育法第35条第4項では、市町村教育委員会は、「出席停止の期間における学習に対する支援その他の教育上必要な措置を講ずる」と規定しています。学校は、教育委員会の指示や指導を受けながら、当該児童生徒に対する指導体制を整備し、学習の支援など教育上必要な措置を講じるとともに、学校や学級へ円滑に復帰することができるよう指導や援助に努めることが必要です。

また、他の児童生徒への適切な指導や被害者である児童生徒への心のケアにも配慮することが大切です。出席停止の期間終了後においても、保護者や関係機関との連携を強めながら、当該児童生徒に対する指導・援助を継続することが求められます。

3.7 学校・家庭・関係機関等との連携・協働

3.7.1 連携・協働の場としての学校の意義と役割

学校は、公立・私立を問わず、家庭や地域の人々、公立学校であれば学校の設置管理者である教育委員会、さらには、警察や司法、福祉、医療・保健等の様々な関係機関と連携しています。児童生徒に関わる関係機関は多岐にわたり、その目的や専門性などに応じて児童生徒を支援しています。教育機関である学校は、義務教育段階であれば、特定の一部の児童生徒を対象とするのではなく、全ての学齢児童生徒を対象とする広範な仕組みであり、制度であると言えます[*47]。

全ての学齢児童生徒を対象とするからこそ、学校は、様々な不公平や格差の是正・解消のための重要な意義と役割を有しており、児童生徒の健全育成、最善の利益の保障や達成

[*47] 高校への進学率が100％に近い状況であることに鑑みると、高校段階の教育を含む初等中等教育段階の学校にはあらゆる児童生徒が在籍等、関係していると考えることができる。

に係る重要なインフラであり、セーフティネットであると捉えることができます。

現在、「社会に開かれた教育課程」を通じてよりよい社会をつくるという目標を学校と社会とが共有した上で、それぞれの学校において必要な教育内容を明確にしながら、社会との連携・協働によってそのような学校教育の実現を図っていくことや、複雑化・重層化した児童生徒のニーズに応えること、学校の働き方改革を実現し教員の専門性を十全に生かすことが、学校には求められています。

そのためには、学校を多職種・多機関との連携・協働の場とすること、さらには、多職種・多機関という専門職による支援の枠組みにとらわれず、地域にある社会資源を学校に迎え入れ、社会全体で児童生徒の学びと育ちを支えることを目指す学校改革が求められています。それは、発達支持的、課題予防的（未然防止教育・早期発見対応）、及び困難課題対応的といった生徒指導の 3 類 4 層全てにわたるものであり、学校を多様な「思いやりのある大人」たちの連携・協働の場としていくことを意味しています。

しかし、学校を基盤とした家庭や地域、関係機関等との連携の在り方は、決して全国一律ではありません。学校種や地域によっても多様な連携の形が考えられるとともに、地域にどのような社会資源が存在するかにも左右されます。そのため、各学校は、地域の実情をよく把握した上で、家庭や地域、関係機関等と円滑な連携・協働を図るために、生徒指導基本方針や生徒指導マニュアル等において、地域に存在する関係機関等の役割や権限、連携方法などについて明記し、教職員間で共通理解しておくことが大切です。

3.7.2　学校と家庭、地域との連携・協働

(1) 学校と家庭

教育基本法第 10 条において、「家庭教育」についての規定が示されています。そこでは「父母その他の保護者は、子の教育について第一義的責任を有するものであって、生活のために必要な習慣を身に付けさせるとともに、自立心を育成し、心身の調和のとれた発達を図るよう努めるものとする。」と記されています。保護者は子供の教育の第一義的な責任者であり、家庭教育が子供に与える影響には大きなものがあります。

したがって、学校教育を円滑に進めるために、学校は家庭とのパートナーシップを築くことが不可欠です。保護者が学校の教育活動に積極的に参加することによって、生徒指導は効果的なものになるといっても過言ではありません。保護者との関係づくりを進めるための代表的な手段としては、学級・学年・学校だより等の通信、保護者会、PTA、三者面

談、学校行事などが挙げられます。また、あらかじめ学校で保護者へ速やかに電話連絡する事項を明確化し（例えば、児童生徒が転んでけがをした、児童生徒同士のけんかがあったなど）、そのようなことが起きた場合には、躊躇せず、すぐに連絡することが保護者との信頼関係の構築に寄与することになります。さらに、学校の生徒指導基本方針等について、保護者と学校との間で共通理解を持つために、学校の教育目標や校則、望まれる態度や行動、諸課題への対応方針等について、保護者に周知し、合意形成を図ることが求められます。

しかし一方で、我が国において、ひとり親家庭は増加傾向にあり、諸外国と比してそれらの家庭の相対的貧困率が高いとされていることから、保護者も支援を必要としている場合が少なくありません[*48]。そのような場合は、SSW と連携するなどして、学校と関係機関等で情報共有し、児童生徒と保護者の双方への支援を検討し、実施していくことになります。

(2) 学校と地域

学校と地域との連携・協働については、学校教育の一層の充実に向けて取組が進められてきました。現在では、その一つの動向として、コミュニティ・スクール（学校運営協議会制度）と地域学校協働活動の一体的な取組による「学校を核とした地域づくり」が目指されています[*49]。そのために、教育委員会には、主体的・計画的にコミュニティ・スクールの導入に向けた取組を行うとともに、地域全体で子供の学びや成長を支え、学校と地域とのパートナーシップの下で様々に展開される地域学校協働活動の機会を提供することが求められます。

地域学校協働活動を推進する体制が、地域学校協働本部であり、学校と地域に存在する社会資源をそれぞれ緩やかに結び付け、総合化・ネットワーク化していく取組が進められています。地域学校協働活動の代表的な取組には、学びによるまちづくり・地域課題解決型学習・郷土学習、放課後子供教室、地域未来塾、家庭教育支援活動、登下校の見守り、授業の補助や部活動の支援、社会教育施設や企業等による体験活動等の出前授業などがあり、地域の特色に応じて展開されています。

地域学校協働活動の取組は、生徒指導（特に発達支持的生徒指導）やキャリア教育の範

[*48] 「国民生活基礎調査」厚生労働省
[*49] 「学校と地域でつくる学びの未来」文部科学省

疇に入るものなど、多岐にわたっています。地域学校協働活動は、学校の学びを、地域での体験活動や実践活動を通して、現実社会と接続させ、社会に開かれた教育課程を実現していく上で、重要な連携・協働の在り方と言えるでしょう。

3.7.3　学校と関係機関との連携・協働

(1) 学校と教育委員会

① 生徒指導担当の指導主事の役割

公立学校の場合、学校と関係機関との連携・協働に関して、公立学校の設置管理者である教育委員会[*50]の存在や果たす役割は大きなものと言えます。地方公共団体における教育行政を担う機関として、都道府県教育委員会と市町村教育委員会が設置されています。

教育委員会の職務権限の一つに、学校の設置・管理があり、学校の経費を負担することとされていますが、この規定は、「設置者管理主義」、「設置者負担主義」と解されています[*51]。つまり、市町村立の学校は市町村教育委員会が、都道府県立の学校は都道府県教育委員会が設置・管理しています。

学校は、生徒指導に関することで教育委員会と連携・協働する場合、地域により名称は様々ですが、主に、教育委員会の「義務教育課」や「学校指導課」等の生徒指導担当の指導主事と連絡を取ることになります。指導主事[*52]とは、都道府県や市町村の教育委員会に置かれる専門的職員のことで、所管する学校の生徒指導に関することだけでなく、学校の教育課程、学習指導等、広く学校教育に関する専門的事項の指導に関する事務に従事することとされています。校長は自らのリーダーシップの下で、生徒指導上の諸課題が発生した場合等に、教育委員会の生徒指導担当の指導主事と連絡を取り合い、それらの問題・諸課題の解決に当たることになります。

この他にも、一部の教育委員会の生徒指導担当課などでは、特別に学校への支援体制を整備して、暴力行為や学級の荒れ等の事案に対処している場合もあります。

[*50] 教育委員会とは、教育委員会事務局を意味する場合、教育長と 4 名の教育委員で構成される委員会（地方教育行政の組織及び運営に関する法律第 3 条）を意味する場合、それらを合わせた組織体を意味する場合がある。ここでは、主に、教育委員会事務局のことを教育委員会と表記する。

[*51] 学校教育法 第 5 条

[*52] 地方教育行政の組織及び運営に関する法律 第 18 条第 1 項、第 2 項、第 3 項

例えば、生徒指導担当の指導主事のコーディネートにより、SC、SSW、専ら教育行政に関与する弁護士、警察官OBのスクールサポーター等を学校からの求めに応じてチームで派遣し、支援を展開している場合も見られます。

② 教育支援センター（適応指導教室）

不登校の児童生徒への支援において、学校は、「教育支援センター（適応指導教室）」（以下「教育支援センター」という。）と連携を図る場合があります。教育支援センターとは、教育委員会や首長部局に設置された、主に不登校児童生徒への支援を行うための機関です。市町村教育委員会による設置が主であり、教育委員会内や学校外の場所に設置されている場合のほか、一部の地域では学校内に設置している場合もあります[*53]。「学校に登校する」という結果のみを目標とはしないものの、社会的自立に向けて、学校生活への復帰も視野に入れた支援を行うため、児童生徒の在籍校と連携しつつ、個別カウンセリングや少人数グループでの活動、教科指導等を組織的、計画的に行っています。

今後、教育支援センターは、通所を希望する児童生徒に対する支援だけでなく、これまでに蓄積された理論や知見、実践方法等を生かし、通所を希望しない児童生徒への訪問型支援や「児童生徒理解・支援シート」に基づくコンサルテーション担当等、不登校児童生徒への支援の中核となることが期待されています[*54]。また、不登校児童生徒への無償の学習機会の確保、未設置地域への設置の促進、又はそれに代わる体制整備が望まれています[*55]。

③ 教育行政に係る法務相談体制の構築

現在、各都道府県や政令指定都市などに、専ら教育行政に関与する弁護士の配置が進められています。いじめや虐待の事案のほか、保護者や地域住民の学校や教育委員会への過剰な要求や学校事故への対応など、法務の専門家への相談が必要な機会が生じることがあり、弁護士への期待が寄せられています。弁護士の業務には、事案発生後の対応のみならず、以下のことが考えられます。

- 助言、アドバイザー業務（いじめ、保護者との関係、学校事故など）

[*53] 「教育支援センター（適応指導教室）に関する実態調査結果」文部科学省（令和元年5月13日）
[*54] 「不登校児童生徒への支援の在り方について（通知）」文部科学省初等中等教育局長(令和元年10月25日)
[*55] 不登校児童生徒への支援の重要性に鑑み、私立学校等に在籍する児童生徒でも、教育支援センターの利用を認めるなど柔軟な運用がなされることが望ましいとされている。

- 代理、保護者との面談への同席など
- 研修業務（法教育、いじめ防止、個人情報を含むコンプライアンスなど）
- 出張授業（法教育、いじめ防止、消費者教育など）

学校や教育委員会においては、特に事案の初期対応の段階のみならず、予防的にも関わることのできる体制を整えておくことで、速やかな課題解決、教職員の負担軽減につながるケースが少なくないことに留意すべきです[*56]。なお、教育行政に係る法務相談体制の構築に当たっては、教育機関である学校の特徴や学校・地域の実情とともに、教育の持つ特性、特に成長過程にある子供への対応の在り方等について弁護士との間で適切な共通理解を図っておく必要があります。

法務相談体制における学校・教育委員会・弁護士（会）の関係については、各自治体及び弁護士（会）の状況に合わせて以下のように様々な体制が取られています。地域の実情に応じて、学校が弁護士に直接相談できるのか、又は教育委員会に連絡するのか、相談の手順について各学校が理解しておくことも必要です。

- 学校の管理職又は教職員が直接弁護士に相談できる体制
- 学校の管理職又は教職員が教育委員会に相談した上で、教育委員会から弁護士に対して相談をする体制
- 教育委員会から弁護士会に対して相談し、弁護士会が案件ごとに弁護士を紹介する体制

(2) 学校と警察・司法

① 警察

警察との連携で具体的に想定される連携先は、少年サポートセンターや警察署（「生活安全」に関わる生活安全課、少年相談係など）、スクールサポーター（警察官 OB など）が挙げられます。児童生徒を加害に向かわせず、被害に遭うことから防ぐ上で、警察は学校の重要なパートナーと言えます。

学校と警察等との連携は、学校の内外で発生した非行などの刑罰法令に抵触する行為に対処する困難課題対応的生徒指導上の連携にとどまりません。例えば、近隣の警察署や少年サポートセンターの心理専門職、少年補導職員などと連携した全て

[*56] 「教育行政に係る法務相談体制構築に向けた手引き（第２版）」文部科学省（令和４年３月）

の児童生徒を対象とする非行防止教室[*57]、警察が実施する街頭補導に教職員も一緒に参加し、飲酒や喫煙、深夜はいかいといった本格的な非行に至る前の予兆行動とも言える不良行為に対する課題予防的生徒指導上の連携も挙げられます。

さらに、課題予防的及び困難課題対応的生徒指導上の両方に該当する連携の取組として、それぞれの地域で開催されている「学校警察連絡協議会」や「補導連絡会」の取組（学校の管理職や生徒指導主事、警察署の担当者、その他の関係者らが参加し情報共有)、「学校警察連絡制度」といった警察と教育委員会等との間での協定に基づく被害や加害に関する情報提供の取組もあります。その他にも、困難課題対応的生徒指導上の連携としては、学校の荒れなどに対して、警察署に配置されているスクールサポーター等を学校に派遣し、問題行動へ対応する場合もあります。

② 法務少年支援センター

困難な課題への対応という点では、法務省が県庁所在地などの全国52か所に設置している法務少年支援センターの協力を求めることも考えられます。法務少年支援センターは、少年矯正施設である少年鑑別所のリソースを活用して、学校関係者をはじめ、関係機関や一般の人々からの依頼に応じて、児童生徒の心理や性格面のアセスメント等を行っています。その支援の範囲は広く、非行や犯罪行為のみならず、保護者との関係、学校・職場などでのトラブル、交友関係などについても支援をしており、心理検査、問題行動の分析や指導方法等の提案、子供や保護者に対する心理相談、問題行動の背景にある考え方や行動の癖、偏りなどに目を向けたり、より良い対処方法を学んだりすることを促す教育[*58]、法教育に関する出張授業なども行っています。

法務少年支援センターは、要保護児童対策地域協議会などの地域の関係機関等とのネットワークに参画していますので、学校内でのいじめや問題行動など生徒指導上の課題への対応に当たり、多機関連携の下で助言を得たり、役割分担をして支援を行ったりすることができます。

③ 保護司・更生保護サポートセンター

非行のある少年への対応に当たっては、保護司との連携も考えられます。保護司

[*57] 「非行防止教室等プログラム事例集」文部科学省・警察庁（平成17年1月）

[*58] 問題の類型別のワークブックは、暴力防止、性問題行動防止、窃盗防止、薬物乱用防止、ルール及び交友の6種類がある。

は、地域のボランティア（身分は非常勤の国家公務員）として、専門的知見を有する法務省の機関である保護観察所の保護観察官と協働しながら、非行や犯罪をした人の生活状況の見守り等の保護観察や、刑務所・少年院に入っている人の帰住先など出所・出院後の生活環境の調整といった立ち直りに向けた支援をしているほか、「社会を明るくする運動」等の犯罪予防活動を行っています。

また、これらの保護司の活動の拠点として、全国に「更生保護サポートセンター」が設置されています。「更生保護サポートセンター」には、保護司が駐在しており、関係機関と連携して、非行歴のある少年等の立ち直り支援や、非行防止のための活動を行っています[*59]。また、更生保護に関わるボランティアとしては、保護司のほかBBS会[*60]等があります。

④ その他の関係機関

少年法により、警察が罪を犯した少年（犯罪少年）を検挙したり、14歳未満の刑罰法令に触れる行為をした触法少年や、ぐ犯事由があり将来罪を犯す虞のあるぐ犯少年を発見（少年法第3条第1項）したりした場合、全件送致主義の原則の下で、司法機関である家庭裁判所に送致されることになります。なお、18歳と19歳は、「特定少年」[*61]として、少年法が適用されます。また、触法少年と14歳未満のぐ犯少年については、まずは「児童福祉法」上の措置が優先され、児童相談所に送致された後に家庭裁判所に送致されることとなります。そして、非行事実と要保護性の両面から調査（家庭裁判所調査官による社会調査や法務省所管の少年鑑別所の法務技官（心理）による鑑別など）が行われ、家庭裁判所によって少年審判を開始するかどうかの判断が下されます。

少年審判が開始された場合、裁判官によって、少年に対し、不処分、保護処分、知事又は児童相談所長送致、検察官送致のいずれかの終局決定がなされます。このうち、保護処分には、保護観察や少年院送致、児童自立支援施設・児童養護施設送致があります。学校に在籍する児童生徒が保護処分を受け、少年院送致や児童自立支援施設送致等により施設収容となった場合には、学校教育からの離脱をできる限り

[*59] 「保護司と学校との連携パンフレット」法務省ホームページ
[*60] BBS（Big Brothers and Sisters Movement）会は、少年たちに同世代の兄・姉のような身近な存在として接しながら、少年自身が問題解決を図り、健全に成長していくことを支援する活動を行っている、青年ボランティア団体である。
[*61] 少年法が変わります！法務省ホームページ

防止するために、関係する機関間で連携し、当該児童生徒の学びをどのように継続させ、保障することができるかを検討していくことが重要です。例えば、少年院においては、義務教育未修了者に対しては、学習指導要領に準拠した教科指導を行っており、一定の要件の下で、引き続き入院前に通学していた学校に在籍することができるほか、少年院で矯正教育を受けた日数を指導要録上の出席扱いとすることもできます。当該児童生徒が、出院後に復学したり、進学を希望したりする場合もあるので、学校として、少年院における学習状況等を把握することも大切です[*62]。

(3) 学校と福祉

経済的な困窮や虐待をはじめとした福祉的な支援を必要とする児童生徒への対応では、児童相談所や市町村との連携が求められます。特に、虐待事案の場合、学校は、児童相談所や市町村の虐待対応担当課などに、虐待を受けたと思われる児童生徒について、速やかに、通告（「児童虐待の防止等に関する法律」第６条）や情報提供を行う義務[*63]があります。

児童相談所は、都道府県や政令指定都市では設置必須であり、中核市・児童相談所設置市（特別区を含む。）では任意で設置が可能とされています。児童相談所の役割として、児童福祉に関する市町村相互間の連絡調整や市町村に対する情報の提供、専門的な知識や技術を必要とされる相談に応じること、子供とその家庭に対する必要な調査をはじめ、医学的、心理学的、教育学的、社会学的及び精神保健上の判定の実施、その調査や判定に基づいた専門的な知識や技術を必要とする指導、一時保護等の業務が挙げられます[*64]。

市町村の虐待対応担当課は、児童虐待通告や保護者の育児不安に対する相談、「要保護児童対策地域協議会」の調整機関としての役割を担っています。

「要保護児童対策地域協議会」は、ほとんど全ての市町村に設置されており、福祉的な支援が必要な子供を対象に、それぞれの関係機関間で子供とその保護者に関する情報交換

[*62] 「「再犯防止推進計画」を受けた児童生徒に係る取組の充実について（通知）」文部科学省初等中等教育局長事務代理文部科学審議官（令和元年７月３日）では、少年院・少年鑑別所に入院・入所した児童生徒の復学等について示されている。

[*63] 「学校・教育委員会等向け虐待対応の手引き」文部科学省（令和２年６月改訂版）では、学校から児童相談所ないし市町村の虐待対応担当課への通告の流れ等が示されている。

[*64] 「児童福祉法」第11条第１項第２号

や支援内容の協議を行う場として位置付けられています[*65]。この「要保護児童対策地域協議会」は、個人情報の共有が可能な法的枠組となっています。

「要保護児童対策地域協議会」が開かれるのは、虐待事案だけではありません。保護者がいない、又は、保護者に監護させることが不適当であると認められる児童といった、より広範な「要保護児童」（児童福祉法第6条の3第8項）を対象としています。その構成機関は、福祉部局と学校にとどまらず、警察や保健・医療機関等も含む、地域の多様な関係機関から成り、主に、「個別ケース会議」、「実務者会議」及び「代表者会議」の3層構造となっています。つまり、「要保護児童対策地域協議会」とは、それぞれの関係機関で要保護児童とその保護者に関する情報交換や支援内容の協議を行う会議体であり、保護が必要な子供の早期発見や適切な支援を図るために、関係機関が情報や支援の方向性等を共有し、適切な役割分担で対応していくための仕組みと言えます。

なお、昨今、社会の注目を集めた虐待による子供の死亡事案の背景に、学校と児童福祉機関との連携不足による問題があったことを踏まえて、連携体制[*66]が整備されることになりました[*67]。虐待の情報管理や学校・教育委員会と児童相談所、警察等との連携に関して、新たに以下のルールが定められました。

① 学校等及びその設置者においては、保護者から情報元に関する開示の求めがあった場合には、情報元を保護者に伝えないこととするとともに、児童相談所等と連携しながら対応すること。

② 保護者から、学校等及びその設置者に対して威圧的な要求や暴力の行使等が予測される場合には、速やかに市町村・児童相談所・警察等の関係機関や弁護士等の専門家と情報共有することとし、関係機関が連携し対応すること。

③ 要保護児童対策地域協議会において、児童虐待ケースとして進行管理台帳に登録されている児童生徒や、児童相談所が情報提供を必要と認める児童生徒について、休

[*65] 「児童福祉法」第25条の2

[*66] 「児童虐待防止対策に係る学校等及びその設置者と市町村・児童相談所との連携の強化について」内閣府子ども・子育て本部統括官、文部科学省総合教育政策局長、文部科学省初等中等教育局長、文部科学省高等教育局長、厚生労働省子ども家庭局長、厚生労働省社会・援護局障害保健福祉部長（平成31年2月28日）

[*67] 「学校、保育所、認定こども園及び認可外保育施設等から市町村又は児童相談所への定期的な情報提供について」内閣府子ども・子育て本部統括官、文部科学省総合教育政策局長、文部科学省初等中等教育局長、文部科学省高等教育局長、厚生労働省子ども家庭局長、厚生労働省社会・援護局障害保健福祉部長（平成31年2月28日）

業日を除き、引き続き7日以上欠席した場合には、理由の如何にかかわらず速やかに市町村又は児童相談所に情報提供すること。

児童相談所や市町村は、児童虐待防止に関する資料と定期的な情報の提供を学校等に対して求めることができることとなりました。定期的な情報提供の頻度は、概ね1か月に1回を標準とし、情報提供される内容としては、対象期間中の出欠の状況、学校等を欠席した場合の家庭からの連絡の有無、欠席の理由などが挙げられます。この指針の仕組みが円滑に活用されるために、児童相談所や市町村と学校等との間で協定を締結するなどして、関係機関間で合意を図ることが望まれています。なお、学校等から児童相談所や市町村に対して、定期的な情報提供を行うことは、「個人情報の保護に関する法律」に違反することにはなりません。

(4) 学校と医療・保健

障害などの特別な支援を要する児童生徒への気付きや特性の理解、合理的配慮、状態像を踏まえた適切な指導や支援を計画・実施していく上で、学校と医療・保健機関との連携は不可欠です。

医療機関との連携については、当該児童生徒の発達の遅れや偏りに対する診断や診療が挙げられます。児童生徒に対する診断や診療の情報については、関係する校務分掌上の部会や委員会で共有し、生徒指導に生かすことが大切です。まずは、発達の偏りや特別な支援が必要と思われる児童生徒について、医療機関未受診の場合は、管理職や養護教諭、特別支援教育コーディネーター、SCなどが中心となって、組織的に情報共有し、支援の方針を協議しつつ、保護者との関係を構築して、医療機関の受診を勧めることになります。既に、医療機関を受診し診断を受けている場合などは、保護者の同意の下で、医療機関（主治医など）と情報共有し、それぞれの児童生徒の特性に応じた指導・援助について検討します。

文部科学省、国立特別支援教育総合研究所（発達障害教育推進センター）、厚生労働省及び国立障害者リハビリテーションセンター（発達障害情報・支援センター）は、共同運営による発達障害に特化した「発達障害ナビポータル」というウェブサイトを開設し、発達障害を有する者とその家族を支えるため、また、関係機関同士の連携強化のための情報発信を行っています。同ウェブサイトは、学校と医療・保健機関との連携について考える上で参考になります。また、地域の医療機関や保健所・保健センターといった保健機関と連携し、医師や保健師などの医療や保健の専門家を外部講師として活用して、「がん教育」や「性に関する指導」等の充実を図ることも大切です。

(5) 学校と NPO 法人

NPO 法人は、特定非営利活動促進法に基づき特定非営利活動を行うことを主たる目的に設立された法人のことで、地域に根差した様々な支援を提供しています。NPO 法人は、その設置目的によって提供する支援が多岐にわたるため、一律に述べることはできませんが、国や地方自治体の委託を受けて、その NPO 法人の設置目的に応じた公的な支援の提供を代替しており、地域によっては学校と密接に連携しています。

例えば、「子ども・若者育成支援推進法」によって設置が地方自治体の努力義務とされている「子ども・若者支援地域協議会」のコーディネーターを請け負っているケースや、いわゆるニート等の職業的自立支援を行う「地域若者サポートステーション事業」の委託を受けているケース、不登校の児童生徒や引きこもりの青少年への体験活動や家庭訪問といったアウトリーチ型支援を提供しているケース、フリースクールを運営しているケースなど、様々な形態があります。学校は、地域にある NPO 法人を把握し、お互いに良好な関係を築くことで、児童生徒への支援の幅を広げ、地方自治体だけでは十分に提供できない分野の支援を補うことができるようになります。

第Ⅱ部

個別の課題に対する生徒指導

第4章

いじめ

留意点

平成 25 年にいじめ防止対策推進法が施行されて以降、いじめの積極的な認知が進み、いじめの認知件数は増加の傾向にあります。各学校や教育委員会等において、いじめの積極的な認知と併せていじめの解消に向けた取組が進む一方で、未だにいじめを背景とする自殺などの深刻な事態の発生は後を絶たない状況です。このような状況下において、法の定義に則り積極的にいじめの認知を進めつつ、教職員一人一人のいじめ防止のための生徒指導力の向上を図るとともに、次の段階として、①各学校の「いじめ防止基本方針」の具体的展開に向けた見直しと共有、②学校内外の連携を基盤に実効的に機能する学校いじめ対策組織の構築、③事案発生後の困難課題対応的生徒指導から、全ての児童生徒を対象とする発達支持的生徒指導及び課題予防的生徒指導への転換、④いじめを生まない環境づくりと児童生徒がいじめをしない態度や能力を身に付けるような働きかけを行うこと、が求められます。

4.1　いじめ防止対策推進法等

4.1.1　法の成立までの経緯

平成 23 年に発生したいじめ自殺事件を契機として、平成 25 年 6 月に「いじめ防止対策推進法」（以下「法」という。）が成立し、同年 9 月から施行されました。法の成立は、いじめ防止に社会総がかりで取り組む決意を示すと同時に、いじめが児童生徒の自浄作用や学校の教育的指導に頼るだけでは解決が難しいほどに深刻化し、制御のために法的介入が行われることになったものと捉えることができます。その意味において、法制化は、学校におけるいじめ対応に大きな転換を迫るものであると受け止める必要があります。

4.1.2　法の目的といじめの定義

法の目指すところは、第1条に以下のように示されています。

> いじめが、いじめを受けた児童等の教育を受ける権利を著しく侵害し、その心身の健全な成長及び人格の形成に重大な影響を与えるのみならず、その生命又は身体に重大な危険を生じさせるおそれがあるものであることに鑑み、児童等の尊厳を保持するため、（中略）いじめの防止等のための対策を総合的かつ効果的に推進することを目的とする。

いじめは、相手の人間性とその尊厳を踏みにじる「人権侵害行為」であることを改めて共通認識し、人権を社会の基軸理念に据えて、社会の成熟を目指すという決意が表明されています。

法の基本的な方向性は、

- 社会総がかりでいじめ防止に取り組むこと
- 重大事態への対処（いじめの重大事態調査を含む。）において公平性・中立性を確保すること

にあります。そのことを踏まえ、各学校は、

① いじめ防止のための基本方針の策定と見直し
② いじめ防止のための実効性のある組織の構築
③ 未然防止・早期発見・事案対処における適切な対応を行うこと

が義務付けられました。

また、法はいじめの要件を児童生徒間で心理的又は物理的な影響を与える行為があり、行為の対象者が心身の苦痛を感じていることとし、いじめられている児童生徒の主観を重

視した定義に立っています。教職員には校内研修等で、児童生徒には学級・ホームルーム活動等で、保護者には保護者会等で、具体的事例に則して法のいじめの定義[*68]の共通理解を促し、どんな小さないじめも初期段階から見過ごさない姿勢を共有することが求められます。

4.1.3　国の基本方針の策定

法の規定を受け、平成25年には「いじめの防止等のための基本的な方針」（以下「国の基本方針」という。）が策定されました。「国の基本方針」を踏まえて、地方公共団体は地域の実情に合わせて具体的な「地方いじめ防止基本方針」を策定することが努力義務とされ、各学校は、これらを受けて「学校いじめ防止基本方針」を策定することが義務付けられました。

方針決定のプロセスにおいて保護者や地域の人々、児童生徒の意見を取り入れることや、策定された方針をホームページなどで公開し、保護者や地域の人々と方針を共有することが求められています。基本方針の策定を通して、いじめ防止の活動を学校内にとどめず、地域社会を巻き込んだものにすることが目指されています。

法の見直し規定[*69]を踏まえ、平成29年に国の基本方針の改定が行われ、改めて学校のいじめ対応の基本的な在り方が示されました。重点事項は次のとおりです。

- けんかやふざけ合いであっても、見えないところで被害が発生している場合もあることから、丁寧に調査した上でいじめに当たるか否かを判断する。
- いじめは、単に謝罪をもって安易に「解消」とすることはできない。
- いじめが解消している状態とは、①被害者に対する心理的又は物理的な影響を与え

[*68] 法第2条には「この法律において「いじめ」とは、児童等に対して、当該児童等が在籍する学校に在籍している等当該児童等と一定の人的関係にある他の児童等が行う心理的又は物理的な影響を与える行為（インターネットを通じて行われるものを含む。）であって、当該行為の対象となった児童等が心身の苦痛を感じているものをいう。」と規定されている。なお、法成立以前の文部科学省の問題行動等調査におけるいじめの定義は、調査開始から平成17年度までは「自分より弱い者に対して一方的に、身体的・心理的な攻撃を継続的に加え、相手が深刻な苦痛を感じているもの」、平成18年度から平成25年度までは、「当該児童生徒が、一定の人間関係のある者から、心理的、物理的な攻撃を受けたことにより、精神的な苦痛を感じているもの」とされていた。

[*69] 法の附則第2条の「いじめの防止等のための対策については、この法律の施行後三年を目途として、この法律の施行状況等を勘案し、検討が加えられ、必要があると認められるときは、その結果に基づいて必要な措置が講ぜられるものとする。」という規定に基づいて改定が行われた。

る行為が止んでいる状態が相当の期間 (3 か月が目安) 継続している、②被害者が心身の苦痛を受けていない（本人や保護者の面談等で心身の苦痛を感じていないかどうか確認する)、という二つの要件が満たされていることを指す。

- 教職員がいじめに関する情報を抱え込み、対策組織に報告を行わないことは法第 23 条第 1 項[*70] に違反し得ることから、教職員間での情報共有を徹底する。
- 学校は、いじめ防止の取組内容を基本方針やホームページなどで公開することに加え、児童生徒や保護者に対して年度当初や入学時に必ず説明する。

4.1.4　いじめの重大事態

(1) いじめの重大事態調査の目的

いじめによる児童生徒の自殺など、重大事態が後を絶たないことを受け、平成 29 年には法及び国の基本方針に基づく対応を徹底するために、「いじめの重大事態の調査に関するガイドライン」が定められました。

いじめの重大事態とは、

- いじめにより生命、心身及び財産に重大な被害が生じた疑いがある場合（法第 28 条第 1 項第 1 号)
- いじめにより相当の期間学校を欠席することを余儀なくされている疑いがある場合 (同第 2 号)

を指します。前者は、「生命・心身・財産重大事態」、後者は、「不登校重大事態」とされています。これらの原因として、いじめ（疑いも含む。）が確認されれば、「組織を設け、質問票の使用その他の適切な方法により当該重大事態に係る事実関係を明確にするための調査」を実施します。

2 号は不登校の基準の年間 30 日を目安としますが、一定期間連続して欠席している場合には、上記目安にかかわらず迅速に調査に着手する必要があります。調査は、「公平性・中立性」を確保し、被害児童生徒・保護者の「何があったのかを知りたいという切実な思

[*70] 法第23条第 1 項　学校の教職員、地方公共団体の職員その他の児童等からの相談に応じる者及び児童等の保護者は、児童等からいじめに係る相談を受けた場合において、いじめの事実があると思われるときは、いじめを受けたと思われる児童等が在籍する学校への通報その他の適切な措置をとるものとする。

い」を理解した上で、いじめの事実の全容を解明することと、学校・教育委員会等の対応を検証して同種の事案の「再発防止」につなげることが目的です。

(2) 教育委員会等への報告・調査

公立学校は、重大事態の発生を認知した場合、直ちに教育委員会に報告します[*71]。なお、児童生徒・保護者から重大事態に至ったという申立てがあったときには、その時点で学校が「いじめの結果ではない」あるいは「重大事態とはいえない」と考えたとしても、重大事態が発生したものとして報告・調査に当たります。

教育委員会は地方公共団体の長（以下「首長」という。）に報告するとともに、調査を行う主体や、どのような調査組織にするかについての判断をします。１号は教育委員会等、２号は学校が調査主体になることを原則としますが、学校の調査では十分な結果が得られないと判断される場合や学校の教育活動に支障が生じる恐れがある場合には、教育委員会等が主体で調査を行うことになります。

なお、「事実関係を明確にする」とは、「いじめ行為が、いつ（いつ頃から）、誰から行われ、どのような態様であったか、いじめを生んだ背景事情や児童生徒の人間関係にどのような問題があったか、学校・教職員がどのように対応したかなどの事実関係を、可能な限り網羅的に」解明することです。その際、因果関係の特定を急ぐべきではなく、客観的な事実関係を速やかに調査し、再発防止に努めることが求められます。

(3) 調査結果の報告

調査によって明らかになった結果は、被害児童生徒・保護者に対して適時・適切な方法で提供します。関係者の個人情報への十分な配慮が必要ですが、個人情報保護を楯に説明を怠ることは避けなければなりません。

調査結果については、学校若しくは直接調査に当たった教育委員会等の附属機関（常設若しくは新たに設置された第三者委員会等）から教育委員会等に、教員委員会等から首長に報告されます。首長部局との連携を強化するためには、教育委員会会議のみならず、総

[*71] 学校は、重大事態が発生した場合、国立大学に附属して設置される学校は国立大学法人の学長を通じて文部科学大臣へ（法第29条第１項）、公立学校は当該学校を設置する地方公共団体の教育委員会を通じて同地方公共団体の長へ（法第30条第1項）、私立学校は当該学校を所轄する都道府県知事へ（法第31条第1項）、学校設置会社が設置する学校は当該学校設置会社の代表取締役又は代表執行役を通じて認定地方公共団体の長へ（法第32条第１項）、事態発生について報告しなければならない。

合教育会議に附議し、いじめ事案への対応に関する改善の方向性等を検討することも考えられます。

報告を受けた首長が必要と認めるときには、調査結果についての調査[*72] を行うことになります。学校・教育委員会等は、再調査が行われる場合には、調査主体の指示の下に資料を提出するなど調査に協力しなければなりません。

なお、学校及び教育委員会等は、調査結果に基づき、被害児童生徒に対しては安全と安心を取り戻すための継続的なケアを行う必要があります。加害児童生徒に対しても、保護者に協力を依頼し、自己の行為の意味を認識させた上で、成長支援につながる丁寧な指導を行うことが求められます。

4.2　いじめの防止等の対策のための組織と計画

4.2.1　組織の設置

法により、全ての学校はいじめに関する問題を特定の教職員で抱え込まずに組織的に対応するために、「学校いじめ対策組織」などの名称の校内組織を設置することが義務付けられました。法第 22 条において、「当該学校におけるいじめの防止等に関する措置を実効的に行うため、当該学校の複数の教職員、心理、福祉等に関する専門的な知識を有する者その他の関係者により構成されるいじめの防止等の対策のための組織を置くものとする」と規定されています。

しかし、いじめへの対応において、組織が効果的に機能していないために重大事態が引き起こされるケースが見られることから、学校内外の連携に基づくより実効的な組織体制を構築することが課題となっています。

(1) 組織の構成

いじめへの対応に当たっては、学校いじめ対策組織を起点として、教職員全員の共通理解を図り、学校全体で総合的ないじめ対策を行うことが求められます。そのためには、教職員一人一人が、いじめの情報を学校いじめ対策組織に報告・共有する義務があること

[*72] 法第30条第２項　報告を受けた地方公共団体の長は、当該報告に係る重大事態への対処又は当該重大事態と同種の事態の発生の防止のため必要があると認めるときは、附属機関を設けて調査を行う等の方法により、第28条第１項の規定による調査の結果について調査を行うことができる。

を、改めて認識する必要があります。

学校いじめ対策組織が、いじめの未然防止、早期発見、事実確認、事案への対処等を的確に進めるためには、管理職のリーダーシップの下、生徒指導主事などを中心として協働的な指導・相談体制を構築することが不可欠です。

組織の構成メンバーは、校長、副校長や教頭、主幹教諭、生徒指導主事、教務主任、学年主任、養護教諭、教育相談コーディネーター、特別支援教育コーディネーターなどから、学校の規模や実態に応じて決定します。さらに、心理や福祉の専門家である SC や SSW、弁護士、医師、警察官経験者などの外部専門家を加えることで、多角的な視点からの状況の評価や幅広い対応が可能になります（図 8）。

また、生徒指導部や生徒指導委員会などの既存組織を活用して法に基づく組織として機能させることも可能ですが、学校いじめ対策組織としての会議であるという自覚の下で協議したり、年間計画に位置付けて定例会議として開催したりする必要があります。

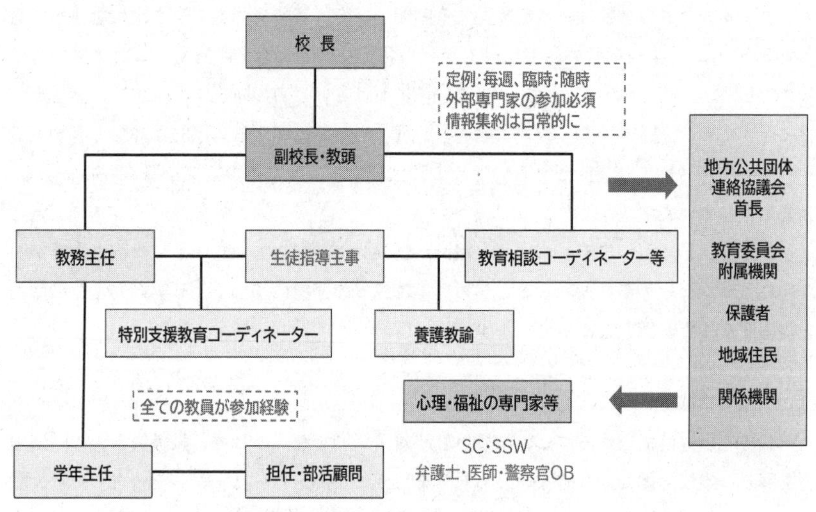

図 8　学校いじめ対策組織の例

4.2.2　組織の役割

学校いじめ対策組織の具体的な役割は、主に以下の 5 つとなります。

① 学校のいじめ防止基本方針に基づく年間指導計画（いじめアンケートや教育相談週間、道徳科や学級・ホームルーム活動等におけるいじめ防止の取組など）の作成・実行の中核的役割を果たします。加えて、校内研修の企画・実施も重要な役割です。
② いじめの相談・通報の窓口になります。複数の教職員が個別に認知した情報を収集・整理・記録して共有します。教職員が感じた些細な兆候や懸念、児童生徒からの訴えを抱え込んだり、対応不要であると個人で判断したりせずに、進んで報告・相談できるように環境を整備することが重要です。
③ いじめの疑いのある情報があった場合には、緊急会議を開催し、情報の迅速な共有、関係児童生徒へのアンケート調査や聴き取りの実施、指導・援助の体制の構築、方針の決定と保護者との連携といった対応をします。
④ 学校のいじめ防止基本方針が学校の実情に即して適切に機能しているか否かについての点検を行うとともに、いじめ対策として進められている取組が効果的なものになっているかどうか、PDCA サイクル（→ 1.4.2 生徒指導マネジメント）で検証を行う役割を担います。
⑤ いじめの重大事態の調査を学校主体で行う場合には、調査組織の母体にもなります。

4.2.3　実効的な組織体制

学校いじめ対策組織が実効的な機能を果たすためには、教職員間での情報共有が可能になるように、アセスメントシートなどを活用して情報や対応方針の「可視化（見える化）」を図ることが大切です。また、組織が真に機能するためには、「無知、心配性、迷惑と思われるかもしれない発言をしても、この組織なら大丈夫だ」と思える、発言することへの安心感を持てる状態（心理的安全性）をつくり出すことが不可欠です。

加えて、児童生徒や保護者に対して、学校いじめ対策組織の存在及び活動が認識されるような取組（全校集会の際にいじめ防止の取組の説明をするなど）を積極的に行うことが大切です。いじめを解決する相談・通報の窓口として信頼が寄せられれば、早期発見・早期対応が可能になります。

4.2.4　年間指導計画

学校いじめ防止基本方針は行動計画に近いものであることに留意し、学校としてのいじめ対策の達成目標を設定し、どのような取組をいつ実施するかということを年間計画として定め、学校評価において目標の達成状況を確認することが不可欠です。特に、道徳教育をはじめ、人権教育や法教育、体験活動など、教育活動全体を通して、児童生徒が、いじめ防止に向けた方策の決定過程に主体的に参画し、議論し、実行するような取組を推進することが、未然防止につながります。

学校いじめ防止基本方針は、「学校はいじめ防止の観点から、児童生徒がどのような態度や能力を身に付けるように働きかけていくのか」、「個々の教職員は、自分が何をすべきなのか」、「保護者や地域の人々、関係機関は、どのように協力すればよいのか」ということが分かる内容を含むものでなければなりません。したがって、各学校が、学校いじめ防止基本方針をホームページに公表し、毎年、自校のいじめ防止の取組を振り返り、児童生徒の声を聞き、保護者の意見にも耳を傾け、地域の人々や関係機関と情報交換しながら、自ら問い直す姿勢が求められます。

4.3　いじめに関する生徒指導の重層的支援構造

法第 8 条において、学校及び学校の教職員は、①いじめの未然防止、②早期発見、③適切かつ迅速な対処を行うことが責務であると規定されました。それまでは、いじめが起こった後の「対処」に焦点が当てられがちでしたが、「未然防止」→「早期発見」→「対処」という順序が明確に示されたと言えます。この対応のプロセスは、図 9 に示した生徒指導の 4 層の支援構造である、①発達支持的生徒指導、②課題未然防止教育、③課題早期発見対応、④困難課題対応的生徒指導と重なるものです。

具体的には、全ての児童生徒を対象に、①発達支持的生徒指導として、人権教育や市民性教育を通じて、「多様性を認め、他者を尊重し、互いを理解しようと努め、人権侵害をしない人」に育つように働きかけたり、②課題未然防止教育として、道徳科や学級・ホームルーム活動等において法や自校のいじめ防止基本方針の理解を深めるとともに「いじめをしない態度や能力」を身に付けるための取組を行ったりします。

さらに、③課題早期発見対応として、日々の健康観察、アンケート調査や面談週間を実施するなどしていじめの兆候を見逃さないようにして、早期発見に努めます。予兆に気付いた場合には、被害（被害の疑いのある）児童生徒の安全確保を何よりも優先した迅速な対処を心がけます。同時に、学校いじめ対策組織へ状況を報告し、継続的な指導・援助が必要な場合は、④困難課題対応的生徒指導として、丁寧な事実確認とアセスメント（→3.4.2 (1) 困難課題対応的生徒指導及び課題早期発見対応におけるチーム支援）に基づいて、いじめの解消に向けた適切な対応を組織的に進めます。保護者とも連携しながら、被害児童生徒の安全・安心を回復するための支援と心のケア、加害児童生徒への成長支援も視野に入れた指導、両者の関係修復、学級の立て直しなどが目指されます。

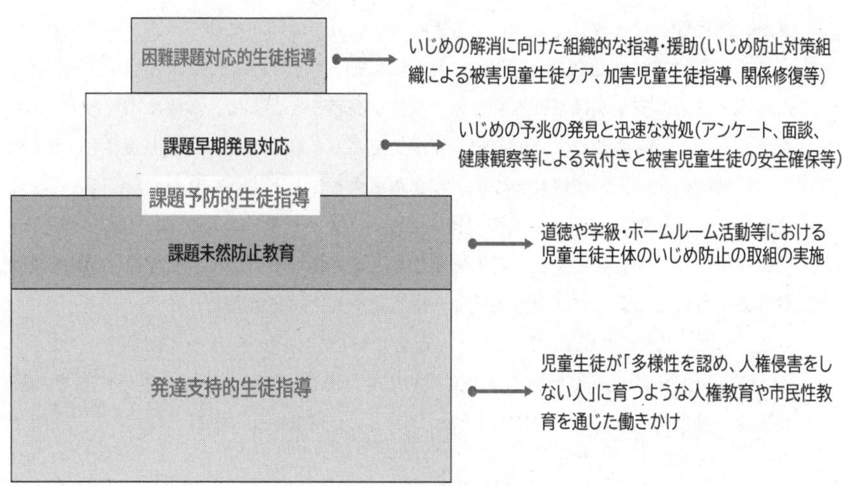

図9　いじめ対応の重層的支援構造

各学校においては、いじめの認知率を高め、「いじめを見逃さない」という姿勢を教職員間で共有するとともに、次の段階の取組として、いじめを生まない環境づくりを進め、児童生徒一人一人がいじめをしない態度・能力を身に付けるように働きかけることが求められます。

4.3.1　いじめ防止につながる発達支持的生徒指導

いじめに取り組む基本姿勢は、人権尊重の精神を貫いた教育活動を展開することです。したがって、児童生徒が人権意識を高め、共生的な社会の一員として市民性を身に付けるような働きかけを日常の教育活動を通して行うことが、いじめ防止につながる発達支持的生徒指導と考えることができます。

児童生徒が、「自分の大切さとともに他の人の大切さを認めること」ができる人権感覚を身に付けるように働きかけるためには、教職員が、一人一人の児童生徒が大切にされることを目指す[*73] 人権教育と生徒指導は密接な関係にあり、いじめ防止につながる相乗的な効果を持つものであることを意識することが必要です。

また、市民性を育む教育を行うことも重要です。いじめ防止につながるという視点からは、発達段階に応じた法教育を通じて、「誰もが法によって守られている」、「法を守ることによって社会の安全が保たれる」という意識を高めるとともに、学校に市民社会のルールを持ち込むことも必要です。その際、児童生徒のみならず、教職員も保護者も、学校に関係する地域の人々も、市民社会のルールを尊重することが求められます。

児童生徒が「多様性を認め、人権侵害をしない人」へと育つためには、学校や学級が、人権が尊重され、安心して過ごせる場となることが必要です。こうした学校・学級の雰囲気を経験することによって、児童生徒の人権感覚や共生感覚は養われます。

したがって、「全ての児童生徒にとって安全で安心な学校づくり・学級づくり」を目指すことも、いじめ防止につながる発達支持的生徒指導と捉えることができます。その際、児童生徒の基本的人権に十分に配慮しつつ（→ 1.5.1 児童生徒の権利の理解）、次のような点に留意することが重要です。

①「多様性に配慮し、均質化のみに走らない」学校づくりを目指す

集団教育の場である学校、学級・ホームルームにおいて凝集性を高めることは必要ですが、行きすぎて同調圧力が強まると、多様性を認め合うことが難しくなりかねません。教室に、様々な異なる考えや意見を出し合える自由な雰囲気を確保し、児童生徒がお互いの違いを理解し、「いろいろな人がいた方がよい」と思えるよう

[*73] 『人権教育の指導方法等の在り方について〔第三次とりまとめ〕』文部科学省　人権教育の指導方法等に関する調査研究会議　（平成20年３月）

に働きかけることが大切です。

② 児童生徒の間で人間関係が固定されることなく、対等で自由な人間関係が築かれるようにする

学力以外にも様々な観点から、児童生徒が興味を抱くこと、好きになれること、夢中になれることを、学校生活において、どれだけ提供することができるのかが重要です。自分のやろうとすることが認められ、応援してもらっていると感じて初めて、学校が居場所であると思えるようになります。

③「どうせ自分なんて」と思わない自己信頼感を育む

自己への信頼とは、主体的に取り組む共同の活動を通して他者から認められ、他者の役に立っていると実感することによって育まれると考えられます。例えば、積極的に「異年齢交流」に取り組むことで、いじめや不登校、暴力行為が大きく減ったという報告もあります[*74]。お互いに助け合いながら、学級・ホームルームの係活動や児童会・生徒会活動などにおいて何ができるのか、ということについて児童生徒自身が考える機会を用意することも大切です（→ 2.5.4 児童会・生徒会活動、クラブ活動と生徒指導）。

④「困った、助けて」と言えるように適切な援助希求を促す

困ったときや悩みがあるときに、隠して耐えるのではなく、弱音を吐いたり、人に頼ったりすることができる雰囲気があるかどうかは、児童生徒の学校での安全・安心を大きく左右します。成長途上にある児童生徒が、甘えたり、弱音を吐いたりして、信頼できる大人（教職員や保護者等）に援助希求を表出することは、「適切に依存できる」ネットワークを築いて「自立」（大人になること）へと踏み出す一歩であると理解することが大切です。「困った、助けて」と言える雰囲気と、「困った」をしっかり受け止めることができる体制を学校の中に築くことが求められます。

国の基本方針において、「いじめの問題は、心豊かで安全・安心な社会をいかにしてつくるかという、学校を含めた社会全体に関する国民的な課題である。」と指摘されています。

いじめ防止につながる発達支持的生徒指導が目指すものは、児童生徒一人一人が、お互いを多様な存在として認め、「自己指導能力」を身に付け、何が正しく何が間違っているかを自分の頭で考えることができるようになり、理不尽なことがまかり通らぬ世の中を担

[*74]「校区ではぐくむ子どもの力」国立教育政策研究所生徒指導研究センター（平成23年）

う大人になることであると言えるでしょう。

4.3.2　いじめの未然防止教育

いじめの未然防止教育においては、「児童生徒がいじめに向かわない態度・能力を身に付けるためにどう働きかけるのか」、「いじめを生まない環境づくりをどう進めるのか」ということが問われます。

その問いに答えるためには、いじめが生まれる構造といじめの加害者の心理を明らかにした上で、全ての児童生徒が「いじめをしない」態度や力を身に付けるような働きかけを、生徒指導はもとより、各教科での学習、道徳科や特別活動、体験学習などを通じて継続的に行うことが大切です。

(1) いじめる心理から考える未然防止教育の取組

いじめる心理を考えるとき、加害者の背景にいじめ人格というような固定的なものがある訳ではなく、おそらく一人の子供の心の中で善と悪との葛藤が生じ、時に悪の衝動が勝っていじめを行ってしまうことになると捉えることができます。

「いじめは良くない」とほとんどの児童生徒が分かっているはずなのにもかかわらず、小4～中3までの6年間を追跡すると、9割の子供がいじめた経験を持っているという調査結果もあります[*75]。したがって、頭で理解しているだけでなく、行動レベルで「いじめはしない」という感覚を、学校や家庭での日常生活の中で身に付けるように働きかけることが重要です。

学校においては、道徳科や学級・ホームルーム活動などの時間に、実際の事例や動画[*76]などを教材に児童生徒同士で検討したり、いじめ場面のロールプレイを行ったりするなど、体験的な学びの機会を用意することが求められます。

児童生徒がいじめの問題を自分のこととして捉え、考え、議論することにより、いじめに対して正面から向き合うことができるような実践的な取組を充実させることが、いじめの未然防止教育として重要です。

また、いじめの衝動を発生させる原因としては、

[*75] 「いじめ追跡調査 2016–2018」国立教育政策研究所生徒指導・進路指導研究センター（令和3年）
[*76] 「いじめられたとき」、「シンキングエラー」、「いじめをなくそう」、「ともだちづきあい」の四つのシリーズから構成されるいじめに対する理解を促す動画教材（文部科学省）の活用等。

① 心理的ストレス（過度のストレスを集団内の弱い者を攻撃することで解消しようとする）

② 集団内の異質な者への嫌悪感情（凝集性が過度に高まった学級・ホームルーム集団では、基準から外れた者に対して嫌悪感や排除意識が向けられることがある）

③ ねたみや嫉妬感情

④ 遊び感覚やふざけ意識

⑤ 金銭などを得たいという意識

⑥ 被害者となることへの回避感情

などが挙げられます。

いじめの加害者の心の深層には、不安や葛藤、劣等感、欲求不満などが潜んでいることが少なくないと思われます。さらに、「自分がなぜいじめに走ってしまうのか」、「どうしていじめることでしか気持ちが保てないのか」ということに無自覚である場合も多く、丁寧な内面理解に基づく働きかけが必要になります。

児童生徒自身が自分の感情に気付き適切に表現することについて学んだり、自己理解や他者理解を促進したりする心理教育の視点を取り入れたいじめ防止の取組を行うことも未然防止教育として重要です。

(2) いじめの構造から考える未然防止教育の方向性

いじめはいじめる側といじめられる側という二者関係だけで生じるものではありません。「観衆」としてはやし立てたり面白がったりする存在や、周辺で暗黙の了解を与える「傍観者」の存在によって成り立ちます。

いじめを防ぐには、「傍観者」の中から勇気をふるっていじめを抑止する「仲裁者」や、いじめを告発する「相談者」が現れるかどうかがポイントになります。

日本のいじめの多くが同じ学級・ホームルームの児童生徒の間で発生することを考えると、学級・ホームルーム担任が、いじめられる側を「絶対に守る」という意思を示し、根気強く日常の安全確保に努める取組を行うなどして担任への信頼感と学級・ホームルームへの安心感を育み、学級・ホームルーム全体にいじめを許容しない雰囲気を浸透させることが重要です。

特に、児童生徒の中には、他者の評価を行動基準としたり、他者の視線を気にしたりするタイプが多く、周囲に過剰に同調する傾向が見られます。そこに被害回避感情が重なると、「仲裁者」や「相談者」になることはますます難しくなります。学級・ホームルーム担任が信頼される存在として児童生徒の前に立つことによって初めて、児童生徒の間から「相談者」や「仲裁者」の出現が可能になります。加えて、いじめの傍観者が「仲裁者」や「相談者」に転換するように促す取組を、道徳科や学級・ホームルーム活動等において行うことも重要です（→ 2.3.3 道徳科と他の教育活動との関連の充実と生徒指導）。

(3) いじめを法律的な視点から考える未然防止教育

倫理や道徳、人間関係のモラルという観点から未然防止教育を進めることの重要性は言うまでもありません。しかし、改めて、児童生徒が、いじめは人格を傷つける人権侵害行為であり、時には身体・生命・財産の安全を脅かす犯罪行為にもなるという認識と、被害者と社会に対する行為の結果への顧慮と責任があるという自覚を持つように働きかけることも必要です。

そのような視点から、発達段階に応じて、法や自校の学校いじめ防止基本方針についての理解を深めるとともに、司法機関や法律の専門家から法律の意味や役割について学ぶ機会を持つことで市民社会のルールを守る姿勢を身に付けることも、未然防止教育として重要です。

4.3.3 いじめの早期発見対応

(1) いじめに気付くための組織的な取組

日本のいじめは、外から見えにくいコミュニケーションを使った心理的ないじめが多く、また、同じ学級・ホームルームに加害者と被害者が同居したり、加害と被害の関係が入れ替わったりする点に特徴があります。そのため、いじめの存在に気付くことができなかったり、学級・ホームルーム担任の抱え込みから事態が深刻化してしまったりするケースも少なくありません。

これまで個々の教職員のいじめに対する感度を高める取組を行ってきましたが、個人差もあり、組織的な気付きを促したり、全校を挙げて問題に取り組んだりする姿勢が不十分な学校も見受けられます。

いじめに気付くには、表面的な言動だけを見るのではなく、その背後にどのような感情があるのかに思いを馳せる必要があります。そのためには、児童生徒の表情や学級・ホームルームの雰囲気から違和感に気付き、いじめの兆候を察知しようとする姿勢が求められます。

さらに、最近では、SNSを介したインターネット上の誹謗中傷、仲間外しなど（→11.3.3インターネット問題の早期発見、11.3.4インターネット問題への適切かつ迅速な対処）、表に出にくく、学校だけでは認知することが難しいケースも増えています。

主ないじめ発見のルートとしては、

- アンケート調査
- 本人からの訴え
- 当該保護者からの訴え
- 担任による発見

などが挙げられます。

アンケートを実施するに当たっては、いじめを受けている児童生徒が「見られたらどうしよう」といった心配をせずに記入できたり、具体的ないじめの態様ごとの項目を設けて体験の有無を尋ねるなどして精度を高めたりする工夫が必要です。

なお、アンケート実施後には、速やかに内容の確認とダブルチェック（人を変えて、複数人で再確認する。）を行い、少しでもいじめに関係すると思われる内容が見いだされたときには、時を置かずに対応することが肝要です。さらに、児童生徒に安心感を与えるこまめな校内の見回りや、困ったときには先生に相談したいという気持ちを生み出す教育相談活動なども大切です。

また、家庭や地域、関係機関と連携し、いじめに気付くネットワークを拡げることも重要です。学校の「気付き」と家庭・地域の「気付き」を重ね合わせることで、学校だけでは見逃されがちないじめの早期発見が可能になります。

(2) いじめへの対応の原則の共通理解

①いじめられている児童生徒の理解と傷ついた心のケア

いじめを把握したら、対応の第一歩として、何よりも被害者保護を最優先します。二次的な問題（不登校、自傷行為、仕返し行動など）の発生を未然に防ぐため、いじめられている児童生徒の心情を理解し、一緒に解決を志向するとともに、傷ついた心のケアを行うことが不可欠です。その際、以下のような点に留意することが必要です。

- 「誰も助けてくれない」という無力感を取り払うこと
- いじめに立ち向かう支援者として「必ず守る」という決意を伝えること
- 大人の思い込みで子供の心情を勝手に受け止めないこと
- 「辛さや願いを語る」ことができる安心感のある関係をつくること

② 被害者のニーズの確認

対応の第二歩としては、「力になりたいのだけれど、何かあれば言ってほしい」と被害者のニーズを確認します。危機を一緒にしのいでいくという姿勢に基づき、安全な居場所の確保やいじめる児童生徒や学級・ホームルーム全体への指導に関する具体的な支援案を提示し、本人や保護者に選択させることも重要です。

③ いじめ加害者と被害者の関係修復

対応の第三歩としては、いじめの加害者への指導と加害者と被害者との関係修復を図ります。加害者の保護者にも協力を要請し、加害者が罪障感を抱き、被害者との関係修復に向けて自分ができることを考えるようになることを目指して働きかけます。その際、いじめの行為は絶対に認められないという毅然とした態度をとりながらも、加害者の成長支援という視点に立って、いじめる児童生徒が内面に抱える不安や不満、ストレスなどを受け止めるように心がけることも大切です。

加害側の児童生徒へのアセスメントと指導・援助が再発防止の鍵になります。また、指導の事前及び対応の過程で被害児童生徒及び保護者の同意を得ること、指導の結果を丁寧に伝えるなどの配慮を行うことも忘れてはなりません。

④ いじめの解消

対応の第四歩としては、いじめの解消を目指します。その際、何をもって「解消」とするのかという点についての共通理解が求められます。解消の二条件[*77] を満たしているかどうかを、本人や保護者への面談などを通じて、継続的に確認する必要があります。なお、いじめが解消している状態に至った後も、卒業するまでは日常的に注意深く見守りを続けていくことが大切です。

また、対応に当たっては、教職員自身が「いじめに耐えることも必要」、「いじめられる側にも原因がある」などと、いじめを容認する認識に陥っていないか常に自

[*77] ①いじめに係る行為が止んでいること、②被害児童生徒が心身の苦痛を感じていないこと「いじめの防止等のための基本的な方針」文部科学大臣決定（平成25年10月11日（平成29年３月14日最終改定））

己点検することが重要です。そうでないと、被害者が自分の辛さを受け取ってもらえないと感じて孤立感を深め、二重三重に苦しむことにもなりかねません。

4.3.4　重大事態に発展させない困難課題対応的生徒指導の実際

いじめを重大事態化させないためには、適切な対応を怠ればどのようないじめも深刻化する可能性があるという危機意識を教職員間で共有した上で、組織的にいじめに係る情報を共有し、ケースに応じた対応策を検討していくことが求められます。

いじめの問題が複雑化し、対応が難しくなりがちなケースとして、一般的には、次のような状況が考えられます。

① 周りからは仲がよいと見られるグループ内でのいじめ
② 閉鎖的な部活動内でのいじめ
③ 被害と加害が錯綜しているケース
④ 教職員等が、被害児童生徒側にも問題があるとみてしまうケース
⑤ いじめの起きた学級・ホームルームが学級崩壊的状況にある場合
⑥ いじめが集団化し孤立状況にある（と被害児童生徒が捉えている場合も含む。）ケース
⑦ 学校として特に配慮が必要な児童生徒が関わるケース[*78]
⑧ 学校と関係する児童生徒の保護者との間に不信感が生まれてしまったケース

このようなケースについては、できるだけ早い段階から、SC や SSW 等を交えたケース会議で丁寧なアセスメントを行い、多角的な視点から組織的対応を進めることが求められます。

ケース会議においては、①アセスメント（いじめの背景にある人間関係、被害児童生徒の心身の傷つきの程度、加害行為の背景、加害児童生徒の抱える課題等）を行い、②アセ

[*78] 「いじめの防止等のための基本的な方針」において、発達障害を含む、障害のある児童生徒、海外から帰国した児童生徒や外国人の児童生徒、性同一性障害や性的指向・性自認に係る児童生徒、東日本大震災により被災した児童生徒等、特に配慮が必要な児童生徒については、日常的に、当該児童生徒の特性を踏まえた支援を行うこと等を示している。（別添２）「学校における「いじめの防止」「早期発見」「いじめに対する措置」のポイント」（１）いじめの防止、②いじめの防止のための措置、ウ）いじめが生まれる背景と指導上の注意

スメントに基づいて、被害児童生徒への援助方針及び加害児童生徒への指導方針、周囲の児童生徒への働きかけの方針についてのプランニングを行います。

ケース会議後に、③被害児童生徒及び保護者に対して、確認された事実、指導・援助方針等について説明し、同意を得た上で、④指導・援助プランを実施し、さらに、⑤モニタリング（3か月を目途に、丁寧な見守り、被害児童生徒及び保護者への経過報告と心理的状態の把握等）を行う、という流れになります。

その際、特に、アセスメントに基づくプランの策定と実施、解消に向けての明確な目標設定、対応に関する被害児童生徒本人及び保護者の同意の確認、などに留意することが必要です。

なお、問題に応じて、警察へ相談するなど、学校外の関係機関等との密接な連携を図ること、及び関係する児童生徒の保護者に対するきめ細かな連絡と相談を行い、信頼関係を築くことが重要です。また、いじめが認知された後の対応として、⑥教育委員会等への報告、及び⑦情報の整理と管理、ケース会議等の記録の作成と保管を行うことも不可欠です。

4.4　関係機関等との連携体制

4.4.1　関係者の連携・協働によるいじめ対応

法において、いじめを受けた側・いじめた側の児童生徒・保護者に対する支援、指導、助言等は、関係者の連携の下、適切に行われるように努めなければならないと明記されています[*79]（→ 3.7 学校・家庭・関係機関等との連携・協働）。

社会総がかりでのいじめの防止を目指す上では、学校だけで抱え込まずに、地域の力を借り、医療、福祉、司法などの関係機関とつながることが重要です。また、法において、例えば事案によりいじめが犯罪行為として扱われるべきものであるとされる場合には、所轄警察署と連携して対処していくことも示されています[*80]。

いじめに関する事象の発生を把握した際には、迅速に対応し、必要に応じて関係機関等

[*79] 法第17条　国及び地方公共団体は、いじめを受けた児童等又はその保護者に対する支援、いじめを行った児童等に対する指導又はその保護者に対する助言その他のいじめの防止等のための対策が関係者の連携の下に適切に行われるよう、関係省庁相互間その他関係機関、学校、家庭、地域社会及び民間団体の間の連携の強化、民間団体の支援その他必要な体制の整備に努めるものとする。

[*80] 「早期に警察へ相談・通報すべきいじめ事案について（通知）」文部科学省初等中等教育局長（平成25年5月16日）

との連携が図れるように、日頃から顔の見える関係をつくっておくことが大切です。各学校の「学校運営協議会」や地方公共団体に設置される「いじめ問題対策連絡協議会」などが、そのような場として機能することが期待されます。

また、いじめ対応において教育委員会等に求められる役割は、以下のとおりです。

① 各学校のいじめの状況を把握した上で、得られたデータに基づいて的確な支援を行います。教育委員会等に集約されたいじめの情報や対策の課題などを、問題行動等調査や就学援助率、学力調査などの情報と照らし合わせて分析し、エビデンスに基づくいじめ対策の具体案を学校と協働して策定します。

② 法や国及び地方自治体のいじめ防止基本方針の教職員への周知を図り、いじめに関する教職員の意識改革を促します。研修や事例検討会などを通じて、いじめの定義の再確認や学校いじめ対策組織を中核とした組織的な対応の徹底を図ります。

③ いじめに関する保護者の認識を高めるために、子供の人間関係や発達に関する理解を深める普及啓発の取組を行ったり、地方自治体のホームページ等でいじめ防止に関連した家庭向けの情報を積極的に発信したりすることが大切です。さらに、いじめに対する家庭や地域の気付きが学校に届くように、情報窓口や相談体制の周知を図ることも必要です。

④ 重大事態が発生した際の第三者委員会の設置と事務局としての活動、警察との連携や地方公共団体との橋渡しなどの役割を担います。なお、法や国の基本方針等に基づき、深刻ないじめ事象が起こったときには、複数の専門家から構成される学校支援チームを派遣し、学校をサポートすることも大切な役割です。

4.4.2　保護者・地域の人々との連携

(1) 保護者との連携

学校が被害者及び加害者の保護者との連携を図ることが困難なケースも散見されます。特に、いじめと認めたがらない加害者の保護者からの協力を得ることが難しく、学校の働きかけが鈍ってしまうことも少なくありません。

また、重大事態調査において、加害者の保護者からの協力が得られない場合も見られます。その背景の一つとして、法が保護者の責務として、「その保護する児童等がいじめを行うことのないよう、当該児童等に対し、規範意識を養うための指導その他の必要な指導を行うよう努めるものとする。」[*81] と、厳しく指導する側面を強調し、「いじめをしない子供」に育つように成長支援という視点から働きかける方向性が弱いことが考えられます。

加害者に被害者の傷つきを認識させて十分な反省を促すとともに、保護者にもいじめの事実を正確に説明し、学校と協力して、成長支援という視点を持ちながら加害者を指導することが求められます。被害者の保護者はもとより加害者の保護者との連携を図ることが、いじめの解消と再発防止において重要です。

(2) 地域の人々との連携

子供は家庭だけでも、学校だけでも育つものではありません。両者の連携に加えて、地域の力が不可欠です。国の基本方針においても、いじめの防止について、「より多くの大人が子供の悩みや相談を受け止めることができるようにするため、学校と家庭、地域が組織的に連携・協働する体制を構築する」ことの重要性が指摘されています。

地域が一体となって学校を核とした地域づくりを目指す「地域学校協働活動」や、保護者・地域住民が学校運営に参画して地域とともにある学校づくりを目指す「コミュニティ・スクール（学校運営協議会制度）」の取組が各地で進められています（→ 3.7.2 学校と家庭、地域との連携・協働）。

家庭で多様な人間関係を経験することが難しい子供たちが、地域の大人と関わる体験を通じて、地域に見守られているという安心感を抱くようになります。PTA や地域の関係団体と学校関係者が協議し、地域ぐるみの取組を推進することが、いじめのない温かな社会を築く大きな一歩になるのではないでしょうか。

[*81] 法第 9 条（保護者の責務）

第5章

暴力行為

留意点

文部科学省の「児童生徒の問題行動・不登校等生徒指導上の諸課題に関する調査」では、暴力行為を、「自校の児童生徒が故意に有形力（目に見える物理的な力）を加える行為」と定義しています。また、暴力の対象により「対教師暴力」、「生徒間暴力」、「対人暴力」、学校の施設・設備等の「器物損壊」の四つの形態に分類されます。暴力行為の発生件数は、中学校、高等学校において減少傾向が見られるものの、小学校においては増加の傾向にあり、全体的にも依然として多くの暴力行為が発生しています。そのため、全教職員の共通理解に基づき、未然防止や早期発見・早期対応の取組、家庭・地域社会等の協力を得た地域ぐるみの取組を推進するとともに、関係機関と連携し、生徒指導体制の一層の充実を図ることが求められます。

5.1　暴力行為に関する対応指針等

5.1.1　暴力行為のない学校づくりについて

文部科学省では、平成21年度の「児童生徒の問題行動等生徒指導上の諸問題に関する調査」の結果において、当時の小・中・高等学校における暴力行為の発生件数が増加傾向にあったことを踏まえ、「暴力行為のない学校づくりについて（報告書）」を作成しました。

この報告書では、冒頭において、「暴力行為が発生する学校」を「落ち着いた学習環境」

に改善するための生徒指導上の基本的考え方を示しています。具体的には、生徒指導の基本姿勢として、暴力行為を起こした個々の児童生徒に応じた指導や家庭・関係機関等との連携の重要性に触れた上で、学校における指導体制の在り方や、生徒指導主事や学級・ホームルーム担任の果たす役割について整理しています。

次に、「未然防止」、「早期発見・早期対応」、「課題解決」の三つの観点から、暴力行為に関する生徒指導上の留意点がまとめられています。例えば、「未然防止」の観点からは、校内指導体制における指導方針や指導マニュアルなどの見直し、正義感や公正さなどをテーマに取り入れた道徳教育の充実などの発達支持的な取組が紹介されています。「早期発見・早期対応」の観点からは、児童生徒の発する SOS に気付くための、日常の学校生活における児童生徒の観察や教職員間の情報交換などの課題予防的な取組が紹介されています。そして、「課題解決」の観点から、保護者、地域、関係機関等と連携しつつ、状況によっては出席停止の措置を講ずることも検討するなど、困難課題対応的生徒指導の具体的な留意点などが整理されています。

5.1.2　問題行動を起こす児童生徒に対する指導について

平成 19 年に発出された「問題行動を起こす児童生徒に対する指導について（通知）」」の中では、暴力行為の状況について、対教員あるいは生徒間の暴力行為や施設・設備の毀損・破壊行為だけでなく、授業妨害等も見られるとされています。

また、問題行動への対応については、未然防止と早期発見・早期対応の取組が重要であるとした上で、「学校の秩序を破壊し、他の児童生徒の学習を妨げる暴力行為に対しては、児童生徒が安心して学べる環境を確保するため、適切な措置を講じることが必要」とし、十分な教育的配慮の下で、出席停止や懲戒など、毅然とした対応を行うことの必要性が指摘されています。具体的には、以下（抜粋）のように示されています。

1 生徒指導の充実について

(1) 日常的な指導の中で、児童生徒理解の深化、教職員と児童生徒との信頼関係の構築、全教職員が一体となった教育相談やカウンセリングを実施すること。

(2) 学校は、暴力行為等に関するきまりなどを保護者や地域住民等に公表し、理解と協力を得るよう努め、全教職員がこれに基づいた指導を行うこと。

(3) 特に校内での傷害事件など犯罪行為の可能性がある場合には、学校だけで抱え込むことなく、直ちに警察に通報し、協力を得て対応すること。

2 出席停止制度の活用について

(1) 出席停止は、懲戒行為ではなく、学校の秩序を維持し、他の児童生徒の教育を受ける権利を保障する措置であることを理解した上で指導等を行うこと。

(2) 学校が指導を継続しても改善が見られず、正常な教育環境を回復するため必要な場合には、市町村教育委員会は、出席停止制度の措置を検討すること。

(3) 学校は、出席停止措置の対象となった児童生徒が学校へ円滑に復帰できるよう努めること。その際、市町村教育委員会、都道府県教育委員会、関係機関（警察、児童相談所、保護司、民生・児童委員等）の協力も有効であること。

(4) その他出席停止制度の運用等については、「出席停止制度の運用の在り方について」[*82] を参考にすること。

5.2　学校の組織体制と計画

5.2.1　全校的な指導体制の必要性

児童生徒の起こす暴力行為の背景には、その児童生徒を取り巻く家庭、学校、社会環境などの様々な要因があります。したがって、それらの要因を多面的かつ客観的に理解した上で指導を行わなければなりません。また、むやみに指導を行うのではなく、児童生徒の自己指導能力を育て（→ 1.1.2 生徒指導の実践上の視点）、児童生徒が自らの行為を反省し、以後同様な行為を繰り返さないような視点に立った働きかけを行うことが重要です。

このような発達支持的生徒指導を進めていくためには、一人一人の教職員に深い児童生徒理解力が求められるとともに（→ 1.3.1 児童生徒理解）、学校全体で育成を目指す児童生徒像や指導の考え方を共有し、関係機関との適切な連携の下、全校的な指導体制を構築することが必要です。

5.2.2　生徒指導の目標・方針の明確化

暴力行為の改善を目指す指導や援助を効果的に行うには、暴力行為等を起こした児童生徒について、どのような教育効果を期待するかという観点から指導目標を描き、それを全

[*82] 「出席停止制度の運用の在り方について（通知）」初等中等教育局長（平成13年11月6日）

教職員が共通に認識することが重要です。その際、学校の教育目標を踏まえつつ、校長を中心に教職員で活発な議論を行い、指導目標を設定していきます。

指導目標が定まったら、アセスメントを実施し、指導方針、指導基準を明確にします。その際、個人により解釈が異なったり理解が曖昧になったりしないよう、しっかりと文書化して全教職員への周知を徹底します。また、方針や基準を検討する段階から、学校運営協議会や関係機関等と連携して意見を求めることも大切です。

5.2.3　全校的な指導体制の確立

指導体制の確立という言葉には、以下のように多様な意味があります。

① 対処すべき問題行動が発生した場合に、事案の重大性や性質を検討し、既存の生徒指導部で足りるか、あるいは、より拡大したプロジェクトチームを作るかという検討を経るなどして、対応のための組織や教職員個々の役割を決めておくこと。

② 暴力行為があった場合、同じ階の教員はすぐに現場に駆け付け複数で対応し、暴力行為発生後の対策メンバーは、校長、副校長、教頭、生徒指導主事、学年主任、当該児童の担任、養護教諭、SC、SSW 等で、その日のうちに会議を開くなど、全教職員が共通理解できるよう、年度当初に対応の基本を準備することやそれをマニュアル化したものを作成すること。

③ 校内の生徒指導の方針や基準を定め、年間指導計画に基づき、研修や日々の打合せで教職員が指導方法や考え方を共有することで維持される教職員の指導に対する体制（校内連携型支援チーム）を整備すること。

いずれの意味合いにも、全ての教職員の個性や適性、指導力を生かすことや、教職員の誰であっても問題行動に対して指導できるようにすることが求められます。

また、校長の方針などを踏まえ、以下のような生徒指導主事のリーダーシップに基づく取組を進めることにより、校内に指導体制を確立することが望まれます。

- 年間指導計画の立案・推進
- 生徒指導部会の定期的開催及び校内の教職員との連絡・調整
- 生徒指導に関する研修の推進
- 学級・ホームルーム担任への支援

- 児童生徒の個別の指導資料の作成・保管
- 関係機関等との連絡・調整及び緊急事態への対応

さらに、指導体制の構築に当たり、例えば、児童生徒が社会的ルールや責任感を身に付けることを共通の目的として指導する際には、家庭と連携して取り組むことも必要になります。

また、暴力行為の原因に応じて、SC や SSW、スクールサポーターなどの専門スタッフと連携した多面的な指導体制が求められることもあります。学校が指導を継続しても児童生徒が暴力行為等を繰り返す場合には、出席停止制度の措置を検討するなど、教育委員会が加わることも必要です。

5.2.4　取組の評価及び体制等の改善

教育効果を高めるためには、体制や取組を不断に見直し、改善することが大切です。見直しを行うためには、教職員が行う内部評価に加え、児童生徒や保護者、学校運営協議会委員をはじめとする地域住民、関係機関など、多様な意見を取り入れた評価を行うことが求められます。適正で改善に効果を上げる評価を得るためには、家庭や地域、関係機関等へのきめ細かな情報提供が必要です。

5.3　暴力行為に関する生徒指導の重層的支援構造

暴力行為に関する生徒指導の重層的支援構造は、図10に示したとおりです。第1層の発達支持的生徒指導においては、児童生徒が「他者を思いやり、傷つけない人」に育つことを意識した、校内の雰囲気づくりや働きかけなどを日常の教育活動を通じて行います。第2層の課題未然防止教育においては、暴力防止などをテーマとする教育を行います。第3層の課題早期発見対応においては、暴力行為の前兆行動とも言える粗暴な発言や振る舞い、まだ暴力を伴わないいじめなどについて、早期に発見し対応します。そして、第4層の困難課題対応的生徒指導においては、暴力行為が発生した場合に、緊急対応、暴力行為の被害を受けた児童生徒や教職員のケアと回復支援、暴力行為に及んだ児童生徒への指導などについて、関係機関・団体や関係者との連携を強化し対応します。

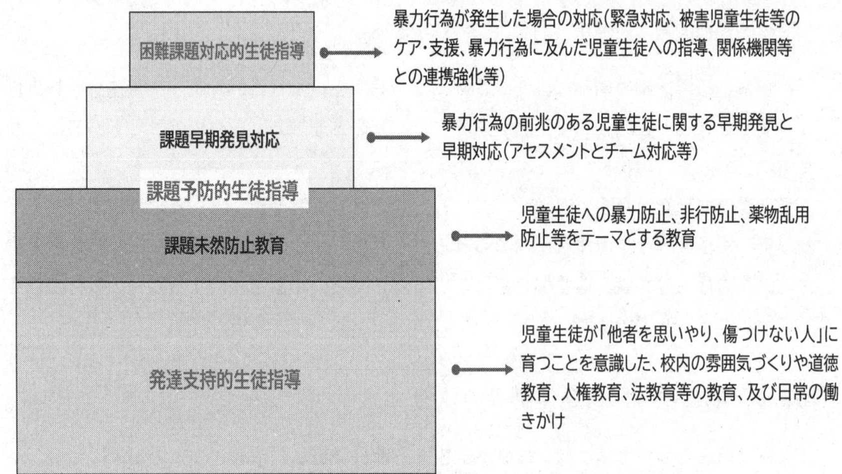

図10　暴力行為に関する生徒指導の重層的支援構造

5.3.1　暴力行為の防止につながる発達支持的生徒指導

(1) 安全・安心でお互いを尊重し合う校内の雰囲気づくり

暴力行為は連鎖するとも言われます。学校や家庭において大人の暴力を目の当たりにした児童生徒は、「暴力を振るってもいいんだ。」、「暴力も仕方ない。」という誤った認識を持ってしまうことがあります。

暴力行為に関する生徒指導を行う前提としてまず大切なのは、模倣されるような暴力行為のない、暴力行為を許容しない雰囲気づくりです。教職員が体罰をしないことはもとより、児童生徒の暴力行為については、警察等の関係機関と連携した対応をためらわないことを学校の方針として明確にし、その方針を学校内だけではなく、家庭や地域とも共有する必要があります。その際に重要なのは、指導の方針が、児童生徒を排除するためのものではなく、安全で安心な学びの場を確保するためのものであることを丁寧に説明することです。また、並行して、豊かなコミュニケーションを通じてお互いを理解し、尊重し合える温かな学校の雰囲気づくりに努めていくことも大切です。

(2) 暴力行為をしない人に育つことを意識した働きかけ

暴力行為は、暴力を受けた人の人権を著しく侵害する行為であり、決して許されるものではないという共通認識の下で、児童生徒への対応に当たる必要があります。また、児童生徒が暴力行為をしない人に育つ上で重要なのは、人への思いやり、助け合いの心、コミュニケーションの力を育む教育や日頃の働きかけです。

暴力の背景には、人の痛みを想像できないこと、「自分さえよければそれでよい。」という自己中心的な考え方が強いこと、また、自分の気持ちをうまく表現できずに衝動的な行動をとってしまうことなどの問題があると考えられるからです。特にコミュニケーション力を身に付けることで、他人に配慮しながらも自分の言いたいことを伝えられるようになり、ストレスをためず、怒りをコントロールできるようになることが期待されます。ここでの教育や働きかけの方法として重要なのは、道徳教育、人権教育、法教育、情報モラル教育などや、コミュニケーション力の向上につながる日々の挨拶、声かけ、対話などです。

5.3.2　暴力行為の未然防止教育

暴力行為の未然防止をねらいとする教育としては、道徳科や特別活動などの時間と関連を図り、教職員が、暴力や非行をテーマとした授業を行う、あるいは、外部の講師を招いて、暴力防止、非行防止などに関する講話を行うことなどが考えられます。

その際に、児童生徒に伝えたい重要な点を、表1に示しました。暴力行為や正当な理由もなく刃物を携帯する行為は原則として非行に当たり、警察による捜査・調査、児童相談所による措置、家庭裁判所による処分などの対象になる可能性があるということです（→第6章 少年非行）。

表1　暴力行為・刃物携帯行為と非行

行　為	非行名（罰則）
暴力をふるって人にケガをさせた。	傷害罪(刑法第204条)
暴力をふるったが、相手はケガをしなかった。	暴行罪(刑法第208条)
暴力によって物を壊した。	器物損壊罪(刑法第261条)
刃物を携帯した。	銃砲刀剣類所持等取締法(第22条)違反 軽犯罪法(第1条2号)違反

暴力行為や刃物携帯行為を軽く考えて、「こんなことになるとは思わなかった。」と後悔

することのないよう、児童生徒には、自分の行動がどのような結果につながるのかを伝えておく必要があります。

また、暴力行為が、それを受けた人にどのような影響を与えるのか、児童生徒の理解を促すことも重要です。暴力を受けた人は、身体の痛みとともに、恐怖感、屈辱感、絶望感、無力感など様々な感情を抱くこととなります。それらの感情は生涯にわたってその人を苦しめ続けるかもしれません。たとえ身体の傷は癒えたとしても、暴力を受けたことが心の傷となり、繰り返しその人を苦しめ、対人不信や社会不適応に陥らせてしまうことがあります。

以上のことを意識しつつ、様々な機会を捉えて、暴力行為を未然に防止するための教育に取り組む必要があります。

5.3.3　暴力行為の前兆行動の早期発見・早期対応

暴力行為の前兆行動としては、粗暴な言葉、相手を殴るような素振りや壊れない程度に物を蹴るといった振る舞い、まだ暴力を伴わないいじめといったものが考えられます。児童生徒の前兆行動を早期に発見し対応することが、暴力防止において重要です。

児童生徒の行動や学校、学級・ホームルーム全体の雰囲気を注意深く観察することに加えて、早期発見・早期対応のために必要なのは、アセスメントの充実です。アセスメントにおいては、児童生徒について、発達面はもちろん、学習面、進路面、健康面、心理面、社会面（交友面）、家庭面などを多面的に見ていきます（→ 1.3.4 チーム支援による組織的対応）。

例えば、

- 学習面の遅れや進路の悩みが本人のストレスや自棄的な感情につながっていないか
- 飲酒や薬物乱用などの問題が見られないか
- 自己中心的な偏った考え方に陥っていないか
- 学校や地域における交友関係のトラブルやいじめなどの問題がないか
- 家庭における大きなストレスや被虐待の問題がないか
- 発達障害等の障害を背景とした二次的な問題が起こっていないか

といった様々な側面からアセスメントを試みる必要があります。教員一人でアセスメントを行うには限界があるため、SC や SSW などと連携しチームで対応することが大切です。

早期対応に当たって重要なのは、児童生徒の話をよく聴くということです。先入観や偏見を持たずに真摯に聴こうとする態度が、本人の気持ちを落ち着かせ、自ら成長へとつながる本来の力を取り戻すとともに、これまで粗暴な言動としてしか表わせなかった SOS の表現を適切な仕方へと転換できるようになる場合もあります。

児童生徒の話をよく聴いた上で、介入が必要と認められる場合には、学習支援や進路指導の強化、保護者への働きかけ、児童生徒間の関係の調整、関係機関への相談、医療や福祉へのつなぎなど、チーム学校として指導・援助を行います。

特に、保護者との協力は重要です。子供の問題を認めたがらない保護者もおり、協力を得ることが難しい場合もありますが、状況を正確に説明し、理解を得て共に指導・援助に当たることができれば、早期対応をより効果的に行うことが可能となります。

5.3.4　暴力行為が発生した場合の対応

暴力行為が発生した場合、第一に暴力行為の被害を受けた児童生徒等の手当てと周囲の児童生徒等の安全確保を行う必要があります。状況によっては救急や警察にすぐに通報しなければなりません。

暴力行為に及んだ児童生徒が興奮していて、他の児童生徒等に更に危害を加えそうな場合には、他の児童生徒等を安全な場所に避難させることも必要です。

たとえ緊急対応を要しない場合であっても、暴力行為が認められた場合には、対応について早急に校長等の管理職の指示を仰ぐ必要があります。保健室での手当、暴力行為に及んだ児童生徒・被害を受けた児童生徒等・目撃した児童生徒等からの聴き取り、関係する保護者への連絡、暴力行為の現場の保全と記録などを行わなければなりません。また、警察への相談について検討した上で、相談を行う場合には、可能な限り早急に相談を実現することが重要です。

警察との相談の結果、捜査・調査が開始されたとしても、それで学校の対応が終わるわけではなく、被害を受けた児童生徒等のケア、暴力行為に及んだ児童生徒への指導、他の児童生徒への配慮、保護者への対応などを行う必要があります。

その際、教職員だけでなく、関係機関等の力を借りながら対応を進めることが有効です。また、暴力行為はいじめに該当する場合も多いので、いじめ事案として対応することも必要になります（→第 4 章 いじめ）。

なお、事実関係の把握に当たっては、暴力行為が一方的なものであったのか、双方向のものであったのかについても留意を要します。また、過去に起こった暴力行為が年月を経て浮かび上がってきた場合も、学校として可能な限りの対応を行うことが求められます。

5.4　関係機関等との連携体制

5.4.1　関係機関等との連携の重要性

暴力行為に関する生徒指導に当たっては、関係機関等との連携が極めて重要です。連携の基本は連携相手を知り、できるだけ顔の見える関係をつくっておくことです。まず校内にはどのような分野を得意とする教職員がいるのかを把握・共有した上で、連携可能な外部の関係機関等に関する情報を蓄積・更新・共有していく必要があります。

暴力行為に関する生徒指導を行う上での関係機関等との連携についても、発達支持、未然防止、早期発見・早期対応、発生した暴力行為への対応という観点から考えていきます。

5.4.2　発達支持的生徒指導や未然防止教育における連携

児童生徒が暴力行為をしない人に育ち、暴力行為の発生を防ぐための教育として、道徳教育、人権教育、法教育、非行防止教育、薬物乱用防止教育などが考えられますが、そういった教育は、教職員が行うほか、警察署・少年サポートセンターの職員、法務省の機関である法務局・検察庁・少年鑑別所（法務少年支援センター）・少年院・保護観察所の職員、弁護士、民間ボランティアである保護司・人権擁護委員などを外部講師として招いて行うことも考えられます。

特に、非行防止教育という点で、警察に加え、犯罪や非行をした人の立ち直りや再犯防止を地域で支える保護司及び保護司が組織する保護司会は、学校にとって身近な存在です。情報モラル教育、ストレスマネジメント教育、怒りの対処法などについては、それを得意とする NPO 団体のメンバー、外部の医師や SC などに依頼することも考えられます（→ 3.7.3 (2) 学校と警察・司法）。

5.4.3　早期発見・早期対応における連携

暴力行為の前兆行動の早期発見・早期対応は、校内連携型支援チームなどで対応することが基本となりますが、この段階でも必要に応じて関係機関等と連携することが大切です。

例えば、発達障害等の障害を背景とする二次的な問題や精神疾患・薬物依存の症状としての粗暴な言動が疑われる場合には医療機関等との連携が、家庭に虐待や貧困の問題が疑われる場合には児童相談所や地方公共団体の福祉部門との連携が、地域の不良交友が懸念される場合には警察との連携が考えられます。

非行傾向のある児童生徒については、少年サポートセンターや少年鑑別所（法務少年支援センター）などが保護者や学校からの相談を受け付けています。また、要保護児童対策地域協議会、学校警察連絡協議会、学校と保護司会との協議会なども、前兆行動への対応についての指針やヒントを得る機会となります。

学校だけではアセスメントや対応に限界があるため、学校外の専門的な知見を積極的に取り入れることによって、多面的で的確なアセスメントを行ったり、豊富な選択肢の中から最適な対応をとったりすることが可能となります。

5.4.4　発生した暴力行為への対応における連携

関係機関等との連携が最も強く求められるのが、発生してしまった暴力行為への対応です。緊急場面での救急や警察との連携はもとより、暴力行為の被害を受けた児童生徒等のケアと回復支援、暴力行為に及んだ児童生徒への指導においては、関係機関等との連携強化が特に重要になります。

(1) 暴力行為の被害を受けた児童生徒等のケアと回復支援

暴力行為の被害を受けた児童生徒等は、身体の痛みだけではなく、心の痛みを抱えることとなります。その痛みが癒されるためには、適切な治療、家族や友人や教職員の支え、暴力行為に及んだ児童生徒の心からの反省と謝罪、時間の経過などが必要になります。特に、そのケアと回復支援という観点からは、医療機関、警察、民間の被害者支援団体、少年司法関係機関などとの連携が考えられます。

例えば、外科的な治療だけでなく、精神面のケアが必要と思われる児童生徒については、SC が対応するほか、保護者とも相談の上、子供の発達や心理に詳しい医療機関につなぐことが考えられます。また、暴力行為が少年事件としての取扱いを受けることとなった場合には、警察や少年司法の各段階において被害者支援のための様々な取組や制度があることを理解しておくことも大切です。

被害を受けた児童生徒等が平穏な生活を送れるよう、学校は関係機関等と連携して可能な限り環境を整え、チーム学校として対応する必要があります。

(2) 暴力行為に及んだ児童生徒への立ち直りを目指した指導

暴力行為に及んだ児童生徒への指導においても、関係機関等との連携が重要です。暴力行為は許されない行為ですが、それに及んだ児童生徒が学校教育や社会から排除されてはなりません。

排除されて孤独・孤立に陥れば、その児童生徒は立ち直るきっかけをつかめず、更なる暴力行為に及んでしまう可能性もあり、関係機関等と連携してネットワーク型の支援チームを組織し、学校内外の知恵を集め、力を合わせて指導・援助することが有効です。

まずは、児童生徒がなぜ暴力行為に及んでしまったのか、関係機関等の専門的知見を借りながらより深く多角的なアセスメントを行う必要があります。アセスメントの際には、その児童生徒の問題や弱みだけでなく、立ち直りに活用できる資源や児童生徒の強みも視野に入れることが大切です。

次に、アセスメントに基づいて個別の指導・援助計画を立て、支援の目標や役割分担を可能な限り関係機関等と共有します。そして、支援チームのメンバーそれぞれが計画を実行に移し、その結果をケース会議に持ち寄って評価や計画の見直しを行い、また実行に移すというサイクルを繰り返します。

暴力行為に及んだ児童生徒が、再び暴力行為に及ぶことのないよう反省・謝罪して立ち直り、成長していくことは、本人の福祉とともに、学校や社会の安全・安心へとつながります。児童生徒の生きづらさにもしっかりと目を向け、関係機関等と連携した「社会に開かれたチーム学校」として、地域の力も借りながら、指導・援助に当たっていくことが大切です。

第 6 章

少年非行

留意点

非行が意味するものは多様ですが、校内の指導にとどまらず、児童生徒やその保護者の私生活も関係機関の介入の対象となります。そのため、まず非行の定義と手続きを正確に理解し、適切な事実の把握と記録を前提に対応することが求められます。非行に対しては、市町村と児童相談所、児童福祉施設、警察や少年補導センターと家庭裁判所、少年鑑別所、少年院や保護観察所など、様々な関係機関が持つ権限を理解し、効果的な連携を活用した取組が求められます。学校としては、児童生徒理解と保護者との協働を前提に、生徒指導を行います。

6.1 少年法・児童福祉法等

6.1.1 少年法の非行

少年非行に関する基本になるのが、「少年法」、「児童福祉法」、「少年警察活動規則」等です。少年事件の対処の流れは、図 11[*83]のとおりです。

「少年法」は、少年[*84] の健全な育成を期し、非行少年に対して性格の矯正と環境の調整に関する保護処分を行うとともに、少年の刑事事件について特別の措置を講ずることを

[*83] 「令和 3 年版犯罪白書」を基に作成。
[*84] 「少年法等の一部を改正する法律」により少年法が改正され、18歳及び19歳の者については、「特定少年」と呼称されることとなったが、引き続き「少年」（少年法第 2 条 1 項）に該当し、少年法が適用される。

目的にしています。少年法第３条は、非行のある少年を以下の三つに分けており、それぞれについて異なる取扱いを定めています。

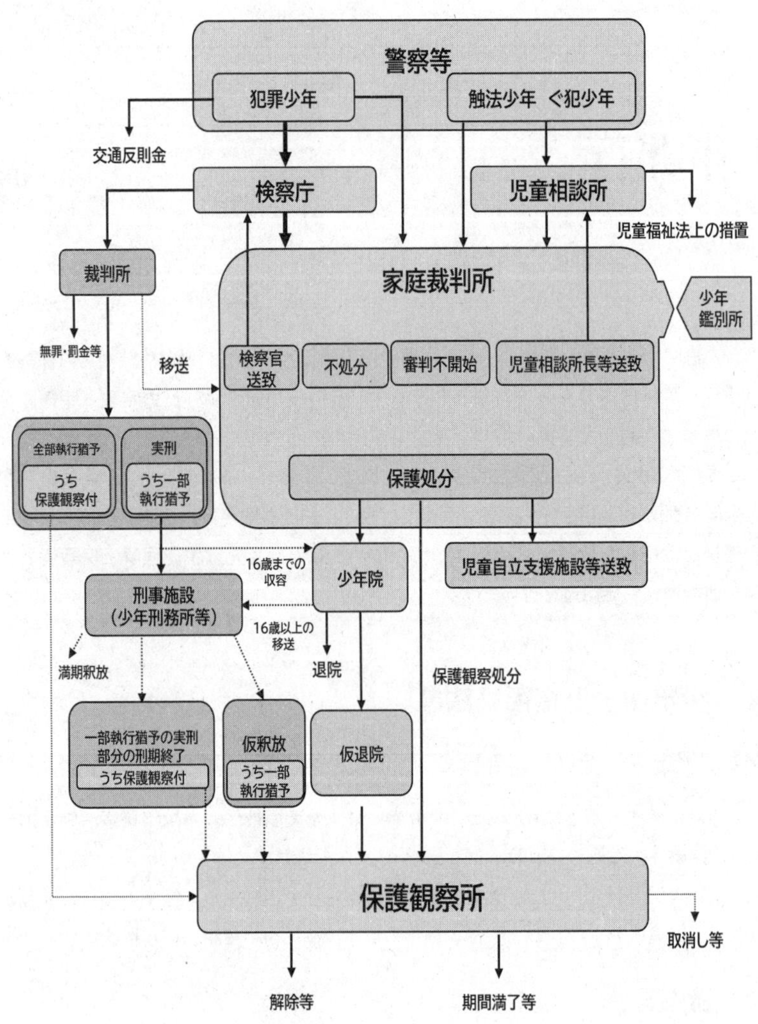

図 11　少年事件の対処の流れ

① 14 歳以上で犯罪を行った少年（犯罪少年）

② 14 歳未満で刑罰法令に触れる行為をした少年（触法少年）

③ 保護者の正当な監督に服しないなどの事由が認められ、今後犯罪少年や触法少年になる虞（おそれ）のある 18 歳未満の少年（ぐ犯少年[*85]）

6.1.2　少年補導の対象となる不良行為

より広く非行を捉えたものに、不良行為少年があります。これは警察や少年補導センターなどが補導の対象とするものです。その根拠となるのが「少年警察活動規則」であり、この規則の趣旨は、「少年の非行の防止及び保護を通じて少年の健全な育成を図るための警察活動に関し必要な事項を定めるもの」とされています（同規則第 1 条）。

また、同規則第 2 条では、不良行為少年を、「非行少年には該当しないが、飲酒、喫煙、深夜はいかいその他自己又は他人の徳性を害する行為をしている少年」と規定しています。ここでの非行少年は少年法に定義される非行のある少年を指しており、その点で「少年法」と「少年警察活動規則」は、非行と不良行為を明確に区別しています。

例えば、飲酒や喫煙という不良行為について、学校では非行と考えても、少年法上の非行ではないことから、家庭裁判所は不良行為少年を扱いません。そのため、学校で問題行動を把握する場合と、関係機関が根拠となる法令に従って活動する場合とでは枠組みが異なる場合があることを教職員は理解する必要があります。その一方で、いじめや校内暴力が、犯罪行為や触法行為といった非行に当たる場合もあるため、教職員には、生徒指導の対象かどうかだけでなく、それが非行に当たるか否かを判断するための知識が必要です。

6.1.3　児童福祉法の要保護児童

「児童福祉法」(以下「児福法」という。) は、「児童の権利に関する条約」の下、子供の諸権利を保障すると同時に、保護者や行政に、「児童を心身ともに健やかに育成する」責務を課しています。

14 歳未満の触法行為又はぐ犯行為に対応するのは、児福法により、まずは市町村又は児童相談所とされています。しかし児福法では非行という言葉は使われず、子供の抱える困

[*85] 特定少年については、ぐ犯による保護処分の対象から除外される（少年法第65条第 1 項）。

難な状況に着目しています。要保護児童[*86] は、一般には児童虐待を受けた児童のことを指すと考えられがちですが、触法を含む非行などの問題行動を起こした児童で家庭環境等に問題がある者も含まれます。

なお、児福法に規定される児童自立支援施設は、支援の対象を「不良行為をなし、又はなすおそれのある児童及び家庭環境その他の環境上の理由により生活指導等を要する児童」としています。ここでは、「不良行為」と「生活指導等」という問題行動を示唆する表現がなされ、これらが非行に近い概念と考えられます。

6.2　少年非行への視点

少年非行の背景は多様であり、児童生徒理解が十分でないままに罰したり、保護者に指導の強化を促したりするだけでは解決には至りません。まずは、その非行の背景を発達的観点や家族関係的観点などから理解する必要があります。以下、非行の特徴的な類型と対応の考え方について説明します。

6.2.1　初発年齢の早い非行

初発年齢が早い非行、例えば小学校時代から盗みをしているケース等の場合、家庭の問題が背景にあることなどから容易には改善せず、常習化したり本格的な非行に発展したりすることも少なくありません。

乳児期（0〜2 歳くらい）の子供が、かんしゃくが強かったり、ぐずったりするなど、あやしにくいという理由から、子供を育てづらいと保護者が感じた場合等には、適切な世話がなされず放っておかれたりすることもあります。その結果、人と信頼関係を築くことが難しくなり、その後の成長や人格形成に影響する場合も見られます。

また、幼児期（3〜6 歳）には、保護者の注目を引き愛情を得るために、保護者の大切にしている物にいたずらしたり、隠したりすることがあります。保護者がその意味を理解せず、子供に厳しく当たるといった対応をとると、子供は愛情の欲求不満を更に募らせ、問題行動を起こし、それを繰り返し、非行と叱責との悪循環を生むことになります。このような不適切な養育が子供の問題行動の背景にある場合には、その養育が虐待に当たらない

[*86] 要保護児童（保護者のない児童又は保護者に監護させることが不適当であると認められる児童）の他、要支援児童（保護者の養育を支援することが特に必要と認められる児童）及びその家族が支援対象となる。

かという視点で、対応を検討することも必要になります（→第 7 章 児童虐待）。

6.2.2　低年齢から繰り返される非行

様々な事情で家庭に落ち着くことができなくなった児童生徒は、早ければ小学校中学年くらいから、夜遅くまで不良交遊をするようになります。その不良交遊仲間も、同じような困難を抱えた境遇であることが多く、そのような不良文化の中で、年長者のまねをして喫煙や飲酒などの不良行為から、万引きや自転車盗などの非行に発展するような場合も見られます。このように、児童期に入ると、交友関係の問題も大きくなります。

このような不良行為などが繰り返されると、次第に常習的な窃盗のほか、粗暴な非行（器物破損、暴力行為、傷害、恐喝など）や性的に逸脱する非行（援助交際のような売春行為など）、薬物に依存する非行などの本格的非行に発展するケースも見られます。

さらに、逸脱的な行動が被害を招くこともあります。例えば、深夜はいかいをすることで見知らぬ相手から暴力の被害に遭ったり、少年が性的被害に遭ったりするといった場合です。また、身体的な被害を受けたり、暴力を目撃したりすることなど、生命や身体の危険に遭うことで、傷つき、怒り、絶望といった感情を体験し、さらには他者への不信、空虚感といった感覚を抱くことになります。

こうした感情をやり過ごすための様々な行動をとる中で、絶望や孤独を排除し、安心感や自己コントロール感を回復するための防衛的対処として、他者への無関心、あるいは逆に他者への反抗的・攻撃的態度をとることがあります。このとき、以下の二つの大きな問題が存在します。

① 情動のコントロールがうまくできない

恐怖、怒り、混乱といった感情をうまくコントロールできず、そうした感情に圧倒されて行動したり、逆に外部との感情的つながりを絶つかのように何も感じなくなったりします。

② 思考や判断に関わる認知的情報処理の問題

周囲に対して考え方や判断が固定化されて柔軟性がなくなり、例えば周りは常に敵であるという構えが固定化され、応答が衝動的、挑戦的になるという問題です。

こうした問題のために、他者との関係性に対する見方が歪み、結果として他者への不信感、回避、反抗的態度といった反応パターンが生じるとともに、対人関係がうまくいかず、本人の自尊感情も低下してしまいます。児童生徒に何らかの被害体験がある場合、こうした問題が絡んでいる可能性があることを視野に入れて、児童生徒理解を図ることも必要になります。

特に、こうした被害がある場合、相手の言葉、表現や視線など、様々な手がかりに気付くことができず、相手の事情を考えずに、敵意を持って向かってきたと判断して攻撃的になることがあります。このような攻撃を「反応的攻撃」と言い、先に述べた被害の影響の一つとされます。

一方、自身の利得のために他者に攻撃性を向けるケースがあります。これを「道具的攻撃」と言います。このような児童生徒は、周囲の児童生徒との関係性に上下関係が見られないかをよく観察する必要があります。一見すると加害者に見える児童生徒が、実は無視や嫌がらせといった道具的攻撃の対象となっている被害者であるということもあります。そのため、児童生徒の攻撃性や被害に関わる対人関係を観察し、指導を考えていく必要があります。

6.2.3　思春期・青年期の非行

家庭面で大きな問題が見られない児童生徒であっても、思春期や青年期に入ると非行に及ぶことがあります。このような非行は、精神面の成熟によって克服が可能であり、学校を中心とした指導による解決が期待できます。

(1) 思春期の非行

思春期は第二次性徴による性的な芽生えや身体的な成長により、精神的に不安定になりやすい時期です。また、中学校への進学は大きな環境の変化となります。

交友関係が広がり多様な刺激を受ける中で、「皆がやっているから大丈夫」というような規範意識の一時的な緩みにより、万引き、自転車盗、バイク盗のような初発型非行に及んでしまうことがあります。初発型非行の多くは一過性のものですが、周囲の大人の対応によっては少年の反発を招き、非行をエスカレートさせる場合もあります。

(2) 青年期危機による非行

青年期には、進路の選択の際に、自分がどのような存在で、どのようなことができるのかという迷いの中で、よりどころが見いだせずに不安定な状態に陥ることも少なくありません。このような状態を青年期危機と呼ぶこともあります。

この時期には、いろいろなことを実験的に行った結果、他人に迷惑をかけてしまうこともあります。また、不安定な状態に耐えられず、不良集団の中に自分のよりどころを見いだそうとすることもあります。このような場合には、児童生徒の抱える不安を受け止めるとともに、進路や人生設計について丁寧な関わりを続けていくことが重要です。

(3) 思春期・青年期の挫折による非行

それまで打ち込んできたことへの挫折を契機に、非行が生じる場合もあります。例えば、部活動で思うように成果が伸びなかったり、怪我をして続けられなくなってしまったり、学習面で目指していた高等学校に進学できなかったりするような場合です。

このようなとき、児童生徒本人以上に保護者や家族が落ち込んでしまい、その失望を児童生徒にぶつけてしまうことがあります。児童生徒は保護者から見放されてしまうことで二重の失望感を抱き、それまでの高い自尊感情と現実とのギャップにがく然とし、自棄的な心境の中で非行に及ぶことがあります。高い自尊感情がくじかれたときに感じる「恥辱」の感情は、思い通りにならない現実に対する強い怒りとして表出され、周囲の物や人への攻撃となることがあります。

このような場合には、激しい怒りの裏に隠された恥辱の感情があることを思いやり、決して指摘することなく見守るという姿勢が大切です。その上で、非行は望ましくないというメッセージを伝える必要があります。その際、家庭や学校だけで支援することが困難な場合には、医療や心理面の専門的なサポートが必要になります。

(4) 目立たない児童生徒の突然の非行

保護者や教職員にとって手がかからないと考えられていたような、普段は真面目で、目立たない児童生徒が突然、重大な非行に及ぶことがあります。このような児童生徒の多くは、実際には家庭や学校生活にストレスを感じていることがあり、周囲の適切な援助を受けられず限界に達すると、突然攻撃的な行動に及んでしまうと捉えることができます。

こうした場合、児童生徒の特性が影響していることも考えられます。例えば、コミュニケーションが苦手であったり、妄想が激しかったりするような児童生徒（→第 13 章 多様な背景を持つ児童生徒への生徒指導）の対応に当たっては、SC や SSW との協働、福祉機関・医療機関などの関係機関との連携などにより、早期の気付きと適切な援助を通じて、非行を予防することが大切です。

6.3　少年非行への対応の基本

学校における非行への対応は、児童生徒本人に対する直接的指導と保護者への助言が中心となりますが、非行の内容に応じて様々な対応が必要になります。

学校の対応として、例えば愛情の欲求不満を募らせた児童生徒に対して、厳しく罰するだけでは、かえって問題行動を繰り返す悪循環に陥らせてしまいます。そのため、児童生徒の言い分にしっかり耳を傾け、その背景にある問題を把握した上で、児童生徒が納得するように諭しながら指導することが大切です。

指導を効果的に行うためには、児童生徒と教職員の関係性が重要です。自分を理解してくれていると児童生徒が感じることで、徐々に信頼関係を築くことができるようになり、やがて指導も効果を持つようになります。

6.3.1　正確な事実の特定

指導のことばかりを気にすると、事実確認が不十分なまま教職員の思い込みで指導が行われてしまうことにもなりかねません。児童生徒や保護者の信頼を失うことを避けるためにも、正確な事実の把握は非常に大切です。

事実の特定とは、いつ、どこで、誰が、何を、なぜ、どのように、行ったのか、といったことを確認するだけでなく、それらについて、本人や保護者が認めているのかを確認します。もちろん、教職員が考える事実を無理に認めさせたり、誘導したりすることは避けなければなりません。

6.3.2　児童生徒からの聴き取り

児童生徒との面接は、まずは客観的事実の把握が目的であり、児童生徒自らの言葉で話してもらうことが重要です。こうした考え方を踏まえ、警察や児童相談所等においては、代表者聴取（あるいは協同面接）が行われています。これは、犯罪等の被害者や目撃者に聴取を行う際、被面接者の供述特性を踏まえつつ、被面接者の負担が少ない状態で、正確な供述の証拠化を目指すものです。

その中で、いわゆる「司法面接」の技術が活用されています。これは、多人数で何回も聴取するのではなく、聴取担当者を一人に限定し、極力少ない回数（可能な限り一回）で周到な準備の下に聴取を行います。児童生徒からの聴き取りにおいても参考となるものです。

(1) 聴取場面の設定

聴き取りの対象が複数である場合、全員を同席させて聴取することは適切ではありません。事案発生時に全員が同じ場にいたとしても、見聞きしたことや、記憶した内容は異なる可能性があります。しかし、自分が記憶していない内容を他の児童生徒が話しているのを聞くことで、自分の記憶であるかのように記憶を書き換えてしまう可能性が生じます。また、同席する他者の意向を気にして、正確な事実を話しにくいこともあります。

また、聴取を受けた児童生徒は、自分が話した内容が他者や保護者に伝わるのではないかと心配することがあります。このような場合は、心配する気持ちを理解し、児童生徒本人にとって望ましい形となるように教職員同士が話し合うことを伝えるとともに、児童生徒の希望に沿うよう最大限の努力をすることが必要です。ただし、「他の人には絶対に話さない」といった、守ることのできないことや、結果的に嘘になり得ることを約束することは避けなければなりません。聴き取った内容によっては守秘できないことがあることを児童生徒にも理解してもらうことが大切です。

(2) オープン質問の重要性

聴取の際は、教職員が誘導することなく、児童生徒本人の自発的な語りを導き、正確な記憶を引き出すことが重要です。そのためには、相手に対して提示する情報を減らすことが鉄則です。このような方法による聴取をオープン質問や自由再生質問といい、具体的には以下のような流れで行われます。

① まず「何があったのか、憶えていることを最初から最後まで全部話してください」といった大括りの質問をします。児童生徒が言いよどんだときは、「それから」などと促すことはありますが、「○○もいたのだな」などといった誘導は避けます。

② 話し終えたら「他に憶えていることを教えてください」と尋ねます。詳しく聴く場合も、児童生徒が話した言葉を利用して、「さっき○○と言っていたけど、そのことをもっと教えてください」と尋ねます。

③ さらに詳しく尋ねるには、出来事の流れを時間で分割して「○○から○○までの間にあったことを詳しく教えてください」と尋ねます。

「誰が」「どこで」「いつ」「どうやって」といった質問を直接的に行う方法もありますが、質問に対し回答が短くなりやすいため、聴取相手が自発的に語りにくくなってしまいます。したがって、直接的に尋ねるこれらの質問をしても構いませんが、可能な限り自由再生質問を多用します。

また、相手に「はい」か「いいえ」で回答を求める質問や、選択肢を提示する質問はクローズド質問と呼ばれます。この方法は、聴取者が持つ情報を含むことや、聴取者が求める情報を確認する質問になりがちであり、誘導の可能性が高くなります。

クローズド質問を使わざるを得ない場合には、その質問に児童生徒が答えた後に、「そのことについてもっと詳しく話してください」と自由再生質問を追加して行うなど留意が必要です。

さらに、「○○だったよね」といった、聴取者側の考えを反映した質問は誘導質問と呼ばれます。誘導質問は、正確な事実の聴取を妨げるだけでなく、勝手な決めつけによって、児童生徒の反発心を招きやすくなるため、この方法は避けなければなりません。

(3) 仮説の検証

聴取などを経て、この事案はこうだったのではないかという仮説を持つのは自然なことです。しかし、あくまで仮説であることに留意しなくてはいけません。もし、仮説が事実であると思い込んでしまうと、誘導質問を招きやすくなります。その結果、正確な事実を聴き出すことができなくなる可能性もあります。聴取は、「仮説の確認」ではなく、「仮説の検証」でなければなりません。

そのため、仮説とは別の可能性（対立仮説）を想定し、仮説と対立仮説の双方を確認する質問を行うべきです。その意味で、聴取する前には、何を尋ねるのかを準備して臨むことが大切です。事実の確認は、あくまで何があったのかという客観的事実を児童生徒の協力を得ながら行うことです。

児童生徒が嘘をついているかもしれない、と疑われる場合も、嘘をついていると決めつけるのではなく、対立仮説を確認する質問を行い、「さっき○○と言っていたけど、そのことをもっと教えて欲しい」と自由再生質問で詳細を聴き出し、辛抱強く見極めていくという姿勢が求められます。

なお、聴取事項が虐待や犯罪等に関わるおそれがある場合は、誰が、どうしたかという最低限の質問にとどめ、詳細は警察や児童相談所等の関係機関による聴取に委ねることが重要です。過度に質問を行うことで、児童生徒の記憶に混乱が生じたり、思い出したくない記憶を無理に呼び起こされてしまい、関係機関による聴取が不可能になったりする危険性があります。

6.3.3　本人や関係者の言い分の聴き取りと記録

本人や関係者の言い分をしっかりと聴き取る際には、その内容を、正確に時系列を追って記録しておくことが必要です。特に非行事実の有無や指導の内容に関しては、後日紛糾する可能性があるという視点を持ち、記録に基づく的確な指導を行います。

6.3.4　非行の背景を考えた指導

何度指導しても効果が現れず、非行が繰り返される場合には、改めて非行の背景を考えることが必要です。どのような非行にも本人にとっては何かしらの意味があり、それを明らかにしないまま行った指導は、かえってマイナスになることに留意します。

特に、児童生徒の発達に課題がある場合や、保護者の監護力の背景に様々な困難のある場合などでは、本人の攻撃性や被害経験、対人関係等をよく観察して、指導を考えます。そのため、SC や SSW と協働したアセスメントの充実と、医療や福祉などの外部機関との連携が求められます。

6.3.5　被害者を念頭においた指導

非行の結果、被害者が出る場合もあります。この場合、加害者への指導を意識しすぎるあまり、被害者の思いや願いを見落とさないように注意します。なお、被害者が児童生徒（他校生である場合も含む。）であれば、いじめに該当するという視点で対応することが不可欠です（→第 4 章 いじめ）。

6.3.6　非行の未然防止及び早期発見・早期対応の視点

学校における非行防止は、まず非行の未然防止の観点から行われます。この段階は、全ての児童生徒を対象に、問題行動が生じる前に、規範意識の醸成、非行に誘われた際などの対応の仕方を伝えるなど、非行の未然防止教育に焦点を当てるものです。他方で、早期発見・早期対応の指導は、非行の問題傾向が出現し始めた児童生徒に対して、非行の意図や発生可能性を早期に把握して個別に介入し、事態の深刻化を防止するものです。

想定もしていなかったような突発的な非行事案が発生する前には、児童生徒本人の何らかの前兆行動と言える特異な言動が見られる場合があります。これらの前兆行動を把握し、介入して防止するためには、前兆に関わる情報を収集する必要があります。これら全てを一括して把握することは難しくとも、様々な場面で児童生徒が発する兆候の点と点をつなげて線にし、早期に把握・判断することは可能です。

前兆行動に関わる情報を収集したら、対処法を判断し、適切な専門的機関につなげます。そのため、SC や SSW、場合により警察を含む外部の関係機関などが加わったチーム体制で、アセスメントを行い、対応を検討します。その際、判断には重要な事項が含まれ、緊急な対応が求められることがあるため、即時に重大な判断を行うことのできる責任者（校長等）を含むチーム体制が求められます。

6.3.7　非行防止につながる発達支持的生徒指導の考え方

少年非行の防止を考えるには、多くの児童生徒が非行に走らない理由について考えてみることが役に立ちます。部活や勉強に打ち込んでいる、失いたくない大切なものがある、喜びや苦労を分かち合う仲間がいる、そして、何よりも家庭や学校に居場所があるなど様々な理由が考えられますが、そこには、児童生徒と家庭や学校をしっかりとつなぎとめる関係性があります。

他方で、非行少年の多くは、家庭や学校との関係性が構築されていない、または切れかかっていると言えます。家庭や学校で非行を未然に防止する秘訣は、児童生徒と家庭や学校との関係性をいかに強く切れないものにするかという視点に立つことです。このことは、非行防止につながる発達支持的生徒指導とも捉えることができます。

教職員にとって何よりも大切なのは、関心を持って児童生徒としっかりつながることです。保護者や教職員を困らせるような行動があっても、まずは、その行動の背景を考え、児童生徒の視点を想像します。また、児童生徒と接するときに怒りやいらだちを感じたときは、児童生徒も同じ感情を抱いているかもしれない、と考えてみることも役立ちます。普段の見方とは違った視点で考え、児童生徒の良い面を探しながら接することで、児童生徒と教職員との間に関係性をつくることが可能になります。

児童生徒との関係性やつながりをつくるためには、教職員は児童生徒と境界線をはさんで対峙するのではなく、その境界線をまたいで児童生徒の隣に立って接するという姿勢も大切です。問題が起こったときに単に詰問・叱責するのではなく、どう対応するのかを一緒に考える姿勢を持つことによって、児童生徒も心を開いてきます。さらに、児童生徒と信頼関係があれば、児童生徒の間だけで伝わっている情報を話してくれるようになり、児童生徒だけが把握している非行や被害等の問題やその兆候に関する情報を収集することができるようになります。

警察に補導された後や、非行をして家庭裁判所で処分や指導を受けて学校に戻ってきた後などにおいても、関心を持ってしっかり接し、見守るという気持ちが求められます。

次に、家庭や学校で児童生徒が打ち込めるものを一緒に探し、提供することが大切です。児童生徒が打ち込めるものがあれば、非行仲間とつきあう時間や、非行に走る時間を減らすことができます。そのためには、例えば、児童生徒の知的好奇心を刺激し、クラスの皆が積極的に参加意識を持てる授業づくりが大切となります。さらに、自分の打ち込めることが見つかれば、それが就労へとつながるという希望にもなります。児童生徒にとって、学校で過ごす時間が、自らの人生の目標や価値を見つけるための準備期間となるように支援することが大切です。

6.4　関係機関等との連携体制

少年非行を学校が把握した場合に連携すべき機関としては、大きくは市町村と児童相談所という福祉の分野、警察と検察庁という捜査の分野、家庭裁判所という司法の分野、それに警察と少年サポートセンター、少年補導センターなどの少年補導分野があります。

また、保護者等と連携の上、心理相談やワークブックを用いた心理教育等の専門的支援を行うため少年鑑別所に設けられた法務少年支援センターや、依存症などの治療を行う医療機関等の相談治療機関を活用する方法もあります。

6.4.1　児童相談所や市町村などの福祉機関との連携

児童相談所は非行の通告を受理した場合、児童福祉司が継続的に指導するほか、一時保護を行ったり、児童自立支援施設、児童心理治療施設、児童養護施設や里親など、施設等への措置をとったりすることもあります。

特に 14 歳未満の児童生徒に重大な非行があったり、非行が繰り返されたりする場合、また、保護者が非協力的なために指導や援助が実施できない場合など、学校や福祉機関だけでの対応が難しい時には、都道府県知事の権限の下、児童相談所の判断で児童生徒を家庭裁判所に送致することができます。

6.4.2　警察との連携

非行の未然防止、早期発見対応、困難課題対応において、警察との連携も重要です。未然防止教育としては、警察署や少年サポートセンターと連携して実施する非行防止教室、被害防止教室、薬物乱用防止教室等があります。また、定期的に開催される学校警察連絡協議会、協定に基づき情報を相互に通報する学校警察連絡制度、警察官 OB 等のスクールサポーターによる巡回や相談・指導助言等により、警察との情報共有を行うことが非行の未然防止や早期発見対応につながります。

また、少年、保護者に対する相談活動も早期発見対応に当たります。少年サポートセンターや警察署の少年部門では、心理学等の専門知識を有する相談員や非行問題の取扱い経験の豊富な少年補導職員・警察官が連携・対応します。さらに深刻なケースへの困難課題対応に当たる場合には、学校、警察、児童相談所等の関係機関で結成される少年サポートチームといった制度の活用も有効です。

これらの活動は、協定などの公的な形での明示的な連携の下に、日常的に顔の見える関係をつくることで促進されます。さらに、上記の活動は、警察だけでなく、自治体の少年補導センターによる非行防止教室や各種相談、少年鑑別所による心理相談等としても実施されています。このほか、関係機関、地域住民、学生ボランティアを含めたネットワークを構築することで、地域ぐるみで児童生徒の非行・被害の防止や支援を行うことが可能となります（→ 1.4.3 家庭や地域の参画、3.7.2 (2) 学校と地域）。

6.4.3　保護処分と司法関係機関

少年非行については図11のとおり警察等が調査や捜査を行い、触法少年を児童相談所に通告又は送致し、犯罪少年を検察庁や家庭裁判所に送致するなどします。検察庁を経由した事件も、原則として家庭裁判所に送られます。

家庭裁判所では、主に家庭裁判所調査官[*87]が調査を行います。調査段階で学校に対し、学校照会書など書面により児童生徒の状況について照会がなされることがあります。このとき、学校として意見や相談事項がある場合は、調査官等に連絡を取ることもできますが、事件の性質などによっては、司法機関からの情報提供を期待できない場合もあります。

一方で審判に立ち会えるか、少年鑑別所へ面会に行けるかなど、疑問な点を問い合わせることが可能であり、家庭裁判所の決定により少年院送致や保護観察などの保護処分となった場合にも、児童生徒のために学校として何ができるかという視点で司法関係機関と連携することが大切です。なお、児童生徒が少年院送致となった場合、当該児童生徒が出院後に円滑に学校に復学できるようにする観点から、少年院送致前に当該児童生徒が通学していた学校は、少年院において矯正教育を受けた日数について指導要録上出席扱いとすることができます[*88]。児童生徒が少年院から仮退院により出院した場合や家庭裁判所の決定により保護観察となった場合、その児童生徒は一定期間保護観察を受けることとなります。保護観察は、法務省の機関である保護観察所が実施します。保護観察期間中は、保護観察所の保護観察官や保護司が生活の指導や援助に関わっていますので、必要に応じて児童生徒を担当している保護観察官や保護司と連携することが可能です。

6.5　喫煙・飲酒・薬物乱用

20歳未満の喫煙、飲酒は、「二十歳未満ノ者ノ喫煙ノ禁止ニ関スル法律」及び「二十歳未満ノ者ノ飲酒ノ禁止ニ関スル法律」によって禁止されています。令和4年4月から成年

[*87] 家庭裁判所調査官は、家庭裁判所で取り扱っている家事事件、少年事件などについて、調査を行うのが主な仕事(裁判所法第61条の2)である。例えば、少年が非行に至った動機、生育歴、生活環境等について調査する。

[*88] 「「再犯防止推進計画」を受けた児童生徒に係る取組の充実について（通知）」初等中等教育局長事務代理（令和元年7月3日）

年齢が 18 歳に引き下げられましたが、健康被害防止及び非行防止の観点から喫煙や飲酒が可能な年齢は 20 歳以上に維持されています。この 2 つの法は、20 歳未満の者の保護が目的であるため本人への罰則はありません。しかし、親権者や監督する立場にある者が、親権を伴う未成年者の喫煙・飲酒を放置したり、販売者が 20 歳未満の者に煙草や酒類を販売したりした場合は処罰の対象となります。

薬物乱用は、医薬品を医療の目的から外れて使用したり、医療が目的ではない薬物を不正に使用したりすることを言い、薬物の不正な使用については、年齢にかかわらず「覚醒剤取締法」、「麻薬及び向精神薬取締法」などの法律で禁止された行為です。

薬物乱用は、心身が発達途上にある児童生徒にとって深刻な健康影響を及ぼすほか、家族や友人との関係の崩壊、自身の犯罪行為の拡大など深刻な心理社会的影響を及ぼします。特に大麻乱用を中心に若年層への薬物乱用の拡大が懸念されており、喫煙や飲酒も含め、自身や周囲の人間、ひいては社会秩序の崩壊へとつながり得る非行としてしっかりと受け止めて対応することが求められます。

6.5.1　喫煙・飲酒・薬物乱用の現状

(1) 喫煙

20 歳未満の者の喫煙は、次のステップとなる薬物乱用への入り口（ゲートウェイ）となりやすいことから「ゲートウェイ・ドラッグ」と呼ばれています。日本は、「たばこの規制に関する世界保健機関枠組条約」の締約国であり、喫煙による生活習慣病などの健康影響が明らかとなっていることから、喫煙対策に関する社会環境の整備が進められています。

中・高校生の喫煙は減少傾向が続いていますが、電子たばこなどの経験者が見られます。ニコチンを含まない電子たばこであっても、煙吸引の練習となり、たばこ使用につながることが指摘されています。また、望まない受動喫煙の防止を図るため、健康増進法が平成 30 年 7 月に一部改正され、学校、病院、行政施設などは敷地内禁煙、オフィス、事務所、飲食店などは原則屋内禁煙となりました（令和 2 年 4 月 1 日より全面施行）。

(2) 飲酒

20 歳未満の者の飲酒も、他の薬物乱用へとつながるゲートウェイ・ドラッグとされています。平成 25 年 12 月に「アルコール健康障害対策基本法」が成立し、学校を含む様々な場において、アルコール関連問題に関する知識の普及を図ることが求められています。

また、酒類と外観、味、香りなどを似せたノンアルコール飲料が 20 歳以上を対象として販売されていますが、20 歳未満の飲用経験者が見られ、酒類を飲むきっかけとなり得えることが指摘されています。

(3) 薬物乱用

薬物乱用は、従来、青少年による有機溶剤（シンナー等）の乱用が大きな問題となっていましたが、検挙者は近年ほとんど見られていません。一方で大麻の 20 歳未満の者の検挙者数は平成 25 年以降増加が続いています。また、10 代においては、一般用医療品の乱用が問題視されています。大麻の使用経験のある中学生は、使用経験のない中学生に比べ、学校で孤立していたり、家庭でのコミュニケーションが十分に取れていなかったりする可能性が指摘されています。児童生徒が、学校や家庭で孤立していないか、十分に注意しながら異変に気付くよう努めることが求められます。

6.5.2　喫煙・飲酒・薬物乱用防止に関する未然防止教育

児童生徒の喫煙、飲酒、薬物乱用は、心身ともに健康な国民の育成を目指す上で見逃すことのできない重要な問題です。学校における喫煙、飲酒、薬物乱用防止教育は、学習指導要領に基づき、小学校の体育科、中学校及び高等学校の保健体育科において取り組まれることになっています。また、特別活動の時間はもとより、道徳科、総合的な学習（探究）の時間等の学校の教育活動全体を通じて指導が行われることが大切です。

具体的には、例えば、小学校体育科においては、喫煙、飲酒、薬物乱用などの行為は、健康を損なう原因となること、中学校保健体育科においては、喫煙、飲酒、薬物乱用などの行為は、心身に様々な影響を与え、健康を損なう原因となること、また、これらの行為には、個人の心理状態や人間関係、社会環境が影響することから、それぞれの要因に適切に対処する必要があること、高等学校保健体育科においては、喫煙と飲酒は、生活習慣病などの要因になること、また、薬物乱用は、心身の健康や社会に深刻な影響を与えることから行ってはならないこと、それらの対策には、個人や社会環境への対策が必要であることなどについて、指導することとされています。指導に当たっては、児童生徒が、喫煙、飲酒、薬物乱用の危険性・有害性のみならず、好奇心、投げやりな気持ち、過度のストレスなどの心理状態、断りにくい人間関係、宣伝・広告や入手しやすさなどの社会環境などによって助長されること、また、それらに適切に対処する必要があることを理解できるようにすることが重要です。なお、薬物等への依存は、人に依存できないことによって引き起こされるとも言われます。教職員や保護者など身近な大人が、児童生徒が困ったときに頼れる存在になっているかどうかも、未然防止につながる大切な課題であると考えられます。

6.5.3　喫煙・飲酒・薬物乱用防止に関する早期発見・対応

喫煙、飲酒、薬物乱用などの問題については、早期発見・早期対応のための指導を充実させることが大切であり、次の点に留意する必要があります。

- 喫煙、飲酒、薬物乱用から児童生徒を守るための方針や対策などが校長の責任の下に適切に決定され、それが全教職員に周知徹底され、共通理解が図られていること。
- 喫煙、飲酒、薬物乱用などの行為に対する方針や具体的な指導方法などについて、保護者に周知徹底を図り、保護者の協力が得られるようにすること。
- 児童生徒からの喫煙、飲酒、薬物乱用などに関する悩み等を積極的に受け止めることができるように、教育相談体制が確立されていること。
- 喫煙、飲酒、薬物乱用などの問題が起きたときに、速やかに適切に対応することができるように指導方針及び体制が確立されていること。

6.5.4　警察や医療機関などの関係機関との連携

喫煙や飲酒の問題は、好奇心や友人からの誘いなど一時的な行為にとどまっている場合と常習化するなどの場合とでは対応が異なります。比較的短期間であっても 20 歳未満の者の喫煙や飲酒は健康の大きなリスク要因になることを理解させるため、関係機関と連携しながら、丁寧な指導が必要になります。他方で、常習化している、またはその恐れがある場合は、特に関係機関との連携が重要であり、医療機関などによる対応などにも考慮する必要があります。薬物乱用の問題は、乱用に至る背景を考えるとともに、健康被害というだけでなく、法令違反という観点も含めた対応が必要です。また、犯罪組織などによる薬物の供給が背景にある場合もあり、本人や家族、学校だけで解決することは極めて困難です。こうした場合、関係機関による専門的な対応が必要であることから、警察の少年部門や精神保健福祉センターなどに速やかに相談するなどの連携が必要になります。

第 7 章

児童虐待

留意点

児童虐待への対応は、虐待を受けた経験が、後に被害児童生徒の人生に多大な悪影響を及ぼすことがあり得ることから、被害児童生徒の自立を支援することまでが目的となります。児童虐待を発見する上で、日々児童生徒と接する教職員の役割は極めて大きく、少しでも虐待と疑われるような点に気付いたときには、速やかに児童相談所又は市町村（虐待対応担当課）に通告し、福祉や医療、司法などの関係機関と適切に連携して対応することが求められます。さらに、児童虐待と関係が深い要保護児童、要支援児童、特定妊婦、ヤングケアラーなどについても留意し、児童虐待の未然防止に向けた取組を進めることも重要です。

7.1　児童福祉法・児童虐待の防止等に関する法律等

7.1.1　児童虐待防止法成立までの経緯

「児童福祉法」（以下「児福法」という。）は、全ての児童の健全な育成を保障しようとする理念の下に昭和 22 年に成立しました。児福法は児童虐待への対応を含んでいましたが、児童虐待の定義は規定されておらず、非行なども合わせた要保護児童という定義に含まれていました。平成期になってから、児童相談所の対応した児童虐待相談対応件数が公表されるようになりました。その初年である平成 2 年の虐待相談対応件数は 1,101 件でしたが、平成 12 年には 17,725 件まで急増し、発見から対応まで考えると児福法だけでは対応が困難であるということから、同年に「児童虐待の防止等に関する法律」（以下「児童虐待防止法」という。）が成立しました。

この法律では、児童虐待の定義なども示されていますが、児福法と一体的に運用されることで児童虐待への対応の質を向上させるものであり、児童虐待への対応においては、この両法の理解が求められることになります。

7.1.2　児童虐待の定義

児童虐待の定義は児童虐待防止法に定められていて、「保護者[*89] 」（例えば、「保護者」の定義には児童の親の交際相手のように、児童との親子関係はないが、週に数日間や日中のみ・夜間のみなど、定期的に児童のいる家庭に滞在し児童の養育に一定の関与がある者も含まれる場合があると解されています。）による、次の 4 種類の行為を言います。

(1) 身体的虐待

「児童の身体に外傷が生じ、又は生じるおそれのある暴行を加えること」と規定され、生じるおそれのある暴行、つまりまだ外傷のないものを含むため、けがの有無とは別に、暴行の可能性の有無で判断することが必要です。

(2) 性的虐待

「児童にわいせつな行為をすること又は児童をしてわいせつな行為をさせること」と規定され、子供を児童ポルノの被写体にすることなども含みます。

(3) ネグレクト

「児童の心身の正常な発達を妨げるような著しい減食又は長時間の放置、保護者以外の同居人による前二号又は次号に掲げる行為と同様の行為の放置その他の保護者としての監

[*89] 親権を行う者、未成年後見人その他の者で、児童を現に監護するもの(「児童虐待の防止等に関する法律」第 2 条)。例えば、子供の母親と同居している交際相手等、子供を現に監護、保護している場合等には保護者に該当する（①児童との親子関係はないが、ほとんど同居と言える実態があり、児童の養育に一定の関与がある者、②児童との親子関係はないが、週に数日間や日中のみ・夜間のみなど、定期的に児童のいる家庭に滞在し児童の養育に一定の関与がある者、③児童との親子関係はない親戚等であって、週に数日間や日中のみ・夜間のみなど、定期的に児童を預かるなどにより児童の養育に一定の関与がある者（保育事業等により業として児童を預かるもの等を除く。）.）。厚生労働省子ども家庭局家庭福祉課長（令和 4 年 4 月18日）

護を著しく怠ること」と規定され、兄弟姉妹など同居人が行う暴力などの虐待行為を保護者が止めないことや、自宅に子供だけを残して長期に渡って外出をすることや車中に放置することなども該当することになります。

(4) 心理的虐待

「児童に対する著しい暴言又は著しく拒絶的な対応、児童が同居する家庭における配偶者に対する暴力その他の児童に著しい心理的外傷を与える言動を行うこと」と規定され、子供への拒否的な態度や暴言だけでなく、家庭における配偶者間の暴力、つまり DV (Domestic Violence) がある場合などが例示されており、子供の心の傷になるものが広く含まれます。

7.1.3 学校に求められる役割

児童虐待防止法は、学校の役割として以下のことを定めています。

- 虐待を受けたと思われる子供について、市町村（虐待対応担当課）や児童相談所等へ通告すること（義務）
- 虐待の早期発見に努めること（努力義務）
- 虐待の予防・防止や虐待を受けた子供の保護・自立支援に関し、関係機関への協力を行うこと（努力義務）
- 虐待防止のための子供及び保護者への啓発に努めること（努力義務）
- 児童相談所や市町村（虐待対応担当課）などから虐待に係る子供又は保護者その他の関係者に関する資料又は情報の提供を求められた場合、必要な範囲で提供することができること

7.1.4 福祉による児童虐待への介入と支援

相談や通告を受けた児童相談所や市町村（虐待対応担当課）は、速やかに子供の安全を確認し、子供や家族の状況などについて調査を行います。市町村は、自身で支援することで対応できると判断すれば、在宅での支援を継続して行います。しかし、リスクが高く、子供の安全を確保するために保護することや専門的な支援が必要だと判断した場合等は、

児童相談所に送致することになります。市町村には、子供を直接保護したり、施設等に措置したりする権限がないためです。

児童相談所は、直接児童相談所に通告された事例もあわせて、改めて子供を保護する必要があるかを検討し、必要に応じて保護しますが、児童虐待相談全体に占めるその割合は低く、多くの場合は在宅で対応しています。子供を保護することを選択した場合は、まず一時保護所等で一時保護され、その後必要に応じて施設や里親に措置されます。その場合は、親権者の同意があることが前提ですが、親権者が反対している場合には家庭裁判所の承認を得て、施設等に措置することができます。

そのため家庭裁判所の判断では、虐待を受けた状況や子供本人が最初にどのように説明したかなどの記録が、非常に重要な判断材料になります。そのような情報に最初に接するのが学校ということが少なくないため、学校が把握した情報や記録が極めて重要な役割を果たすことになります。なお、児童虐待防止法第 13 条の 4 により、学校は児童相談所長等から児童虐待に関して児童等の情報等の提供を求められた場合、一定の要件の下にこれを提供できるとされているため、児童相談所から依頼があった場合は積極的に協力することが求められます。

一方、在宅援助の場合は原則として、「要保護児童対策地域協議会」（以下「要対協」という。）という市町村等のネットワークを活用した、多機関連携によるチーム支援が行われることになります。虐待が生じる家族は、医療、教育、福祉など多様な問題が複合していることが多いため、一つの機関だけの援助で、しかも、短期間で改善することは困難です。

しかし、多機関で連携するには、個人情報や守秘義務などが課題となることがあり、この問題を解決するために児福法により設置されるのが要対協です。なお、要対協は、児福法第 25 条の 3 第 1 項により、関係機関に資料又は状況の提供を求めることができるとされ、同条第 2 項により、関係機関等は要対協から求めがあった場合には、これに応ずるように努めなければならないとされています。

要対協の枠組みの下であれば、虐待の防止に必要な個人情報を関係機関間で適切に共有することができることから、教職員も被虐待児と思われる児童の情報を、積極的に関係機関と共有することが求められます（→ 3.7.3 (3) 学校と福祉）。

7.2　学校の体制

7.2.1　児童虐待対応のねらい

児童虐待については、児童生徒の命が奪われ得ることも当然問題ですが、それだけではなく、心身の成長・発達や情緒・行動面に深刻な影響を与え、人格面でも問題を残すなど、人生全般に重大な影響を及ぼしかねないことが分かっています。

そこで児童虐待防止法第5条において、学校は、虐待を可能な限り早く発見して、関係機関と連携して対応することが求められています。そのためには、虐待の定義やその影響、対応の仕組みなど虐待に関する正確な知識を持つことが大切です。

特に児童虐待は、保護者の根深い課題から生じ、その課題が児童生徒に深刻な傷として受け継がれることが大きな問題とされています。家庭内にDVがある場合では、本人がけがをするわけではないものの、心理的虐待として判断されるように、けがなどの目立った症状がなくとも、その児童生徒の心に傷が残されている可能性があります。

したがって、児童生徒に対して、今後どのような問題を生じさせるかを念頭においた支援を考える必要があります。少年院や児童自立支援施設に入所する子供の多くが、児童虐待を受けた過去を持つことが明らかになっています。また、成人した後も、精神や身体の健康をむしばみ、犯罪のリスクも高めるといった研究の報告数も増えています。

児童虐待への対応とは、このような児童虐待を受けた児童生徒が児童虐待の加害者となり得る等の将来に予測されるリスクを下げるため、先手を打って支援しようとするものです。

7.2.2　校内における対応の基本的姿勢

児童虐待について、教職員はまず、学校現場における虐待防止に関する研修教材などを活用して、児童虐待に関する正確な知識と適切な対応を理解する必要があり、研修の事例を通した知識、スキルの習得などが求められます。

学校は、教職員が児童虐待の疑いのある事例に接した場合は、速やかに適切な機関を選択して通告する義務があるため、それができる体制を普段から整えておく必要があります。

また校内での、組織的なアセスメントに基づいた、児童生徒への支援と保護者への対応、要対協などを活用した関係機関との連携や個別ケース検討会議への参加、情報の共有などのため、SC や SSW の専門性も生かした校内体制を用意する必要があります。

加えて、児童虐待は事実に関する証拠や経過の記録等が重要であるとともに、当該家庭状況等に関わる個人情報の漏洩などに留意する必要があるため、記録等の管理体制を明確にしておくことも大切です。

7.3　児童虐待の課題予防的生徒指導

7.3.1　児童虐待の未然防止

児童虐待防止法では、学校等は児童及び保護者に対して、児童虐待の防止のための教育又は啓発に努めなければならないと規定されており、その実施と内容の充実が求められています。児童生徒に対しては、つらいときには相談できるように、SC や SSW も含めた相談先の紹介なども必要になります。一方、保護者に対しては、児童虐待が子供の将来に大きなマイナスになることや、子育てに不安や悩みがあるときは積極的に相談するように伝えるとともに、次の項に示す親権者の体罰の禁止規定についても周知することが必要です[*90]。

7.3.2　親権者等による体罰の禁止規定

日本の親権者には「民法」により懲戒権が認められていましたが、体罰が認められるか否かについては従来から議論がありました。そのため、しつけのための体罰や、愛のムチということが容認される風潮も一部に見られました。しかし、近年の児童虐待による脳の機能への影響に関する研究の成果などから、幼少期の体罰や不適切な養育が、想像以上に子供に悪影響を及ぼすことが明らかになってきました。そこで、令和2年に施行された児童虐待防止法の改正により、親権者等による体罰禁止が法定化[*91]されました。

[*90] 児童虐待防止法第5条第5項　学校及び児童福祉施設は、児童及び保護者に対して、児童虐待の防止のための教育又は啓発に努めなければならない。

[*91] たとえしつけのためだと親が思っても、身体に、何らかの苦痛を引き起こし、又は不快感を意図的にもたらす行為（罰）である場合は、どんなに軽いものであっても体罰に該当する。加えて、子供をけなしたり、辱めたり、笑いものにするような言動は、子供の心を傷つける行為で子供の権利を侵害するものである。

児童虐待防止法第 14 条では、

- 児童の親権を行う者は、児童のしつけに際して、体罰を加えることその他監護及び教育に必要な範囲を超える行為により当該児童を懲戒してはならず、当該児童の親権の適切な行使に配慮しなければならない。
- 児童の親権を行う者は、児童虐待に係る暴行罪、傷害罪その他の犯罪について、親権者であることを理由として、その責任を免れることはできない。

ということが規定され、子供に行った暴力も犯罪として扱われます。

これを受け、令和 2 年 2 月に厚生労働省は、体罰の範囲やその禁止に関する考え方等について解説した「体罰等によらない子育てのために ～みんなで育児を支える社会に～」を取りまとめ、体罰の例（抜粋）を、以下のように示しています。

- 言葉で 3 回注意したけど言うことを聞かないので、頬を叩いた
- 大切なものにいたずらをしたので、長時間正座をさせた
- 友達を殴ってケガをさせたので、同じように子供を殴った
- 他人のものを取ったので、お尻を叩いた
- 宿題をしなかったので、夕ご飯を与えなかった
- 掃除をしないので、雑巾を顔に押しつけた

7.4 児童虐待の発見

7.4.1 児童虐待の影響

学校が児童虐待を受けている児童生徒を把握するには、教職員が児童生徒の様子や状態をよく観察するほか、児童生徒本人が直接訴えたり、アンケートに書いたりするなどの場合が考えられます。このような場合は、その情報を吟味して、児童虐待の可能性があれば、通告につなげることになります。しかし、児童生徒の在籍する学校の強みは、日々接している児童生徒の様子の変化や言動等から虐待を受けている可能性を把握しやすい立場であるという点です。もっともそれを可能にするには、虐待を受けた子供が示す特徴について、理解しておくことが必要です。

児童虐待を受けた児童生徒の特徴について、厚生労働省の「子ども虐待対応の手引き」

では、虐待の児童生徒への影響（抜粋）を次のように紹介しています。

(1) 身体的影響

打撲、切創、熱傷など外から見てわかる傷、骨折、鼓膜穿孔、頭蓋内出血などの外から見えない傷、栄養障害や体重増加不良、低身長などが見られる。愛情不足により成長ホルモンが抑えられた結果、成長不全を呈することもある。身体的虐待が重篤な場合には、死に至ったり重い障害が残る可能性がある。

(2) 知的発達面への影響

落ち着いて学習に向かうことができなかったり、学校への登校もままならない場合がある。もともとの能力に比しても知的な発達が十分に得られないことがある。また、虐待する養育者は子どもの知的発達にとって必要なやりとりを行わなかったり、逆に年齢や発達レベルにそぐわない過大な要求をする場合があり、その結果として子どもの知的発達を阻害する。

(3) 心理的影響

対人関係の障害（他人を信頼することができない）、低い自己評価、行動コントロールの問題（暴力的、攻撃的、衝動的）、多動（落ち着きがない）、心的外傷後ストレス障害、偽成熟性（大人びた行動）、精神的症状（解離など）。

特に、生徒指導上の課題としてしばしば見られる児童虐待の影響には、小学校低学年からの窃盗や激しい暴力、家出、いじめの加害の繰り返し、薬物などへの依存、自傷行為や摂食障害、自殺企図などがあります。また、それらの症状は思春期に増悪しやすく、加えて何度指導や治療をしても改善が難しいのも特徴です。

生徒指導上の課題で苦慮する児童生徒には、児童虐待を受けた者が含まれている可能性があることに留意する必要があります。そのため、これらの行動に気付いた場合には、その背景に虐待が潜んでいないかどうかを積極的に見つけ出すことが必要になります。このような視点から、児童虐待防止法第 5 条では、学校や児童福祉施設等の団体や、学校の教職員、児童福祉施設の職員、医師等は、児童虐待を発見しやすい立場にあることを自覚し、児童虐待の早期発見に努めなければならないと定めています。つまり、学校関係者は、日々児童生徒を観察し児童虐待を早期に発見する義務を負っていると自覚し、虐待を見つけ出すように努力することが求められていると言えます。

このように、学校は、児童生徒の日常の様子や、家庭や地域からの様々な情報から、積極的に児童虐待を発見し対応することに努めることが必要です。そのため、「学校・教育委員会等向け虐待対応の手引き」のチェックリストを活用するなどして、きめ細かな対応を行うことが求められます。

7.4.2　児童虐待に類似する枠組み

児童虐待に類似した、あるいはその周辺を指す言葉として、マルトリートメント、ヤングケアラー（→ 13.4 支援を要する家庭状況）、要保護児童、要支援児童などがあります。これらは、いずれも児童が不適切あるいはリスクのある養育状態の下にあることを指しており、放置すれば児童虐待の影響と同様の課題を生じさせる可能性があるため、支援が必要とされます。

マルトリートメントとは、日本語では「不適切な養育」と訳され、近年、欧米などでは一般化している考え方です。マルトリートメントは、児童虐待をより広く捉えた、虐待とは言い切れない大人から子供への発達を阻害する行為全般を含めた、避けなければならない養育を意味します。

要保護児童は、要対協の名称にも含まれるもので、児福法で「保護者のない児童又は保護者に監護させることが不適当であると認められる児童」と規定され、この中に虐待を受けた児童と非行少年等が含まれます。要保護児童を発見した場合にも児童虐待と同様に、発見者には通告の義務が生じます[*92]。

これら児童虐待に類似する枠組みには、児童虐待との境界が分かりにくく、また重なる部分が生じることもあるため、虐待か否かという判断が難しく、どちらともとれる場合があります。児童虐待が児童の心身の成長及び人格の形成に重大な影響を与えることから、児童虐待か否かで迷う場合は、積極的かつ速やかに児童虐待として通告する姿勢が大切です（→第 13 章 多様な背景を持つ児童生徒への生徒指導）。

[*92] 児福法第25条　要保護児童を発見した者は、これを市町村、都道府県の設置する福祉事務所若しくは児童相談所又は児童委員を介して市町村、都道府県の設置する福祉事務所若しくは児童相談所に通告しなければならない。ただし、罪を犯した満14歳以上の児童については、この限りでない。この場合においては、これを家庭裁判所に通告しなければならない。

7.5　児童虐待の通告

7.5.1　児童虐待防止法による通告

(1) 通告の義務

通告は、学校の児童虐待対応において、教育と福祉をつなぎ、社会的支援システムが動き出すための重要な行為です。通告をするか否かの判断に悩むこともありますが、通告が遅れることで児童の生命・安全が脅かされることがあるため、積極的かつ速やかな通告が必要になります。

児童虐待防止法第６条第１項[*93] にある「児童虐待を受けたと思われる児童を発見した者は、速やかに」ということは、発見者が虐待だと思えば十分であり、ためらわずに早急に対応することが求められます。なお、学校が通告をためらう中には、大したけがではないとか、既にあざなどが消えているなどの場合があり、そこで次に何かあったら通告しようと先延ばしにしてしまう例も見られます。このような場合でも、虐待を受けたと思われる児童については通告を行うことが求められます。

児童虐待防止はあくまで「防止」であり、今後起こらないように最善の手を打つということを目的とします。そのため、次に虐待を起こさせないためにどう支援するかが大切であり、そのリスクがあれば通告を行うべきであって、次を待つことはあり得ないのです。

(2) 通告先

通告を児童相談所にするか市町村にするかということについて、法律上の規定はありません。日常の連携や児童生徒の保護緊急性なども考慮しつつ、通告者がいずれかを判断すればよいとされています。「学校・教育委員会等向け虐待対応の手引き」では、通告の判断に迷った場合や緊急でない場合は、市町村に連絡することになりますが、重篤と思われる場合は児童相談所に通告することとされています。

[*93] 児童虐待防止法第６条第１項　児童虐待を受けたと思われる児童を発見した者は、速やかに、これを市町村、都道府県の設置する福祉事務所若しくは児童相談所又は児童委員を介して市町村、都道府県の設置する福祉事務所若しくは児童相談所に通告しなければならない。

(3) 通告と守秘義務

児童虐待防止法第6条第2項では、児童虐待通告は、児福法の要保護児童の通告として扱われること、第3項で通告は、公務員などの守秘義務に優先することが、明記されています。なお、通告したことを保護者などに知られると困ると悩む場合もあると思われますが、通告を受理した機関は、その通告した者を特定させるものを漏らしてはならないと定められていて、通告をためらう必要はありません。

通告元を明かさない扱いについては、「児童虐待防止対策に係る学校等及びその設置者と市町村・児童相談所との連携の強化について」を参照してください。

(4) 聴取に関する留意点

児童生徒本人や関係者に対して、教員などが児童虐待の内容の詳細を聴取することは、原則として避けるべきだと考えられています。その理由は大きく二つあり、一つ目は、子供にいろいろ聞くことで、子供は虐待のつらい記憶を呼び覚まされ、そのことが子供を再び傷つけ、回復に悪影響を与える可能性が生じるからです。二つ目は、児童虐待の有無を争う事例が増え、例えば保護者からの分離を行うために一時保護や施設入所などを行う際に、親権者が反対するので家庭裁判所で審判する場合や、保護者の虐待行為を犯罪として起訴する場合などへの影響が考えられます。

これらの場面では、初期に子供自身がどのように語っていたかということが重要となり得ますが、子供に対して教員など影響力のある者が質問を行ったことが不適切とされたり、質問内容が誘導ととられたりするため、法的に問題になることなどが考えられます。

そのようなことを避けるため、児童相談所や警察などの機関では、事実の適切な確認のため、専門的な研修を受けた面接者が代表者聴取（あるいは協同面接）と呼ばれる、暗示や誘導を避けた聴取手法を用いた聴取を、できる限り早期に実施するという実務が広がりつつあります。

このように専門性が必要な繊細な事実の聴取について、教員などが根掘り葉掘り先に聞いてしまうということが、かえって子供を傷つけ、子供を法的に守られなくすることにつながる可能性があるということに留意しなければなりません。そのため、傷の理由を聞く場合には、「その傷はどうしたの」と聞く程度にとどめ、虐待であるか否かや、加害者を特定するといった聞き方は避けて、速やかに通告することが必要です。この点では、少年非行の聴取の方法が参考になります（→ 6.3.2 児童生徒からの聴き取り）。

7.5.2　通告と同時に行う配慮

学校が図 12 の流れで通告を行った場合は、同時に学校の設置者である教育委員会等に報告します。

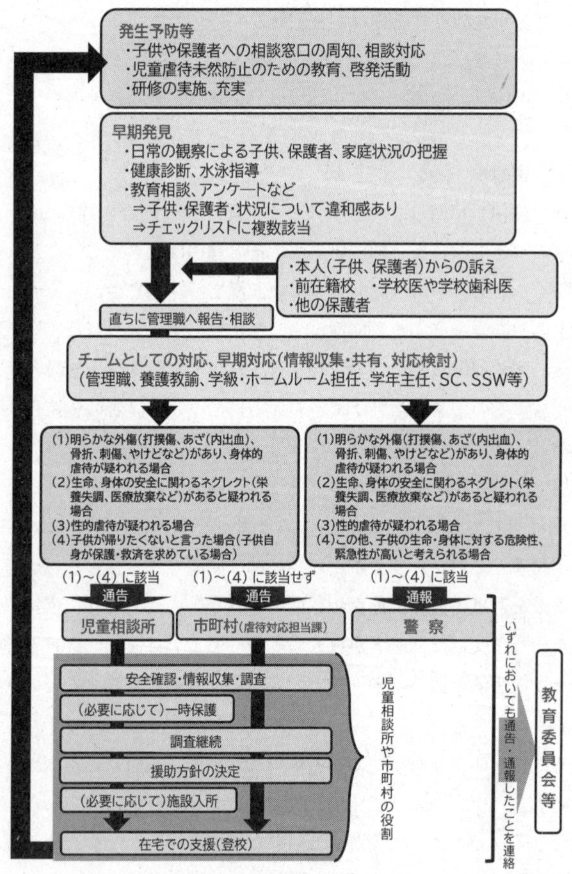

図 12　学校における虐待対応の流れ（通告まで）

図 12 で示したように、以下の場合は、児童相談所に通告します。

① 明らかな外傷（打撲傷、あざ（内出血）、骨折、刺傷、やけどなど）があり、身体的虐待が疑われる場合
② 生命、身体の安全に関わるネグレクト（栄養失調、医療放棄など）があると疑われる場合
③ 性的虐待が疑われる場合
④ 子供が帰りたくないと言った場合（子供自身が保護・救済を求めている場合）

また、通告に関わる様々なことについて、後日の資料となるように記録しておく必要があります。例えば、傷があるなら、症状や大きさが分かるように写真を撮る、あるいはイラストを残す、児童生徒の発言内容は、要約せずにそのままを書き残す、などです。

なお、学校において作成または取得した虐待に関する個人の記録は、各学校に適用される個人情報の保護に関する法令に基づき適切に取り扱われることになります。

当該記録について、保護者が本人（子供）に代わって個人情報保護に関する法令に基づき開示請求をしてきたとしても、開示することにより子供（本人）の生命又は身体に支障が生ずるおそれ、あるいは、子供（本人）の権利利益を侵害するおそれがないかどうか等を個人情報の保護に関する法令に照らして検討し、該当する場合には所定の手続に則って不開示決定とすることを検討する必要があります。

7.6　関係機関との連携体制

7.6.1　虐待対応に関する校内体制とアセスメント

関係機関との連携を効果的なものにするためには、校内のチーム体制の充実が不可欠です。児童生徒の見守りと、状況の変化への対応、保護者への対応など学校が組織として取り組むべきことが多く、そのため図 13 のような、学校配置の専門職も交えた体制を確立することが有効です。

また、児童虐待の再発や虐待の影響から生じる様々な課題については、予防も含めた有効な対応をとるため、学校内及び関係機関を交えた丁寧なアセスメントにより、常に適切な支援を行うことが求められます。

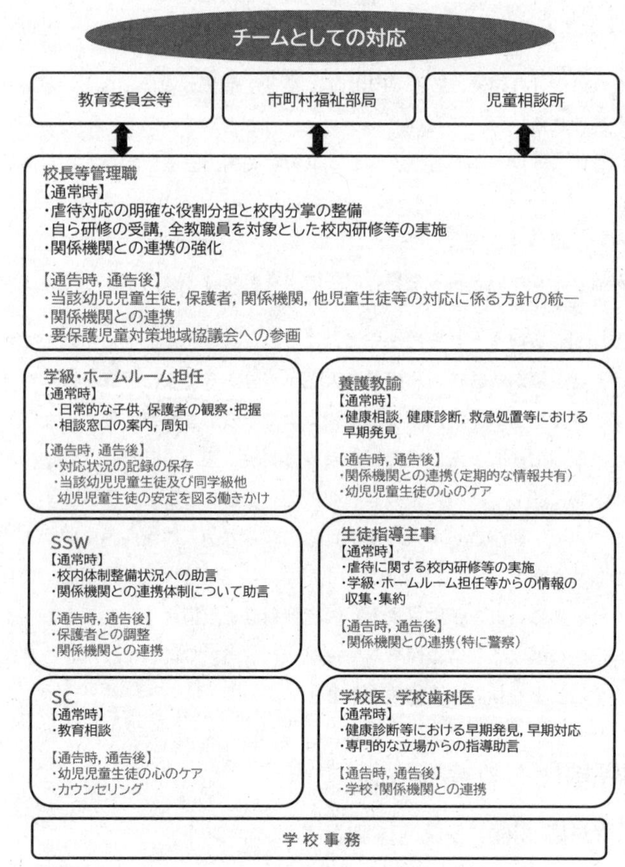

図13　児童虐待への対応における役割

7.6.2　児童虐待についての関係機関との連携

児童相談所や市町村が児童虐待を担当する際は、そのいずれが主担当機関になるかを明らかにすることとされています。そのため、学校はその事例の主担当機関と連携して、子供と家族の支援に関わることになります。その基本のネットワークが要対協です。

要対協の構成機関には要対協にて知り得た秘密である情報についての法律上の守秘義務が課されることから、要対協を活用することにより、子供の最善の利益を優先した、関係機関との必要な個人情報の交換と協議を行うことが可能になります。

要対協の構成機関は、自治体により公示されています。学校は、自校が在籍児童に関する要対協の構成員であるかどうかを予め把握しておくことが重要です。構成員であるならばメンバーとして参画し、そうでない場合でも、協議や情報提供に協力することで、児童生徒の虐待の予防や適切な保護などの対応の一翼を担うことになります[*94]。

7.6.3　関係機関への情報提供

(1) 学校から関係機関への情報提供

児童虐待防止法第５条では、学校や教職員を含む関係者は、児童虐待の防止並びに児童虐待を受けた児童の保護及び自立の支援に関する国及び地方公共団体の施策に協力するよう努めなければならないと定められており、守秘義務の懸念が生じる場合でも、この施策に協力するように努める義務の遵守を妨げるものと解釈してはならない、と定められています。

また、要対協管理ケースなど関係機関への情報提供については、「学校、保育所、認定こども園及び認可外保育施設等から市町村又は児童相談所への定期的な情報提供について」に基づき、概ね月に１回を標準として、対象の児童生徒の出欠状況や欠席理由等を、学校から市町村又は児童相談所へ定期的に情報提供を行うことになっています。

なお、この通知では、

- 当該児童生徒に、不自然な外傷、理由不明の欠席が続く、虐待の証言が得られた、帰宅を嫌がる、家庭環境の変化など、新たな児童虐待の兆候や状況の変化等を把握したときは、定期的な情報提供の期日を待つことなく、市町村又は児童相談所へ情報提供又は通告すること
- 保護者等から要保護児童等が学校等を欠席する旨の連絡があるなど、欠席の理由について説明を受けている場合であっても、その理由の如何にかかわらず、休業日を

[*94]「児童虐待防止対策に係る学校等及びその設置者と市町村・児童相談所との連携の強化について」内閣府子ども・子育て本部統括官、文部科学省総合教育局政策局長、文部科学省初等中等教育局長、文部科学省高等教育局長、厚生労働省子ども家庭局長、厚生労働省社会・援護局障害保健福祉部長（平成31年２月28日）

除き引き続き 7 日以上欠席した場合には、定期的な情報提供の期日を待つことなく、速やかに市町村又は児童相談所に情報提供すること

が求められています。

なお、このような情報提供を受けた市町村や児童相談所は、その学校等から更に詳しく事情を聞き、組織的に評価した上で、状況確認、主担当機関の確認、援助方針の見直し等を行うとともに、適切に警察と情報共有することとされています。

そのため、学校は常に、福祉機関の援助方針を確認した上で、学校として組織的に取り組む方向性を検討し、対応の質を向上させることが求められます。また保護され施設等に措置された社会的養護下にある児童生徒への支援についても配慮することが必要です（→ 13.4.6 社会的養護の対象である児童生徒）。

(2) 保護者への情報提供に関する留意点

「児童虐待防止対策に係る学校等及びその設置者と市町村・児童相談所との連携の強化について」において、学校や教育委員会等設置者は、保護者から虐待を認知するに至った端緒や経緯などの情報に関する開示の求めがあった場合、保護者に伝えないこととするとともに、児童相談所等と連携して対応することが必要とされています。

このため、教職員、教育委員会等は、虐待を受けたと思われる幼児児童生徒について通告したことや児童相談所や市町村との連絡内容等を、その保護者に対してであっても漏らしてはいけないこととなっており、保護者に通告の事実を伝達する必要がある場合には、対応について通告先と綿密に協議することが必要です。

なお、学校において作成又は取得した虐待に関する個人の記録は、各学校に適用される個人情報の保護に関する法令に基づき適切に取り扱われることになります。当該記録について、保護者が本人（子供）に代わって個人情報保護に関する法令に基づき開示請求をしてきたとしても、開示することにより子供（本人）の生命又は身体に支障が生ずるおそれ、子供（本人）の権利利益を侵害するおそれがないかどうか、学校の業務の遂行上支障がないかどうか等を個人情報の保護に関する法令に照らして検討し、該当する場合には所定の手続に則って不開示とすることについて検討する必要があります。必要に応じて弁護士等とも相談することが不可欠です。

(3) 通告・相談と守秘義務

一方、児童相談所や市町村（虐待対応担当課）に虐待に係る通告や相談等を行う場合は、守秘義務違反に当たりません（児童虐待防止法第 6 条第 3 項）。また、市町村や児童相談所から幼児児童生徒や保護者に関する情報・資料を求められた場合は、提供することができるとされています（児童虐待防止法第 13 条の 4 ）が、これも守秘義務違反や個人情報保護条例等の違反には当たらないと解されます。

さらに、要対協において学校や教育委員会が資料や情報の提供、説明等を行う場合は、守秘義務違反には当たらないと解されます（児福法第 25 条の 3 ）。

また、児童虐待防止法第 7 条において、通告を受けた児童相談所や市町村の職員は、通告した者を特定させるものを漏らしてはならないとしていることから、学校や教職員が通告者であることは、基本的に保護者には知られないことになっています。ただし、推測によって保護者が「学校が言いつけた」と主張してくることもあり、そのような際は、通告の事実を保護者に伝えないようにすること、「一時保護等は児童相談所の判断であり、学校等が決定したものではないこと」などを明確に伝える必要があります。必要に応じて、教育委員会等設置者や児童相談所、市町村（虐待対応担当課）と連携して対応することも重要です。

(4) 子育て世帯への包括的支援

これまでも児童虐待の防止のための対策がとられてきたところですが、依然として子供、その保護者、家庭を取り巻く環境は厳しいものとなっています。例えば、子育てを行っている母親のうち約 6 割が近所に「子供を預かってくれる人はいない」といったように孤立した状況に置かれていることや、各種の地域子供・子育て支援事業についても支援を必要とする要支援児童等に十分に利用されておらず、子育て世帯の負担軽減等に対する効果が限定的なものとなっています。

こうした状況を踏まえ、様々な状況にある子育て世帯を包括的に支援するため、必要な体制強化やサービスの充実を図る必要があるとして、子供や家庭に包括的な相談支援等を行う「こども家庭センター」の設置や訪問による家事支援など、子供や家庭を支える事業の創設を行うこと等を内容とする「児童福祉法等の一部を改正する法律」が、令和 4 年 6 月に成立しました。

同法律により、市町村が児童福祉と母子保健の両機能が一体となった「こども家庭センター」の設置に努めること、児童及び妊産婦の福祉に関する把握・情報提供・相談等、支援を要する子供・妊産婦等へのサポートプランの作成を行わなければならないことが規定されました。また、児童相談所が学校を含む関係機関等に対して資料、情報の提供、意見の開陳等必要な協力を求めることができ、関係機関等はこれに応じる努力義務があることが規定されました。これにより、今後、児童虐待対応において、児童相談所と学校との連携の一層の強化を図ることが求められています。

第 8 章

自殺

留意点

平成 18 年に自殺対策基本法が成立して以降、日本全体の自殺者数が減少しているなかで、小・中・高校生の自殺者数は増加傾向を示しています。

平成 28 年には自殺対策基本法が改正され、子供・若者の自殺予防の充実を目指すことが重点課題として示されました。学校には、生涯にわたる精神保健の観点から全ての児童生徒を対象とする「自殺予防教育」と、自殺の危険の高い児童生徒への直接的支援としての「危機介入」を並行して進めることが求められています。

自殺予防を生徒指導の観点から捉えると、安全・安心な学校環境を整え、全ての児童生徒を対象に「未来を生きぬく力」を身に付けるように働きかける「命の教育」などは、発達支持的生徒指導と言えます。「SOS の出し方に関する教育を含む自殺予防教育」は課題未然防止教育として位置付けることができます。自殺予防教育の目標は、児童生徒が、自他の「心の危機に気付く力」と「相談する力」を身に付けることの二点です。さらに、教職員が自殺の危険が高まった児童生徒に早期に気付き関わる課題早期発見対応と、専門家と連携して危機介入を行うことにより水際で自殺を防いだり、自殺が起きてしまった後の心のケアを行ったりする困難課題対応的生徒指導から、学校における自殺予防は成り立ちます。

これらの取組を充実させるために、教職員一人一人が児童生徒の心の危機の叫びを受け止める力を向上させるとともに、学校内外の連携に基づく自殺予防のための組織的な体制づくりを進めることが、喫緊の課題と言えるでしょう。

8.1　自殺対策基本法等

8.1.1　自殺対策基本法の成立と改正までの経緯

日本の年間自殺者数が平成10年に急増し、その後も自殺者数3万人台が続くという深刻な状況に直面し、平成18年に「自殺対策基本法」が成立し、自殺予防は社会全体で取り組むべき課題であると明確に位置付けられました。中高年のうつ病対策を中心に様々な取組が進められた結果、自殺者数は減少に転じ、平成24年まで3万人を超え続けてきた自殺者数が令和元年には、もう少しで2万人を切るまでになりました。

しかし、全体の自殺者数が減少している中で、若い世代の自殺は増加傾向を示しています。平成20年以降の小・中・高校生の自殺者数は年間300人から500人の間で推移し、自殺死亡率は、多少の凸凹はあるものの、一貫して上昇傾向にあります。また、10代の死因の第1位が自殺なのは先進7カ国の中で日本のみであり、その死亡率も他国に比べて高いものとなっています。

このような状況の中で、平成28年に自殺対策基本法が改正され、若い世代への自殺対策が喫緊の課題であるという認識から、同法第17条第3項[*95]に基づき、学校は心の健康の保持に係る教育又は啓発等を行うよう努めるものとされました。さらに、同法改正の趣旨や児童生徒の自殺の実態を踏まえて平成29年に改正された「自殺総合対策大綱」においては、社会に出てから直面する可能性のある様々な困難やストレスへの対処方法を身に付けるための教育（SOSの出し方に関する教育）等の推進が求められ、各学校が自殺予防教育に取り組むことが努力義務として課せられました。

8.1.2　法の下での学校における自殺予防の取組

自殺対策基本法の成立を受け、文部科学省も平成21年に児童生徒の自殺予防全般に関する基本的事項をまとめた「教師が知っておきたい子どもの自殺予防」の冊子を全国の学校に配布するとともに、その概要版のリーフレットを全国の教職員に配布しました。

[*95] 自殺対策基本法第17条第3項　学校は、当該学校に在籍する児童、生徒等の保護者、地域住民その他の関係者との連携を図りつつ、当該学校に在籍する児童、生徒等に対し、各人がかけがえのない個人として共に尊重し合いながら生きていくことについての意識の涵養等に資する教育又は啓発、困難な事態、強い心理的負担を受けた場合等における対処の仕方を身に付ける等のための教育又は啓発その他当該学校に在籍する児童、生徒等の心の健康の保持に係る教育又は啓発を行うよう努めるものとする。

平成 26 年には、児童生徒を直接対象とする自殺予防教育の具体化を目指して「子供に伝えたい自殺予防－学校における自殺予防教育導入の手引－」を発出しています。児童生徒の深刻な自殺の実態と国の施策の動向を踏まえたとき、自殺の危険の高まった児童生徒への個別支援と併せて、生涯にわたる精神保健の観点から全ての児童生徒を対象にした「自殺予防教育」に取り組むことが、各学校に求められています。

8.2　自殺予防のための学校の組織体制と計画

8.2.1　自殺予防のための教育相談体制の構築

自殺は、専門家といえども一人で抱えることができないほど重く、かつ、困難な問題です。きめ細かな継続的支援を可能にするには、校内の教育相談体制を基盤に、関係機関の協力を得ながら、全教職員が自殺予防に組織的に取り組むことが必要です。そのためには、校内研修会などを通じて教職員間の共通理解を図るとともに、実効的に機能する自殺予防のための教育相談体制を築くことが求められます。

具体的には、第一に、生徒指導部や教育相談部（教育相談係として生徒指導部内に位置付けられている場合もあります。）など、児童生徒が課題や悩みを抱えたときに対応するための既存の組織を自殺予防の観点から見直し、教育相談機能の実効性を高める必要があります。

第二に、教育相談コーディネーターと養護教諭を構成メンバーの核として位置付け、各学年や生徒指導部・保健部などの他の校務分掌と連携した体制づくりを目指すことが望まれます。その際、次の点に留意する必要があります。

① 教育相談コーディネーターと養護教諭との連携を密接にする

教育相談コーディネーターと養護教諭が相談体制の中核となって、児童生徒の生活状況や心身に関する問題についての理解を深め、自殺の危険の高い生徒をスクリーニングします。また、生徒指導部や保健部と合同で生活アンケートなどを実施し、児童生徒が抱える問題点の共通理解を深めることも重要です。

② 教育相談部（教育相談係）と生徒指導部の連携を図る

非行や暴力行為などの問題行動の裏側に自殺の危険が潜んでいることも少なくありません。生徒指導部と教育相談部（教育相談係）が密接に連携して情報を共有し、そのような児童生徒にも積極的に関わっていく必要があります。

③ カウンセリングルームや保健室の日常的活用を進める

児童生徒と最も距離の近い学級・ホームルーム担任と教育相談コーディネーター、養護教諭、SC や SSW が日常的に協力し合って課題解決に取り組む姿勢を保持します。学級・ホームルーム担任は児童生徒の言動の変化に気付いた時点で情報を共有し、連携しながら対応に当たります。そのためには、保健室やカウンセリングルームを密室にせず、児童生徒にも教職員にも開かれた場にしておくことが大切です。

④ 情報を共有して協働的な教育相談体制を築く

問題を学校全体に投げかけ、情報を交換し、学校を挙げて解決に取り組んでいくことが求められます。自殺の危険の高い児童生徒を担任一人で抱え込むのではなく、チームで組織的に対応することによって初めて、安全で丁寧な関わりが可能になります。その際、面談やアンケート、家庭訪問や小中高間連絡会などで得られた情報を十分に活用しながら支援に当たります。

8.2.2　自殺のリスクマネジメントとクライシスマネジメント

児童生徒が自殺をほのめかしたり、深刻な自傷行為に及んだり、遺書のような手紙やメモを残して家出をしたりといった状況は、自殺やその他の重大な危険行為の「予兆」段階であると捉える必要があります。そのときには、教育相談体制の構成メンバーを基盤に、校長をリーダーとする「校内連携型危機対応チーム」を組織し、危険度に応じた対応を行います（リスクマネジメント）。

児童生徒との関わりが密接な学級・ホームルーム担任や部活動顧問などを加え、アセスメントに基づいて対応方針や役割分担を決定し、緊密に「報告・連絡・相談」を行うことを心がけます。その際、誰が児童生徒や保護者と直接関わるのが適切なのかを見極め、その人を中心としてチームで対応します。平常時に、危機対応のための態勢づくりやマニュアルづくりなどを進めておくことが大切です。

実際に自殺や自殺未遂が発生した場合には、校長のリーダーシップの下、「校内連携型危機対応チーム」を中心に、教育委員会等や専門家、関係機関のサポートを受けながら、全教職員の力を結集して対応することが必要です（クライシスマネジメント）。校内連携型危機対応チームを核に、教育委員会等、専門家、関係機関との連携・協働に基づく「ネットワーク型緊急支援チーム」を立ち上げ、周囲の児童生徒や教職員等への心のケアも含む危機管理態勢を速やかに構築します。

8.2.3　自殺予防の３段階に応じた学校の取組

一般に自殺予防は、大きく三つの段階に分けられます。自殺を未然に防ぐための日常の相談活動や自殺予防教育などの「予防活動」（プリベンション）、自殺の危険にいち早く気付き対処する「危機介入」（インターベンション）、不幸にして自殺が起きてしまったときの「事後対応」（ポストベンション）の３段階です。その３段階に応じた学校の体制と具体的な取組例を表２に示しました[*96]。

表２　学校における自殺予防の３段階

段階	内容	対象者	学校の対応	具体的な取組例
予防活動 プリベンション	各教職員研修	全ての教職員	校内研修会等の実施	教職員向けゲートキーパー研修
	自殺予防教育及び児童生徒の心の安定	全ての児童生徒	授業の実施（SOSの出し方に関する教育を含む自殺予防教育、及び自殺予防につながる教科等での学習） 日常的教育相談活動	・自殺予防教育 ・生と死の教育 ・ストレスマネジメント教育 ・教育相談週間 ・アンケート
	保護者への普及啓発	全ての保護者	研修会等の実施	保護者向けゲートキーパー研修
危機介入 インターベンション	自殺の危機の早期発見とリスクの軽減	自殺の危機が高いと考えられる児童生徒	校内連携型危機対応チーム（必要に応じて教育委員会等への支援要請）	・緊急ケース会議（アセスメントと対応） ・本人の安全確保と心のケア
	自殺未遂後の対応	自殺未遂者と影響を受ける児童生徒	校内連携型危機対応チーム（教育委員会等への支援要請は必須）、若しくは、状況に応じて（校内で発生、目撃者多数などの場合）ネットワーク型緊急支援チーム	・緊急ケース会議 ・心のケア会議 ・本人及び周囲の児童生徒への心のケア
事後対応 ポストベンション	自殺発生後の危機対応・危機管理と遺された周囲の者への心のケア	遺族と影響を受ける児童生徒・教職員	ネットワーク型緊急支援チーム（校内連携型危機対応チーム、教育委員会等、関係機関の連携・協働による危機管理態勢の構築）	・ネットワーク型緊急支援会議 ・心のケア会議 ・遺族、周囲の児童生徒、教職員への心のケア ・保護者会

全ての児童生徒を対象にした自殺予防教育や日常の教育相談活動などは、予防活動に含まれます。危機介入は、自殺の危険の高まった児童生徒をスクリーニングし、アセスメントに基づいて、自殺企図への対応や自殺未遂直後の処置や心のケアなどを行います。事後

[*96]「教師が知っておきたい子どもの自殺予防」文部科学省（平成21年）p.14を参考。

対応には、学校危機への対応と併せて周囲への心のケアが含まれます。遺された者への心のケアが不十分であると、将来的に自殺の危険を高めたり、最悪の場合には自殺の連鎖を引き起こしたりしてしまうこともあります。この 3 段階の取組が相互に連動することで、包括的な自殺予防が可能になります。

8.2.4　児童生徒の自殺の原因・動機から考える取組の方向性

厚生労働省（「令和元年版自殺対策白書」）が警察庁の原因・動機別自殺者数の平成 21〜平成 30 年の 10 年間の累計をまとめた結果によると、校種や男女別で違いが見られます。児童生徒の自殺の原因・動機は特定が難しく、約半数は特定されない状況にありますが、原因・動機が特定されたなかで、比率が高い上位三項目を挙げると、以下のとおりです。

① 小学生男子では、「家族からのしつけ・叱責」(42.9%)、「学校問題その他」(17.9%)、「学業不振」・「その他学友との不和」（ともに 14.3%）です。女子では、「親子関係の不和」(38.1%)、「家族からのしつけ・叱責」(33.3%)、「その他学友との不和」(14.3%) です。

② 中学生男子では、「学業不振」(18.7%)、「家族からのしつけ・叱責」(18.1%)、「学校問題その他」(12.3%) です。女子では、「親子関係の不和」(20.1%)、「その他学友との不和」(18.3%)、「学業不振」(14.0%) です。

③ 高校生男子では、「学業不振」(18.2%)、「その他進路に関する悩み」(16.4%)、「うつ病」(8.7%) です。女子では、「うつ病」(18.3%)、「その他の精神疾患」(12.1%)、「その他進路に関する悩み」(11.8%) です。

小学生では「しつけ・叱責」や「親子関係の不和」など「家庭問題」の比率が高いという特徴が見られます。中学生では、「家庭問題」に加えて、「学業不振」や「学友との不和」など「学校問題」が高いという特徴が見られます。高校生も、中学生と同様に「進路に関する悩み」や「学業不振」など「学校問題」の比率が高いという傾向は変わりませんが、うつ病や統合失調症などの精神疾患に関する「健康問題」が、女子を中心に急増する点に特徴が見られます。

学校のみでは対応が難しく家庭への働きかけが不可欠であるケースが少なくないことから、地方自治体や保健所などと連携し、児童生徒のみならず保護者を対象に自殺予防の普及啓発のための研修会などを行うことも必要です。

8.3　自殺予防に関する生徒指導の重層的支援構造

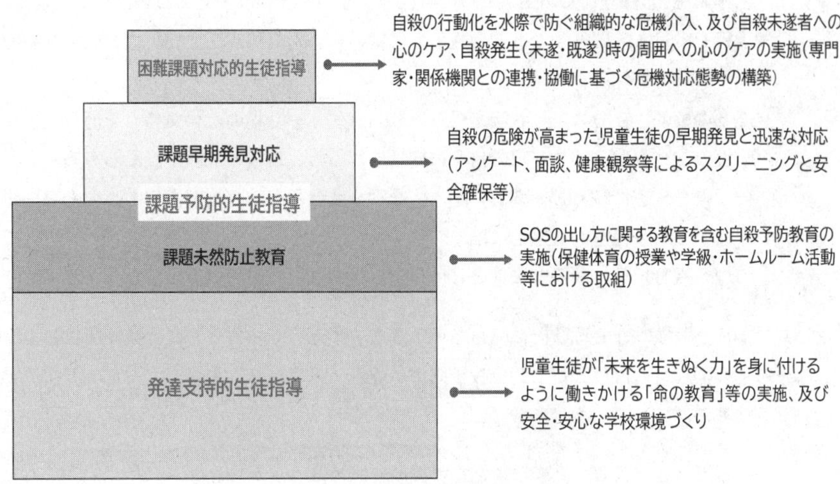

図 14　自殺予防に関する重層的支援構造

自殺予防に関する重層的支援構造は図 14 のとおりです。次の項より、各項目について詳述していきます。

8.3.1　自殺予防につながる発達支持的生徒指導

(1) 自殺の心理と自殺予防につながる発達支持的生徒指導の方向性

自殺は、本人の心理的・身体的要因や家庭的要因、学業、友人関係などの学校生活上の問題、進路問題、また、社会不安や著名人の自殺の影響などが複雑に絡み合って心の危機が高まったところへ、直接の動機となる事柄が引き金となって生じるものと捉えることができます。直接の動機と思われる事柄が自殺の原因として捉えられがちですが、自殺を理解し、適切な関わりを行うためには、様々な要因が絡み合った心理的危機に目を向けることが必要です。

自殺に追いつめられたときの心理として、次のようなことが挙げられます[*97]。

① 強い孤立感：「誰も自分のことなんか考えていない」としか思えなくなり、援助の手が差し伸べられているのに、頑なに自分の殻に閉じこもってしまう。
② 無価値感：「自分なんか生きていても仕方がない」という考えが拭い去れなくなる。虐待を受けるなど、愛される存在として認められた経験が乏しい児童生徒に典型的に見られる感覚。
③ 怒りの感情：自分の辛い状況を受け入れられず、やり場のない気持ちを他者への攻撃性として表す。それが自分自身に向けられると、自殺の危険が高まる。
④ 苦しみが永遠に続くという思い込み：今抱えている苦しみはどう努力しても解決できないという絶望的な感情に陥る。
⑤ 心理的視野狭窄：問題解決策として自殺以外の選択肢が思い浮かばなくなる。

このような危機的な心理状況に陥らないような、また、陥ったとしても抜け出せるような思考や姿勢を身に付けることが自殺予防につながると考えられます。

そのためには、

- 困ったとき、苦しいときに、進んで援助を求めることができる
- 自己肯定感を高め、自己を受け入れることができる
- 怒りをコントロールすることができる
- 偏った認知を柔軟にすることができる

といった態度や能力を「未来を生きぬく力」として児童生徒が身に付けるように、日常の教育活動を通じて働きかけることが、自殺予防につながる発達支持的生徒指導の方向性として考えられます。

(2) 自殺予防教育の土台となる発達支持的生徒指導の取組

文部科学省（平成 26 年）の「子供に伝えたい自殺予防」において、児童生徒を対象とする自殺予防教育の目標として示されているのは、「早期の問題認識（心の危機に気付く力）」と「援助希求的態度の促進（相談する力）」の二点です。

心の危機についての正しい知識と理解を持ち、困ったときに相談できる援助希求的な態

[*97]「教師が知っておきたい子どもの自殺予防」文部科学省（平成21年）p.9

度がとれるようになれば、自分の危機の克服と友人の危機への支援が可能となり、自殺予防に限らず、生涯にわたる心の健康（メンタルヘルス）の保持につながると考えられます。

「子供に伝えたい自殺予防」においては、上記二点に焦点化して取り組む授業を「核となる授業」と呼んで、自殺予防教育の中核をなすものとして位置付けています。生徒指導の観点からは、自殺予防という課題に焦点化した未然防止教育として捉えることができます。しかし、「核となる授業」に取り組むには、その前段階として、広く「生命」や「心の健康」などに関する学びを通じて、下地をつくっておくことが不可欠です。

各学校で既に取り組まれている「生命尊重に関する教育」や「心身の健康の保持増進に関する教育」、「温かい人間関係を築く教育」などを、自殺予防教育の下地づくりに当たるものだと意識しつつ、発達支持的生徒指導の視点から取組を進めることが求められます。自殺予防教育と連動させて行うことが、児童生徒及び教職員の自殺予防教育への不安感や抵抗感を少なくすることにもつながります。

その際、自殺予防につながる多様な下地づくりの授業を、児童生徒が「未来を生きぬく力」を身に付けるという視点から、生徒指導・教育相談・キャリア教育・健康教育・道徳教育・特別支援教育等を横断する重要課題として位置付け、全校体制で取組を進めることが大切です。

また、これらの教育活動を充実させていくためには、児童生徒が安心して学び、生活できる学校環境を整えることが不可欠です。自殺予防教育を進めるための「土台」として、困ったときに相談できる児童生徒と教職員との信頼関係づくり、保健室や相談室などを気軽に利用できる場とする居場所づくりなど、「安全・安心な学校環境」づくりが求められます。加えて、児童生徒の些細な言動の変化からその心理状態に気付けるように教職員の感性を高めることや、教育相談体制を整備することも、自殺予防教育の「土台」となる発達支持的生徒指導を展開する上で重要です。

8.3.2　自殺の未然防止教育の展開

自殺の未然防止を目指す自殺予防教育の目標と学習内容について示した概念図が図15[*98]です。安全・安心な学校環境を整えた上で、小学校から「下地づくりの授業」を積

[*98] 「令和３年度児童生徒の自殺予防に関する調査研究協力者会議審議のまとめ」文部科学省(令和３年６月) p.36を参考に作成（概要・本体）。

み上げ、基本的には中学・高校において「核となる授業」を展開するという構造になっています。

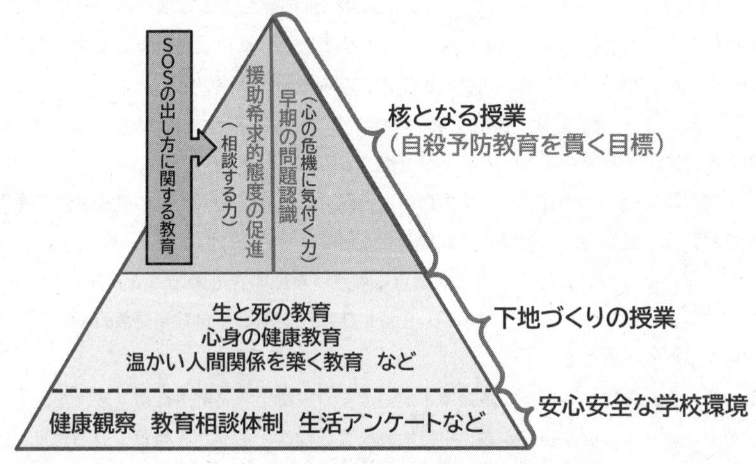

図15　SOSの出し方に関する教育を含む自殺予防教育の構造

「子供に伝えたい自殺予防」において、「核となる授業」の具体的な学習内容として、①心の危機のサインを理解する、②心の危機に陥った自分自身や友人への関わり方を学ぶ、③地域の援助機関を知る、といったことが示されています。心の危機の内容として、児童生徒の発達段階や実態に応じて、希死念慮や自殺企図などについて触れることも考えられます。

「核となる授業」を実施するに当たっては、各教科等の特質を踏まえた上で、自殺予防教育の目標や内容との関連から効果的に実施できる教科等を決定し、学校の実情、児童生徒の実態に合わせて、組織的、計画的に取組を進めることが望まれます。例えば、「心の危機理解」については、高等学校保健体育科の「精神疾患の予防と回復」や中学校保健体育科「欲求やストレスへの対処と心の健康」、小学校体育科保健領域の「心の健康」、あるいは「総合的な学習（探究）の時間」等において実施することが考えられます。その際、保健体育科の教員や学級・ホームルーム担任と養護教諭やSC、SSW等が協働で授業づくりを行うなどの工夫が必要です。

なお、改正自殺対策基本法等において提示された「SOSの出し方に関する教育」は、「子供に伝えたい自殺予防」における「援助希求的態度の促進」に相当すると考えることができます。各学校が「SOS の出し方に関する教育を含む自殺予防教育」を積極的に推進することが望まれます。

また、実施に先だって、教職員間で自殺予防教育の必要性についての共通理解を図るとともに、保護者や地域の人々、関係機関等の理解や協力を得て、合意形成を進める必要があります。特に、心の危機を直接扱う「核となる授業」を実施する場合は、事前に生育歴も含めて児童生徒の状況を把握し、リスクの高い児童生徒は無理に授業に参加させないなどの配慮を行うとともに、児童生徒が心の危機を訴えたときに、学級・ホームルーム担任や養護教諭、SC、SSW、管理職などが役割分担して受け止めることのできる体制を整えておくことが求められます。なお、養護教諭や学校医等を通じて、医療機関との連携を図っておくことも大切です。

8.3.3　自殺の危険の高まった児童生徒の早期発見・早期対応

(1) 自殺の危険の高まった児童生徒への気付き

児童生徒の自殺の特徴は、死を求める気持ちと生を願う気持ちとの間で激しく揺れ動く両価性にあると言われます。心の危機の叫びとして発せられる自殺のサインに気付くには、表面的な言動だけにとらわれず、笑顔の奥にある絶望を見抜くことが必要です。自殺直前のサイン[*99]には以下のようなものがあります。

- これまでに関心のあった事柄に対して興味を失う
- 注意が集中できなくなる
- いつもなら楽々とできるような課題が達成できなくなる
- 成績が急に落ちる
- 不安やイライラが増し、落ち着きがなくなる
- 投げやりな態度が目立つ
- 身だしなみを気にしなくなる
- 行動、性格、身なりが突然変化する
- 健康や自己管理がおろそかになる
- 不眠、食欲不振、体重減少など身体の不調を訴える

[*99]「教師が知っておきたい子どもの自殺予防」文部科学省（平成21年）p.9を参考に作成。

- 自分より年下の子どもや動物を虐待する
- 引きこもりがちになる
- 家出や放浪をする
- 乱れた性行動に及ぶ
- 過度に危険な行為に及ぶ
- アルコールや薬物を乱用する
- 自傷行為が深刻化する
- 重要な人の自殺を経験する
- 自殺をほのめかす
- 自殺についての文章を書いたり、自殺についての絵を描いたりする
- 自殺計画の準備を進める
- 別れの用意をする（整理整頓、大切なものをあげる）

自殺のサインのなかには、児童生徒であればそれほど珍しい変化ではないと思われるものも含まれています。大切なことは、その児童生徒の日常をしっかりと見た上で、何らかの違和感を覚えたときには無駄になるかもしれないことを恐れずに関わることです。

また、思春期・青年期には、内面の葛藤や悩みは誰にも話せないと過剰に意識して、自分だけの世界に閉じこもってしまうこともあります。周囲の大人は、「何を考えているのかわからない」と関わりを薄くしてしまいがちですが、そのような心理状態こそが最も危険であることを心に留めておくことも必要です。

(2) 自殺の危険の高まった児童生徒への関わり

自殺の危険に気付いたときの対応の参考になるのが、「TALK の原則」です[*100]。

何より大切なことは、児童生徒の声をしっかりと「聴く」ことです。共感的に理解するためには、たとえ子供であっても、その子なりに精一杯生きていることを尊重し、言いくるめたりコントロールしたりすることはできないし、そう思うのは大人の側の欲だと自覚することが必要です。

また、児童生徒の話をきちんと受け止めるためには、教職員自身が自分の考え方や感じ方のクセを知ること（自己理解）と、言葉にならない「ことば」（例えば、困った行動をす

[*100] 「教師が知っておきたい子どもの自殺予防」文部科学省（平成21年）p.10を参考に作成。

るという形でしか困っていることを表現できないなど）を聴こうとする姿勢を持つことが大切です。なお、一人で抱え込まないためには、教職員間においても、多職種の関係者間においても、相談しやすい体制づくり、雰囲気づくりを日頃から進めておくことが不可欠です。

TALK の原則

Tell
心配していることを言葉に出して伝える。

Ask
「死にたい」と思うほどつらい気持ちの背景にあるものについて尋ねる。

Listen
絶望的な気持ちを傾聴する。話をそらしたり、叱責や助言などをしたりせずに訴えに真剣に耳を傾ける。

Keep safe
安全を確保する。一人で抱え込まず、連携して適切な援助を行う。

8.3.4　自殺行動が生じた場合の困難課題対応的生徒指導の実際

(1) 自殺未遂への対応

自殺未遂が校内で発生した場合は、当該児童生徒の状態を確認し、救命措置及び安全確保を最優先で行う必要があります。病院に搬送される場合には、学級・ホームルーム担任や養護教諭などが救急車に同乗するとともに、随時、学校へ状況報告を行います。保護者には、速やかに電話で状況を伝え、病院へ来るよう依頼します。保護者に事情を説明する際には、混乱した状態にある保護者を受容するように接することが大切です。

管理職は、教育委員会等へ報告するとともに、校内連携型危機対応チームを招集し、役割分担して、当該児童生徒の状況把握や、現場を目撃した児童生徒や関係の深い児童生徒への心のケアについて、SC 等も交えて検討します。状況が深刻で目撃者が多数いる場合などには、早い段階で教育委員会と連携し、混乱した事態の収拾を図るとともに、学校復帰も見据えて、学校外の専門家も加えたネットワーク型緊急支援チームを組織して支援することが求められます。

自殺未遂が校外で発生したり、救急措置を要請したりしない場合でも、児童生徒の安全を確保した上で、「TALK の原則」に基づいて、受容的な態度で児童生徒の苦しい気持ちを受け止めるよう傾聴に努めることが大切です。そうすることで、心の安定がもたらされ、再発防止にもつながります。

いずれの場合も、保護者と連携して家庭での継続的な見守りを行うとともに、教職員間で密接に情報共有し、組織的に児童生徒を支援することが求められます。また、適切な心のケアを受けられないと、後に自殺につながる危険性が極めて高いことを考慮し、医療機関と連携して丁寧な支援を行うことも必要です。

学校復帰に際しては、教職員及び周囲の児童生徒がどのように支えていくのかということについて、保護者の同意を得た上で担当医からの助言を受ける必要があります。当該児童生徒や保護者が、学校として担当医からの助言を受けることを望まない場合でも、生命の安全を最優先に考えたい旨を伝えるなどして、粘り強く働きかけることが大切です。

なお、周囲の児童生徒から「何があったのか」と事実について質問された場合に備え、学校として返答する内容について、保護者の意向を確認した上で準備しておくことも必要です。また、影響を受けそうな児童生徒の保護者に対しては、家庭での見守りを依頼することになりますが、その際に、不安、怒り、同情、自責、抑うつなどの心理的な動揺をきたすのが当然であることを丁寧に伝えることも忘れてはなりません。

自殺未遂をした児童生徒と関係の深い教職員も、同僚や SC 等と話し合う時間を持ち、自分自身の複雑な感情を十分に認識しておくことが求められます。自分の限界を知った上で、できるところで精一杯関わっていくことが大切です。

専門性とは「自分のできないことが何かを知っていること」だと言われます。限界を知らずに万能感を抱いて危機にある児童生徒に関わることは、「共倒れ」という最悪の結果を招きかねません。そうならないためには、自殺未遂のような難しい問題にはチームで関わることが不可欠です。問題を一人で抱えこむのでなく、できるだけ多くの教職員が組織的に関わることで、柔軟な児童生徒理解や幅広い対応が可能になります[*101]。

[*101] 「教師が知っておきたい子どもの自殺予防」文部科学省（平成21年）pp.19-20を参考にしている。

(2) 事後対応における心のケア

身近な人が自殺した場合、遺された人が強烈な感情の揺れや心身の症状に苦しんだり、本格的な精神科の治療が必要になったりすることは稀でなく、最悪の場合には自殺の連鎖が生じることもあります。したがって、児童生徒の自殺が起きてしまったとき、学校においては、周囲の人に及ぼす影響を可能な限り少なくするために適切なポストベンション（事後対応）を行うことが求められます。

児童生徒が自殺した場合、家族に限らず、在校生やその保護者など多くの人々に影響が及びます。身近な児童生徒、教職員を中心に、「自殺の兆候に気付けなかったこと」「自殺を止められなかったこと」についての自責と周囲の人々への非難が生じることも少なくありません。また、死の理解が未熟で身近な人の死に接した経験も少ない児童生徒の発達段階を考慮すると、近い関係になかったとしても深刻な影響を受ける可能性が高いことにも配慮する必要があります。

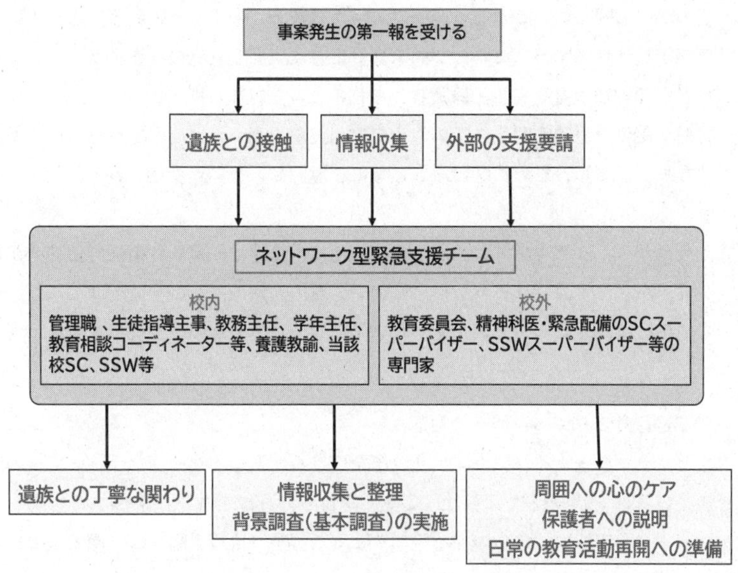

図16　事後対応の流れと初期対応の課題

実際の対応については、文部科学省（平成22年）「子どもの自殺が起きたときの緊急対応の手引き」を参考に、各学校の実情に応じたマニュアルの作成を進めるとともに、校内研修等で自殺の危機対応のシミュレーションを行うことが望まれます。対応の流れの概略と初期対応における課題を図16に示しました。

また、実際の対応に当たっては、特に次の点に留意する必要があります。

① 自殺は複雑な要因が絡み合い、追いつめられた結果としての行動であるという認識の下、自殺を美化したり貶めたりすることがないようにします。
② 情報発信[*102]や葬儀等において遺族に寄り添い、確信の持てないことは調査するなど誠実な対応を心がけます。
③ 3日以内に教職員から聴き取りを行い、時系列に整理し、教職員間で情報の共有を図り、学校にとって都合の悪いことでも事実に向き合う姿勢を保ちます。学校や教育委員会等による背景調査の進め方については、「子供の自殺が起きたときの背景調査の指針（改訂版）」を参考に、平常時に検討することが望まれます。
④ 心のケアに関して、眠れない、すぐに目が覚める、一人でいると怖いなどといった反応が見られますが、これは「異常な」事態に直面した際の「正常な」反応であることを理解し、児童生徒・保護者にもそのことを周知します。
⑤ 自殺した児童生徒と関係の深い人や自殺の危険の高い人、現場を目撃した人などをリストアップし、早めに関わるとともに、専門家のケアが受けられる体制を用意します。
⑥ 憶測に基づくうわさ話等が広がらないように、正確で一貫した情報発信を心がける必要があります。プライバシーの保護や自殺の連鎖の防止に十分配慮しつつ、出せる情報は積極的に出していくという姿勢に立つことも重要です。

(3) 自殺関連行動としての自傷への対応

手首などにカッターナイフやカミソリで傷をつける、ドライヤーやライターで髪の毛や皮膚を焼く、身体を机や壁に打ち付けるなど、自分の身体を故意に損傷する行動を「自傷」と言います。自傷には自らの命を絶とうとする行動（自殺企図）の一環として行われ

[*102] 情報発信する場合の留意点については、「自殺対策を推進するためにメディア関係者に知ってもらいたい基礎知識」WHO（2017年版）によるメディア関係者のための手引きが参考になる。

る場合と、自殺の意図を伴わずに反復される行動（非自殺性自傷）である場合があります[*103]。

自傷の背景には、被虐待、複雑な家庭環境、いじめ被害、子供自身の脆弱性（心の傷の残りやすさなど）、精神疾患などが見られます。教職員は、児童生徒の多様な背景を理解し（→第13章 多様な背景を持つ児童生徒への生徒指導）、自傷のリスクとして認識しておく必要があります。また、自傷を契機として、これらの多様な背景が明らかになることもあります。

自傷を認知した場合には、まず身体的な損傷そのものへの対応が必要になります。その中には、養護教諭による手当から病院受診、救急搬送まで多様な水準の対応が含まれます。この判断は身体的損傷の重症度の把握によって適切に行う必要があり、救急搬送を要する場合には迅速な救急要請が求められます。救急性がないと判断された場合には、保健室へ誘導しての対応になるのが一般的です。

手当の過程において、自傷の方法を尋ねたり、自傷に至ったきっかけ（直近の誘発したできごと）について聞いたりしながら、場合によれば、自殺の意図を把握することも必要になります。その際、経緯の確認を急ぐあまり強い口調で問いただすと、児童生徒は責められていると感じてしまうこともあるので、静かで穏やかに対応することが大切です。

対応の過程で、①身体的重症度、②自傷の方法、③自殺の意図、④直接的な誘因、⑤慢性的な困難、などについてアセスメントすることが求められます。しかし、これらを羅列的に確認するのではなく、身体的なケアと行動に至ったつらさに焦点を当て、気持ちをわかろうとして話を聴く中で、自然と明らかになってきますので、穏やかに確認していくことが大切です。また、学校のみで明らかにしようとする必要はありません。病院受診をする中で明らかにされていくこともあります。しかし、初期段階での危険度の判断と受容的接近は、自傷を認知した教職員や、その後の対応を行う養護教諭や学級・ホームルーム担任によって行われることになります。その際、機動的連携型支援チームによる緊急ケース会議を持って、誰がキーパーソンになって関わるのか、チームとしてどのようにその児童生徒を支えるのかなど、具体的な援助策についての共通理解を図ることが必要になります。

[*103] なお、重度の知的障害、自閉症、重篤かつ慢性のチック症（トゥレット症候群）のある児童生徒においては、自己刺激行動、常同行動、チックとして、顔を殴打する、目をたたく、身体を打ち付ける、身体をつめで傷つけるといった行動が見られることがあり、これも広義には自傷に含まれるが、病理的背景が異なるため、ここでは触れない。

また、深刻度が高いと判断した場合には、ためらわずに校内連携型支援チームを招集し、対応策について協議し、組織的な支援を行います（→ 3.4.2 生徒指導と教育相談が一体となったチーム支援の実際）。なお、対応の過程で明らかになってきた背景にある課題に対しては、教職員、保護者、関係機関の連携に基づいて、具体的に解決が目指されなければなりません。

アセスメントの結果、明確な自殺の意図があると思われる場合には、たとえ現在の傷が軽いものであっても、軽視すれば直後により致死的な方法を選択する可能性があることに留意する必要があります。この場合には、教職員が見守った上で病院受診を促し、背景に虐待を認知した場合には、児童相談所等へ通告することも必要になります。

一方、自殺する意図がないにもかかわらず、自傷を反復する場合には、異なる対応が求められます。自傷に対して過度な注目も望ましくありませんが、無視をしたり、冷淡に対応したりすることも避けなければなりません。また、周囲の注目や同情を引こうとしているなどという決めつけも対応を誤る原因になります。中には、頻繁に手首自傷を繰り返したり、自傷した傷跡の写真をネット上に載せたり、痛みを感じる瞬間だけ生きている自分を感じられると言ったりする児童生徒もいます。

しかし、いずれの場合にも、何らかの心のつらさがあり、その対処行動として自傷しか選べない現実があると捉えることが必要です。傷は軽くても、その背後にある心の不安や傷つきは深いと考えざるを得ないからです。自傷という行為に依存する背景には、人に依存できない心理があるからだと言われます。教職員等との間に、安心して頼ることのできる人間関係を築くことも、自傷の防止において極めて重要です。傷そのものは必要十分な手当にとどめつつも、自傷に至った事実や心のつらさについては丁寧に聴いた上で、SCや精神科医につないでいくことが大切です。また、複雑な背景を抱えていることがほとんどですので、明らかになった事実に対しては、困難課題対応的生徒指導として組織的、継続的に取り組むことが求められます。

8.4　関係機関等との連携に基づく自殺予防の体制

8.4.1　保護者との連携

学校が児童生徒の自殺の危険を把握した場合に、保護者との協力体制を築くことは最重要事項の一つです。しかし、保護者自身が経済的な困難を抱えていたり、精神疾患などの疾病があったりするために、子供の危機を受け止めて対応する力に欠けている場合もあります。また、保護者からの虐待が背景にあるなど家族との関係そのものが自殺に関わっている場合も考えられます。したがって、危機的な状況にある児童生徒を支援し自殺の危機から救うためには、困難を抱えていたり、子供への関わりが適切ではなかったりする家族に関わり、子供だけでなく保護者を含め、家族全体を支援することのできる機関につなげたり、学校が関係機関と連携したりしながら、状況に応じて家族の機能を代替できる体制をつくるなどの取組も必要になります。

8.4.2　医療機関、福祉機関との連携・協働

各学校において、関係機関との連携を、より効果的に進めるためには、まず、地域にどのような適切な関係機関があるのかを知り、日常的に連携する体制を築き、学校に連携・協働の要となるキーパーソン（コーディネーター役の教職員）を位置付けるなど、一層の体制整備が求められます。学校においては、個々の教職員の役割を明確にした上で、チームとして支援する体制を築くと同時に、自殺の危険が高い児童生徒への対応においては、精神科や心療内科などの医療機関との連携を図ることが不可欠です。また、家庭環境の影響は大きいので、福祉機関と連携を取りながら悩みを抱えた保護者をサポートすることも必要になります。学校に精神科医やSC、SSW等の専門家の視点を入れることは、多角的な支援が可能になるだけでなく、教職員が必要以上に巻き込まれることを防いだり、関わる人の不安を軽減したりすることにもつながります。

8.4.3　ICTを利活用した自殺予防体制

文部科学省における「児童生徒の自殺予防に関する調査研究協力者会議」の審議のまとめでも指摘されているように、SNSをコミュニケーションツールとする児童生徒が増加しているため、危機を発信するための多様なチャンネルの一つとして、学校の内外にSNS等を活用した相談体制を構築することも重要です。様々な悩みや不安を抱えた児童生徒に対する多様な相談の選択肢を用意することは、問題の深刻化を未然に防ぐという点から自殺予防において不可欠な取組です。最終的には人による直接的な支援につなげることができる体制を確保した上で、SNSの持つ危険性への理解を促すことの必要性にも留意しながら（→ 第11章 インターネット・携帯電話に関わる問題）、SNS等を活用した相談体

制の一層の充実を図ることが求められます。また、ICT を活用しながら児童生徒の見守りを行うことで、心身の状態の変化に気付きやすくなるとともに、児童生徒理解の幅が広がり、悩みや不安を抱える児童生徒の早期発見や早期対応につながることが期待されます。

第9章

中途退学

留意点

高校における中途退学者の数は年々減少傾向にあります。中途退学には積極的な進路変更など前向きな理由によるものもありますが、一方で、生活、学業、進路に関する複合した問題の結果として中途退学に至ることもあります。中途退学を余儀なくされる状態を未然に防ぐためには、生徒指導、キャリア教育・進路指導が連携し、小・中学校の段階も含め、生活、学業、進路のそれぞれの側面から社会的・職業的自立に向けて必要な基盤となる資質・能力を身に付けるように働きかけることが大切です。

また、高校入学後の早い時期から、中学校から引き継いだ「キャリア・パスポート」などを活用して、教職員全体で情報を共有し、きめ細かな指導を行うことが必要です。特に、学業不振による中途退学を未然に防ぐためには、普段の教科指導に加え、就業体験活動などを通じて、労働への適切な理解をもたらすことも重要です。さらに、中途退学後のフォローには、学校における取組のみならず、保護者の協力の下、教育支援センターや地域若者サポートステーションをはじめとする関係機関と連携しながら取組を進めることが求められます。

＊注記　中途退学後のフォローは、「卒業者の追指導に関する活動」に当たります[*104]。

[*104] 進路指導の諸活動には、1．個人資料に基づいて生徒理解を深める活動と、正しい自己理解を生徒に得させる活動、2．進路に関する情報を生徒に得させる活動、3．啓発的な経験を生徒に得させる活動、4．進路に関する相談の機会を生徒に与える活動、5．就職や進学等に関する指導・援助の活動、6．卒業者の追指導に関する活動がある。「中学校・高等学校進路指導の手引き－進路指導主事編」文部省（昭和52年）

9.1　中途退学の関連法規と基本方針

9.1.1　関連法規

中途退学とは、校長の許可を受け、又は懲戒処分を受けて退学することなどを言います。校長の許可をもらう場合は自主的な退学となりますが、後者の懲戒処分における退学は、「学校教育法施行規則」（以下「施行規則」という。）第 26 条に懲戒の一つとして挙げられています。施行規則では、退学は、校長が行う処分であり、条件として以下の項目が挙げられています。

① 性行不良で改善の見込がないと認められる者
② 学力劣等で成業の見込がないと認められる者
③ 正当の理由がなくて出席常でない者
④ 学校の秩序を乱し、その他学生又は生徒としての本分に反した者

自主的な退学、懲戒による退学にかかわらず、退学そのものの必要事項は、文部科学大臣が定め[*105]、懲戒による退学処分の手続きについては、校長が定める[*106] こととされています。

9.1.2　基本方針

中途退学という教育課題への基本的方針は、「高等学校中途退学問題への対応について」の「高等学校中途退学問題への対応の基本的視点」（以下「基本的視点」という。）において以下のように (1)〜(5) に分けて示されています。

まず (1) では、「生徒の能力・適性、興味・関心、進路などは多様なものとなり、多様で個性的な生徒の実態を踏まえ、高校教育の多様化、柔軟化、個性化の推進を図ること」とし、生徒の実態を踏まえた高校教育の柔軟な対応を求めています。(2) では、中途退学の理由は様々であり、学校や家庭との連携で防止できるケースもあるが、積極的な進路変更

[*105] 学校教育法 第 59 条　高等学校に関する入学、退学、転学その他必要な事項は、文部科学大臣が、これを定める。
[*106] 学校教育法施行規則 第 26 条第 2 項　懲戒のうち、退学、停学及び訓告の処分は、校長（大学にあつては、学長の委任を受けた学部長を含む。）が行う。

による中途退学もあり、生徒の状況の的確な把握を求めています。(3) では、個に応じた指導のための学習指導や教育相談などの充実を挙げ、これらに校長のリーダーシップの下で取り組むことを求めています。(4) では、特に学習指導の改善・充実において「参加する授業」「分かる授業」など魅力ある教育活動の重要性を挙げています。(5) では、積極的な進路変更による中途退学を取り上げ、生徒の自己実現を援助する方向での指導の重要性を指摘しています。

こうした認識は、現在の中途退学への対応にも十分当てはまりますが、学校教育を取り巻く状況の変化も踏まえながら、中途退学を高校だけの問題としてとどめずに、小学校、中学校を含む児童生徒の成長や社会的・職業的自立の視点から見ていくことが重要です。

9.2　中途退学の理解

9.2.1　中途退学の要因

中途退学の多くは学校生活への不適応が主たる要因とされるもので占められており、これらは小学校や中学校に遡って確認されることがあります。学校生活になじめず、長期欠席や不登校を経験した生徒が高校段階における中途退学につながるケースが多く、特に高校入学後の不登校生徒への支援については、中途退学の未然防止の意味でも非常に重要な水際対策と言えます。中途退学の事由は、「学校生活・学業不適応」「進路変更」「学業不振」などがあり、生活の問題、進路の問題、学業の問題が複合的に存在しています。

その一方で、貧困家庭の問題や、核家族の増加、ヤングケアラー、インターネットや SNS によるフェイク情報の横行など、課題を増幅させる環境の変化も存在します。また、中途退学者には、曖昧な目的で高校に進学した生徒の存在も含まれると考えられ、自分がこれからどう生きるか、どう自立するかといった、自分自身が大人になる像が掴めず、社会性が十分に育たないといった課題も内包していると言えます。

9.2.2　中途退学がもたらすものと対策

中途退学の中には、前向きな進路変更という側面を持つものもあります。本人が中途退学を希望する場合の対応に当たっては、十分に状況を把握した上で本人の意思を尊重した支援を行うことが原則です。一方で、中途退学により当初の進路計画の変更を余儀なくされ、人生設計上の様々な機会を失うことも少なくないことに留意する必要があります。

中途退学をした場合、学歴は中学校卒業資格となり、高校卒業の資格を前提としている多くの職業や、大学や専門学校（専修学校専門課程）などの進路への選択肢が絶たれます。行先不透明な進路から、ニートやフリーターを選択せざるを得ず、さらには引きこもり状態になる可能性もあるため、中途退学の未然防止と早期発見とその対応、中途退学後のフォロー（追指導）はそれぞれが重要な支援です。

いずれにせよ、キャリア教育や進路指導等の日常的な教育活動を通じて、生徒が社会的・職業的自立に向けた資質・能力を身に付けるように働きかける発達支持的生徒指導を充実させることが、最も重要な中途退学対策であると言えます。

広い意味での中途退学対策と言える発達支持的生徒指導、中途退学の未然防止、中途退学に至る前の早期発見・対応及び中途退学者の指導・援助に関する重層的支援構造は、図 17 のようになります。

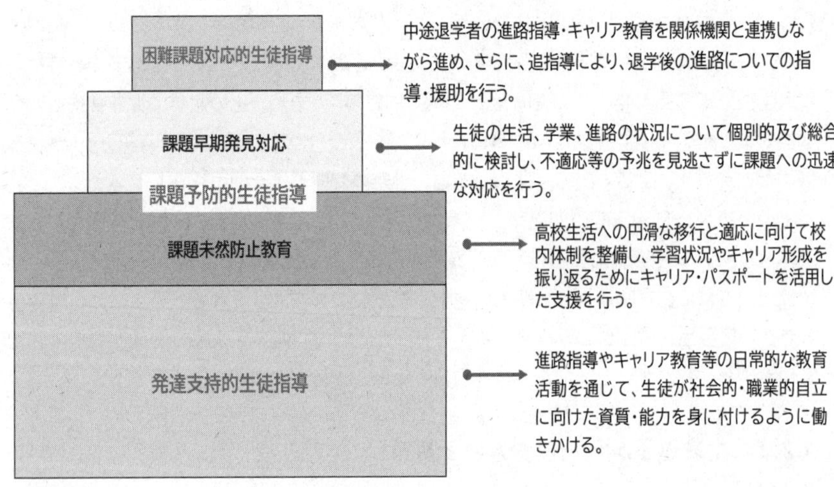

図 17　中途退学対応の重層的支援構造

9.3　中途退学の未然防止と組織体制

高校においては、教務、生徒指導、進路指導及び教科指導などの分掌、さらには学校内外の他組織との連携を図り、チーム学校として、発達支持的生徒指導はもちろん、未然防止や早期発見と対応、また、中途退学の可能性が高い生徒への支援、中途退学後の追指導の重要性も認識して組織的に取り組むことが求められます。

9.3.1　新入生対応における中学校との連携

最初に理解しておくべきことは、入学後の高校生活への適応が中途退学の未然防止につながるということです。中学校から高校への移行は、一つの節目であり、接続とリセットを内包する機会となるため、円滑な移行が大変重要になってきます。

しかし、高校によっては数十校の中学校から生徒を受け入れる場合もあり、中学校との連携は容易ではありません。新入生の情報交換会などの開催が難しい場合は、特に高校での不適応が心配される生徒に特化して情報共有の場を設けることも考えられます。

また、児童生徒が自らの学習状況やキャリア形成[*107]を見通したり、振り返りをするなど自己評価を行うとともに、主体的に学びに向かう力を身に付け、自己実現につなげることを目的とした「キャリア・パスポート」[*108]の活用も考えられます。その他、校種を越えた教材の活用も中高連携の一環として円滑な移行を実現する方策と捉えることができます。

9.3.2　高校生活への適応を支える校内体制

中学校・高校の情報交換会で共有される情報や「キャリア・パスポート」の有効活用を通し、新入生一人一人への理解を進め、個々の生徒の成長を見守ります。また、生徒指導

[*107] キャリア形成とは、「社会の中で自分の役割を果たしながら、自分らしい生き方を実現していくための働きかけ、その連なりや積み重ねを意味する」（高等学校学習指導要領　特別活動編、文部科学省（平成30年）p.53）とされている。

[*108] 「キャリア・パスポート」とは、児童生徒が、小学校から高等学校までのキャリア教育に関わる諸活動について、特別活動の学級活動及びホームルーム活動を中心として、各教科等と往還し、自らの学習状況やキャリア形成を見通したり振り返りをしながら、自身の変容や成長を自己評価できるよう工夫されたポートフォリオのことである。（文部科学省「キャリア・パスポート」例示資料等について（平成31年3月））

部会や学年会での情報交換を怠らないようにし、学校全体で支援をしていくことが求められます。新入生へのきめ細かい支援が生徒を含む学校全体に文化として行きわたることが大切です。

また、上級生との交流も学校への適応を推進する上でのよい機会です。委員会活動、部活動などの組織的活動や、新入生歓迎会、体育祭、文化祭などの学校行事も、新入生にとって高校への適応を促進します。しかし、こうした活動の中では人間関係などのいざこざが発生することもあり、教職員間による情報共有と適切な対応が求められます。

人間関係の形成は社会生活を送る上で必要不可欠ですが、他者とのコミュニケーションが苦手であったり、自己表現が得意ではなかったりする生徒も少なくありません。一様に人間関係を形成する能力を求めるのではなく、苦手な生徒に対しては、ゆっくり成長を見守り、よいところを認めて、人間関係の形成を進めていくといった工夫を行うことが大切です。

9.3.3　教科指導上の留意点

各教科等の学習においては、学習意欲の低下や無気力、また、学習状況が満足できるものでなかったり、欠課時数が多かったりすることなどにより課程の修了が認定されず、進級や卒業ができなくなった結果、中途退学に至ることがあります。

学びにおける不適応が顕著に起こる時期としては、高校 1 年生の 1 学期が挙げられます。中学校時代と異なり、少しの怠学で大幅な遅れをとる可能性もあり、そのことが学習意欲の低下につながる場合があります。特にこの時期は、学習意欲の低下や学校への所属意識の低下などの傾向がある生徒について情報交換を綿密に行うとともに、学級・ホームルーム担任と教科担任の連携の下で支援を行い、学習に前向きな姿勢に転じるようにする必要があります。

学習状況が満足できるものでなかったり、欠課時数が多かったりする場合は、丁寧なアプローチを行い対話的に関わり、必要に応じ補習や再試験を行うことも教育的配慮として必要です。地域によっては、校長会の連携・協力の下、教育支援センターを設置して学習指導を行い、生徒が在籍する高校の定期試験を実施し、単位を認定するところもあります。

また、特定の科目の単位が未修得になった場合、高等学校卒業程度認定試験を活用するなどの工夫も考えられます。なお、単位の認定範囲については、校長の判断によりますが、学校適応委員会（仮称）[*109] などの組織での協議を通じて、学校全体の支援に広げていくことも可能です。

9.3.4　キャリア教育（進路指導）における未然防止機能

「基本的視点」の五点を概観しても分かるように、中途退学と進路の課題は不可分の関係にあります。高校時におけるキャリア教育（進路指導）の目的は、主体的な進路の選択・決定により、新たな進路に円滑に移行する力を身に付けることです。また、学校生活から職業生活への長いスパンの中で培われるキャリア形成も目的に含まれています。

したがって、働くことへの「見方・考え方」の育成は、慎重に行う必要があります。働くことを安易に捉えて、学校の学びは仕事には役に立たないという誤った考えを持ち、躊躇なく中途退学してしまうことがあるからです。働くことと学ぶことが密接に結びついていることについての理解を、教科指導や就業体験活動（インターンシップ）などの機会を通じて、適切に促すことが必要です。これまでに生徒がどのようなキャリア形成をしてきたか知る上では、「キャリア・パスポート」の記述などが有効で、それらを参考にして適切な支援につなげていくことが求められます。

また、高校での就業体験活動（インターンシップ）においては、生徒が職場での人間関係の構築や職業が社会で果たす役割をじっくりと観察し、考えることができる機会を提供するような就業体験活動プログラムを開発することも必要です。

なお、キャリア教育では、「社会的・職業的自立に向けて必要な基盤となる資質・能力」の育成を目指すことから、小学校・中学校における9年間のキャリア教育で求める資質・能力の育成は、社会的・職業的自立に向けた発達支持的生徒指導を展開することにつながり、中途退学の未然防止に大きく寄与するものと考えられます。

9.4　中途退学に至る予兆の早期発見・対応

中途退学に至る前に、生徒の変化に気付くことが、早期発見・対応において重要であり、以下のような観点から生徒の様子を観察していくことが求められます。

[*109] 基礎学力や社会性育成を目指し、1学年から独自のキャリア形成支援を実施し、職業安定所や地域若者サポートステーション等の外部支援機関と連携したキャリア支援センターが設置され、移行支援及び卒業者への追指導を実施する高校もある。

9.4.1　生活の問題

成長の過程で、学校生活への適応における個人差も顕著になります。生徒の個人差を十分に考慮し、不適応傾向が確認された場合は、時期を空けず、また、教職員の個人的判断に委ねず、組織的に対応することが重要です。さらに、理由なく欠席や遅刻が増え、学校における諸活動への参加に消極的になり、話合いでの発言が減少するなどの兆候を見逃さないことも大切です。

また、こうした生活の問題については、他にも健康課題や性に関する課題といった個人的背景や、DV（Domestic Violence）やネグレクト、貧困やヤングケアラーといった家庭的背景が複合的に関連し、学校の生活や行動に影響が生じることもあるため、個々の生徒の状況に応じて、チーム学校として組織的に対応してくことが求められます（→第 12 章 性に関する課題、第 13 章 多様な背景を持つ児童生徒への生徒指導）。

9.4.2　学業の問題

教育活動の多くを占める教科学習は、学校適応の鍵を握っています。学習の遅れがちな生徒に対しては、一人一人に即した適切な指導をするため、学習内容の習熟の程度を的確に把握すること、学習の遅れがちな原因がどこにあるのか、その傾向はどの教科・科目において著しいのかなど実態を十分に把握した上で、各教科等の選択やその内容の取扱いなどに必要な配慮を加え、個々の生徒の実態に即した指導内容とするなど、指導方法を工夫することが大切です。その際、児童生徒相互で教え合い、学び合う協働的な学びを取り入れることで、生徒同士の信頼関係を構築し、やればできるという自己効力感を持つことができるように働きかけることも大切です。

また、学習を進める中で、病気欠席や転居も起こり得るため、病気欠席や転居に伴い学習が遅れたことによる不安や悩みにも配慮しなければなりません。数日でも教室を離れた後の疎外感は誰もが持つものです。転入や転出する生徒に対し、教科書や教育課程上の調整を配慮するだけでも、転校先の学校の授業への円滑な移行につながります。なお、長期に療養が必要な生徒については、ICT 等も活用した学習活動を実施し、教育機会の確保に努める必要があります。

9.4.3　進路の問題

進路の問題はその基盤となるキャリア形成の問題でもあります。学校、家庭、さらには社会での生活において、自らの役割を果たすことがキャリア形成の促進につながります。こうした体験を高校のみならず小学校、中学校段階から展開することにより、生徒が将来社会に出てどのような役割を果たしていくかを展望し、社会的・職業的自立を果たすことを可能にします。そのことは、中途退学の大きな抑止力にもなります。

学校という環境は、特別活動の時間をはじめとし、役割を果たす機会の宝庫と言われています。役割を果たした後には、果たした役割について常に振り返る機会を確保することが大切です。役割の意義について考える機会は、将来の社会生活における役割（例えば職業など）を考えることになり、進路の選択決定へとつながっていきます。

ただし、こうした日常の学校生活における役割取得において、本人の特性や興味・関心とのミスマッチについて留意されない場合も見られます。例えば、「細かいことが苦手な」児童生徒が細かな配慮が求められる役割を担う場合、うまくいかず達成感を持てず、さらに、できなかったことを指摘され追い詰められることもあり、不適応の要因になることがあります。役割を依頼する場合には、生徒の特性や興味・関心などを十分に考慮することが必要です。

9.5　中途退学者の指導と関係機関との連携体制

9.5.1　中途退学者の進学や就職における関係機関

中途退学は、一人の生徒の生き方に関わる問題であり、キャリア教育・進路指導においても多くの支援が求められます。中途退学が決まった生徒に対し教務部が学籍上の手続きを行う際には、進路指導部と連携し、その後の進学や就職の支援を行うシステムを構築しておく必要があります。就職や進学などに関する指導・援助は、卒業者に限定されず、中途退学者もその対象になっているからです。

(1) 就学の継続

高校を卒業することを前提に入学してきたことを考えると、まずは高校教育を継続し、卒業するように支える必要があり、多くの場合、中途退学ではなく転学を考えることになります。現在は、定時制や通信制課程を設置し、より柔軟な学習機会を提供する高校もありますので、そうした学校に転校することも考えられます。なお、通信制高校と連携する施設として、生徒に対して学習面や生活面での支援等を行うサポート校もありますが、これ自体は、高校ではなく、修学支援の制度の対象外となることも情報提供することが重要です。

定時制高校には、NPO 法人などによる「居場所カフェ」が設置されるところが増え、不適応傾向のある生徒の受け皿として機能しています。生徒本人や家族が、どのような学校があるか、転入学、編入学、新規入学の相違などの十分な情報を、親身な進路相談を通して考える機会を提供することが大切です。こうした機会は、中途退学後、新たな行動を起こす際の支援となります。また、経済的な理由で就学を断念しようとする生徒には、高等学校等就学支援金や高校生等奨学給付金などの公の経済的支援や育英制度、さらには在籍校の授業料などの猶予・免除の仕組みなどを説明し、就学継続希望が叶うよう援助を行います。

(2) 就職支援

中途退学後の選択肢の中で就職の占める割合は極めて大きいと言えます。ただし、中途退学者の担当の教職員に就職指導経験がない場合は、指導経験のある教職員に支援を求め、公共職業安定所（以下「ハローワーク」という。）とも連携して支援を進めます。

職業紹介事業は、原則として厚生労働省の許可を得て行われていますが、中学校及び高校は、「職業安定法」[*110]に基づき、ハローワークの指導・援助を受けながら職業紹介業務ができるとされています。

高校に送付されてくる求人票には「高校中途退学者も応募可能」と表記されているものもあります。こうした求人票が多く送付される学校では、進路指導室で求人票を閲覧する

[*110] 職業安定法第27条において、公共職業安定所長は、学生、生徒等（以下「学校卒業見込者等」という。）の職業紹介を円滑に行うために必要があると認めるときは、校長の同意又は要請により、①求人の申込みを受理し、公共職業安定所に連絡すること、②求職の申込みを受理すること、③求職者を求人者に紹介すること、④職業指導を行うこと、⑤就職後の指導を行うこと、⑥公共職業能力開発施設への入所のあっせんを行うことを、校長に対して分担させることができるとされている。また、第33条の２第１項各号に掲げる施設（以下「学校等」という。）が行う学校卒業見込者等の職業紹介については、学校等の職業教育の延長としてこれを行うことにより学校卒業見込者等が受けた職業教育を有効に活用した職業に就くことが可能となることから、学校卒業見込者等の職業適性を十分把握している学校等が職業安定機関の指導・援助を受けながら自らの事業として職業紹介を行うことが実態に即するとして、法第33条の２の規定により、厚生労働大臣に届け出ることにより無料職業紹介事業を行うことができるものとされている。

機会を提供することも重要です。しかし、就職に関する事項は学校教育の管轄外の内容も多く、教職員が十分に理解できていないという課題もあります。例えば、ハローワークとの連携を核に、次項で触れる地域若者サポートステーションやジョブカフェなど（→ 9.5.2 その他利用可能な関係機関）につなぐ方法もありますが、その際は、生徒が丸投げされたという意識をもたないよう、その後の経緯もフォローする必要があります。卒業後、居場所を失い、引きこもりやニートにならないよう、保護者の協力の下、関係機関と連携しながら切れ目のない援助を行います。特に、中途退学者に対する追指導は大切になります。

9.5.2　その他利用可能な関係機関

中途退学に直面した生徒が利用可能な主な制度や施設は以下のとおりです。生徒指導、進路指導・キャリア教育は、ガイダンスという範疇では同一の機能を持っています。進路の課題と生活の課題はつながっているという意識の下で支援を行うことが求められます。

(1) 教育支援センター

不登校児童生徒の社会的自立に向けた指導・援助を行う公的な施設。教育委員会が設置し、小・中学校の不登校児童生徒が対象の施設が多いですが、高校の不登校生徒を対象とする施設もあります。

(2) 高等学校就職支援教員（ジョブ・サポート・ティーチャー）

高校で、進路指導主事などと連携して、就職希望生徒に対する就職相談、求人企業の開拓などを行う人材です。就職における専門家として活用されています。

(3) 地域若者サポートステーション

働くことに悩みを抱える15歳〜49歳までを対象に、キャリアコンサルタントなどによる相談、コミュニケーション訓練などによるステップアップ、協力企業への就労体験などにより、就労に向けた支援を行う施設です。厚生労働省が委託した全国の若者支援の実績やノウハウがあるNPO法人、株式会社などが運営しています。中途退学者の希望に応じて、地域若者サポートステーションの職員が学校や自宅などへ訪問するアウトリーチ型就労支援を行います。「身近に相談できる機関」として、全ての都道府県に設置されています。

(4) ジョブカフェ

若年者のためのワンストップサービスセンター、いわゆるジョブカフェは、各都道府県が主体となって設置し、地域の特色を生かした就職セミナーや職場体験、カウンセリング・職業相談、職業紹介など様々なサービスを行っています。

(5) 求職者支援制度

雇用保険を受けられない人などが、月 10 万円の生活支援の給付金を受給しながら無料の職業訓練を受講できる制度です。訓練開始前から、訓練期間中、訓練終了後まで、ハローワークが求職活動をサポートします。

(6) ひきこもり地域支援センター

ひきこもりに特化した専門的な相談窓口としての機能を有する「ひきこもり地域支援センター」を都道府県、指定都市、市町村に設置し運営する事業です。このセンターでは、社会福祉士、精神保健福祉士、臨床心理士、公認心理師などの資格を有するひきこもり支援コーディネーターが、ひきこもりの状態にある人やその家族への相談支援を行い、適切な支援に結びつけます。

第 10 章

不登校

留意点

不登校児童生徒への支援は、「学校に登校する」という結果のみを目標にするのではなく、児童生徒が自らの進路を主体的に捉え、社会的に自立する方向を目指すように働きかけることが求められます。また、児童生徒によっては、不登校の時期が休養や自分を見つめ直す等の積極的な意味を持つことがある一方で、学業の遅れや進路選択上の不利益、社会的自立へのリスクが存在することにも留意する必要があります。不登校に関する発達支持的生徒指導としての「魅力ある学校づくり」を進めると同時に、課題予防的・困難課題対応的生徒指導については、不登校の原因・背景が多岐にわたることを踏まえた上で適切にアセスメントを行い、支援の目標や方針を定め、多職種の専門家や関係機関とも連携・協働しながら「社会に開かれたチーム学校」としての生徒指導体制に基づいて、個々の児童生徒の状況に応じた具体的な支援を展開していくことが重要です。

10.1　不登校に関する関連法規・基本指針

10.1.1　不登校に関する基本指針の変遷

不登校は「何らかの心理的、情緒的、身体的あるいは社会的要因・背景により、登校しない、あるいはしたくともできない状況にあるため年間 30 日以上欠席した者のうち、病気や経済的な理由による者を除いたもの」と定義されています。

不登校が注目され始めたのは昭和 30 年代半ばで、当初は学校に行けない児童生徒の状態は「学校恐怖症」と呼ばれていました。ところが、その後、学校に行けない児童生徒が増加し、教育問題として注目され始め、呼称は「登校拒否」へと変化しました。

昭和 60 年代頃までは、神経症的な不登校が中心で、登校時間になると頭痛や腹痛になり登校できない葛藤を抱える児童生徒が多く見られました。こうした状況を理解し対応するために、「登校拒否問題への対応について」[*111] の中では、「不登校はどの子にも起こりうる」という視点と、「やみくもに登校刺激を与えるのではなく、待つことが大切」ということが強調されました[*112] 。

一方、その後も不登校の数が増え続けると同時に、不登校の原因や状態像も多様化していくなかで、神経症的な不登校に対しては「待つこと」も必要であるが、ただ「待つ」のみではなく、不登校の児童生徒がどのような状態にあり、どのような支援を必要としているのかを見極め、個々の状況に応じた適切な働きかけや関わりを持つことの重要性が指摘されるようになりました。

「待っていてはいけないケース」として、例えば、いじめから不登校になったケースや、不登校の背景に虐待が隠れているケース、発達障害から生じる二次的な問題に起因する不登校のケースなどが挙げられます。初期対応の遅れから欠席状態が長期化すると、学習の遅れや生活リズムの乱れなども生じて、その回復が困難になる場合も少なくありません[*113]。そのため、予兆への対応を含めた初期段階から、段階ごとの対応を整理し、組織的・計画的な支援につながるようにすることの必要性が強調されました。

10.1.2　教育機会確保法

その後、さらに不登校の数が増加すると同時に、背景要因もますます多様化・複雑化していきました。そうした状況に対応するため、平成 27 年に「不登校に関する調査研究協力者会議」が発足し、多角的な議論の末、平成 28 年には「義務教育の段階における普通教育に相当する教育の機会の確保等に関する法律」(以下「確保法」という。) が成立しました。さらに平成 29 年には、確保法第 7 条の規定を受け、教育機会の確保等に関する施

[*111] 「登校拒否問題への対応について」初等中等教育局長（平成 4 年 9 月24日）

[*112] この頃より「不登校」という呼称が使われ始めた。

[*113] 「今後の不登校への対応の在り方について」初等中等教育局長（平成15年 5 月16日）では、不登校となった要因・背景等を把握した上で、適時・適切に働きかけることや関わりを持つことの重要性を指摘。

策を総合的に推進するため「義務教育の段階における普通教育に相当する教育の機会の確保等に関する基本指針」が策定されました。

確保法では、不登校の要因や背景としては、本人・家庭・学校に関わる様々な要因が複雑に絡み合っている場合が多く、更にその背後には、社会における「学びの場」としての学校の相対的な位置付けの低下、学校に対する保護者・児童生徒自身の意識の変化等、社会全体の変化が少なからず影響していることが指摘されています。そのため、不登校を教育の観点のみで捉えて対応することには限界があるとした上で、学校や教育関係者が一層充実した支援や家庭への働きかけ等を行うとともに、学校への支援体制を整備し、関係機関との連携協力等のネットワークによる支援の充実を図ることの重要性が強調されています。加えて、不登校は、多様な要因・背景により結果として不登校になっているということであり、その行為を「問題行動」と判断してはならないという点が前面に出されています[*114]。

このことは、「不登校児童生徒に問題がある」という決めつけを払拭し、教職員・保護者・地域の人々等が不登校児童生徒に寄り添い共感的理解と受容の姿勢を持つことが、当該児童生徒の自己肯定感を高めるためにも重要であり、不登校児童生徒にとっても、支援する周りの大人との信頼関係を構築していく過程が社会性や人間性の伸長につながり、結果として、社会的自立につながるという視点を重視したものと捉えることができます。

さらに、児童生徒の多様で適切な教育機会の確保が再確認されたことも、この法律の大きな柱になっています。不登校児童生徒の学びの場所として、具体的には、教育支援センター、不登校特例校[*115]、NPO 法人やフリースクール、そして夜間中学等を挙げることができます。そこでの学びを、一定の要件の下、校長の判断により指導要録上の出席扱い[*116]とすることで、児童生徒個々の状況に応じた学びを保障するような支援を実現することが望まれます。

[*114] 「不登校児童生徒への支援に関する最終報告」不登校に関する調査研究協力者会議（平成28年７月29日）

[*115] 不登校特例校とは、不登校児童生徒の実態に配慮した特別の教育課程を編成して教育を実施する必要があると認められる場合、特定の学校において教育課程の基準によらずに特別の教育課程を編成することができるとする特例措置によって文部科学大臣から指定された学校。

[*116] 学校外の公的機関や民間施設で相談・指導を受けている場合、一定の要件の下、指導要録上の出席扱いとしている。なお、一定の要件とは、学校外の公的機関や民間施設において相談・指導を受けている場合、①保護者と学校との間に十分な連携・協力関係が保たれていること、②民間施設における相談・指導が適切であるかどうかは、「民間施設についてのガイドライン」を参考に、校長が教育委員会等と連携して判断すること、③当該施設に通所又は入所して相談・指導を受けること、④学習成果を評価に反映する場合には、当該施設における学習内容等が教育課程に照らし適切であると判断できることとされている。

10.1.3　不登校児童生徒への支援の方向性

この確保法の理念が浸透すれば、学校に行けないことで自責の念に苦しむ児童生徒や、我が子が不登校であることに負い目を感じている保護者の苦しみを、少しでも和らげることが期待されることから、確保法を学校現場に周知させるための広報や啓発を積極的に進めることが求められます。しかし実際には、不登校の要因は「無気力・不安」、「生活リズムの乱れ、あそび、非行」、「いじめを除く友人関係をめぐる問題」、「親子の関わり方」、「学業不振」、「教職員との関係をめぐる問題」と多岐にわたっています。

さらに、一見したところではあそび・非行型の不登校に見えても、丁寧にアセスメントしていくと、背景に親子関係の葛藤や学力の課題等が浮かび上がってくるようなケースも少なくありません。これらのケースの中には、適切に実態把握や支援を行うことにより、安心して学校に通うことができるようになった児童生徒も見られます。不登校という状況が継続し、結果として十分な支援が受けられない状況が続くことは、自己肯定感の低下を招くなど、本人のキャリアや社会的自立のために望ましいことではないことからも、適切に支援を行う重要性について再認識することが求められています。

こうした不登校児童生徒への支援を考える上で必要なのが、不登校の背景にある要因を多面的かつ的確に把握し、早期に適切な支援につなげるアセスメントの視点です。教職員が考える不登校のきっかけと、児童生徒自身による回答には、ずれが生じることもあります。また、きっかけそのものが「わからない」と回答する児童生徒も少なくありません。

そのため、「なぜ行けなくなったのか」と原因のみを追求したり、「どうしたら行けるか」という方法のみにこだわったりするのではなく、どのような学校であれば行けるのかという支援ニーズや、本人としてはどうありたいのかという主体的意思（希望や願い）、本人が持っている強み（リソース）や興味・関心も含め、不登校児童生徒の気持ちを理解し、思いに寄り添いつつ、アセスメントに基づく個に応じた具体的な支援を行うことが重要です（→ 10.3.4 不登校児童生徒支援としての困難課題対応的生徒指導）。

10.1.4　支援の目標

不登校児童生徒への支援の目標は、将来、児童生徒が精神的にも経済的にも自立し、豊かな人生を送れるような、社会的自立を果たすことです。そのため、不登校児童生徒への支援においては、学校に登校するという結果のみを目標とするのではなく、児童生徒が自らの進路を主体的に捉え、社会的自立を目指せるように支援を行うことが求められます。

このことは、「児童生徒一人一人の個性の発見とよさや可能性の伸長と社会的資質・能力の発達を支えると同時に、自己の幸福追求と社会に受け入れられる自己実現を支える」という生徒指導の目的そのものと重なるものであると言えます。

人が社会で充実した人生を歩んでいくためには、自分と関わる人たちとの関係性を保ちながら、自らの意志と判断で主体的に社会に参画していくことができるようになることが重要です。そのため、ここでいう社会的自立は、依存しないことや支援を受けないということではなく、適切に他者に依存したり、自らが必要な支援を求めたりしながら、社会の中で自己実現していくという意味であると捉えることができます。

したがって、不登校で苦しんでいる児童生徒への支援の第一歩は、将来の社会的自立に向けて、現在の生活の中で、「傷ついた自己肯定感を回復する」、「コミュニケーション力やソーシャルスキルを身に付ける」、「人に上手に SOS を出せる」ようになることを身近で支えることに他なりません。その上で、社会的自立に至る多様な過程を個々の状況に応じてたどることができるように支援することが、次の目標になると考えられます。

例えば、中学 3 年生の場合、本人が希望すれば、在籍中学校への復帰もありますし、地域によっては、不登校特例校に転学することも可能です。高等学校についても、全日制高校に加え、定時制高校や通信制高校も増えています。特に後者（定時制・通信制高校）では、複数の登校スタイル（朝昼夜の三部制や制服の有無など）や多様な課程・コース（進学・国際・理美容・声優ほか）を選択できるという学校も多く、高校からの再スタートを模索する道も多様になってきています。さらには、就職という進路も残されています。また、高校に行けなくても、高等学校卒業程度認定試験を受けて大学に行くという道もあります。

このように、個々の児童生徒に求められる自立の姿は実に多様であるため、学校復帰や転学等に際して、形だけを整えるのではなく、個に応じた多様な社会的自立に向けて目標の幅を広げた支援を行うことが必要になります。

10.2　不登校対応に求められる学校の組織体制と計画

10.2.1　教育相談体制の充実

不登校に限らず、学校の中での課題に対応するためには、まずは、教職員一人一人が児童生徒に対する共通理解の姿勢を持ち、学校全体でチームとしての指導・援助を行う体制の充実を図ることが肝要です（→ 3.4.2 生徒指導と教育相談が一体となったチーム支援の実際）。

校内で情報を共有し、共通理解の下で支援に当たるための一つの方法として、「児童生徒理解・支援シート」[*117] を活用し、不登校児童生徒についての個別の支援策を作成することが挙げられます。保護者等との連携の下で作成されたシートに記載された情報の受け渡しなどについては、個人情報保護の原則に配慮した取扱いをした上で、チーム学校の理念に基づいた校内での情報共有や校種を超えた情報の引継ぎが求められます（→ 3.7.3 学校と関係機関との連携・協働）。

特に、不登校については、いじめや虐待、非行やネット依存、発達障害や精神疾患等との関連も指摘されています。不登校検討委員会など、不登校に特化した委員会を持たない学校も少なくない中、いじめ対策委員会や特別支援教育委員会などで不登校事案が検討されたり、不登校として把握されたケースの背景にいじめや発達障害等が見え隠れしたりするというケースもあります。校内での支援に当たっては、必要に応じてSCやSSWも加えた多職種によるネットワークを構築し、教育相談体制が組織的に機能するようにすることが求められます。

また、公式のケース会議ではなくても、日頃から、不登校児童生徒についての情報交換と「次に取るべき対応」を検討するための非公式なケース会議を開催することも有効です（→ 10.3.4 不登校児童生徒支援としての困難課題対応的生徒指導）。

教育相談コーディネーターが主導し、時間を固定せずに、昼休みや放課後を利用して、比較的短時間で臨機応変に会議を持つことが望まれます。教育相談コーディネーターがファシリテーターとしての役割を果たせるようにするとともに、そうすることが可能になるような職場の雰囲気や体制づくり（→ 1.4.1 教職員集団の同僚性）を進めることも重要

[*117] 初等中等教育局長（令和元年10月25日）の「不登校児童生徒への支援の在り方について」児童生徒理解・支援シート（参考様式）児童生徒理解・支援シートの作成と活用について」が参考になる。

です。

10.2.2　教育相談を支える教職員の連携・協働

日本の学校では、学級・ホームルーム担任が学習指導のみならず、学級・ホームルームで、児童生徒に寄り添い、生活面全般についての指導・援助も担当しています。このことは、集団の中において個別指導を行う上で、有効なシステムと言えます。

不登校をはじめ、児童生徒への生徒指導においては、最も身近で密接な関わりを持つ学級・ホームルーム担任が、「いつでも」、「どこでも」、「だれにでも」、個別指導をする機会を持つことができます。また、深刻な悩みや課題を抱え、特別な指導や援助を必要とする児童生徒に対して第一義的に関わるのも、学級・ホームルーム担任です。しかし、学級・ホームルーム担任一人だけでは解決を図ることが困難な場合も少なくなく、不登校児童生徒への支援もその例外ではありません。

学校内には、不登校児童生徒に関わる際の要とも言える役割を有する者がいます。その人たちが、学級・ホームルーム担任を支え、協力して不登校児童生徒を支援することが重要です。

① 養護教諭は、心身両面から児童生徒の健康に関わることができます。学級・ホームルーム担任や保護者との連絡を通し、不登校の早期発見や、保健室登校の提案と対応など、不登校のケースに関わる機会も多く、重要な役割を担っています。

② 教職員という立場でカウンセリングや相談業務に関わるのが教育相談コーディネーターです。教職員という立場を活かし、即時的なニーズにも対応可能であり、他の教職員との連携も行いやすいという利点もあります。

③ 特別支援教育を推進する役割を担うのが、特別支援教育コーディネーターです。主に発達障害等の特別な支援を必要とする児童生徒の支援にあたり、校内委員会や研修会の企画・運営、関係諸機関との連絡・調整、保護者からの相談窓口などの役割を担います。

④ 心理的な要因が大きいケースについては、児童生徒への心のケアや教職員・保護者への助言・援助を行う SC との連携が有効であり、福祉的な要因が見え隠れする場合は SSW との連携が重要となります。これら SC や SSW の配置については、拠点校方式や巡回校方式など、地域や学校によって配置形態に違いがあります。

SC や SSW との連携において、学校配置の SC や SSW は教職員として位置付けられていることを認識した上で、不登校児童生徒への関わりを SC や SSW などの専門家に丸投げにするのではなく、相互の情報共有を密接にし、チームとして取り組むことが重要です（→ 3.1.2 チーム学校として機能する学校組織）。

10.2.3　校種を越えての情報連携

不登校児童生徒への支援は、短期間で終わる場合がある一方で、校種を越えて続く場合もあります。前籍校で行われてきた支援が、卒業とともに途切れて、また一から始めるのではなく、支援ニーズや支援内容についての情報を異なる校種間で丁寧に共有し、必要なことは引き継ぐ実効的なシステムを築くことが必要です。

その際には、個人情報保護の原則に配慮し、児童生徒本人と保護者の意向を尊重しつつ、どの情報をどう伝えるのかについての確認をしておくことが求められます。その場合も、児童生徒理解・支援シートが役立ちます。

学校においては、校長のリーダーシップの下、学校全体で組織として対応できる体制を築き、心理や福祉の専門家、教育支援センター、医療機関、児童相談所など学校外の専門機関等との「横」の連携を進めるとともに、子供の成長過程を見ながら継続的に一貫した支援を行う視点から、小学校、中学校、高等学校、高等専門学校及び高等専修学校等の「縦」の連携も重要です。

不登校児童生徒への支援を巡っては、多くの関係者が協力し合って子供に関わる体制を実現することにより、「一人一人の多様な課題に対応した切れ目のない組織的な支援の推進」[*118]が可能になります。

10.3　不登校に関する生徒指導の重層的支援構造

不登校対応の重層的支援構造は、図 18 のようになります。

[*118] 文部科学省不登校に関する調査研究協力者会議「不登校児童生徒への支援に関する最終報告～一人一人の多様な課題に対応した切れ目のない組織的な支援の推進～」（平成28年７月）

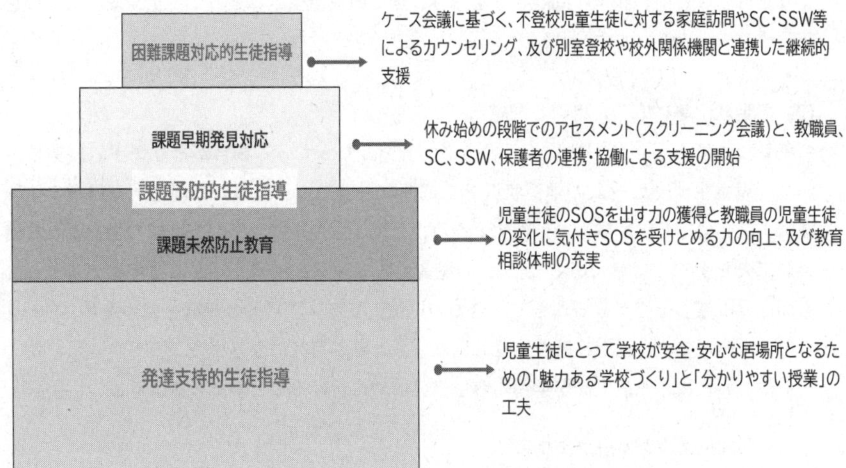

図 18　不登校対応の重層的支援構造

10.3.1　不登校対策につながる発達支持的生徒指導

(1) 魅力ある学校づくり・学級づくり

全ての児童生徒にとって、学校、とりわけ所属する学級・ホームルームが安全・安心な居場所となるような取組を行うことが重要です。児童生徒が、「自分という存在が大事にされている」「心の居場所になっている」「学校が自分にとって大切な意味のある場になっている」と実感できる学級・ホームルームづくりを目指すことが求められます。

特に、入学直後や学級・ホームルーム替え後の時期は、人間関係を一から構築する大切な節目です。学級・ホームルーム担任は、日々の授業や特別活動を通し、全ての児童生徒にとって個々の学びを保障する分かりやすい授業を工夫し、学級・ホームルームが安心して楽しく過ごせる雰囲気になるような居場所づくり・集団づくりを進めることが求められます。

また、校長のリーダーシップの下、いじめや暴力行為などを許さない学校運営や学級づくりを行うことは、様々な問題の芽を摘み、全ての児童生徒にとって安全・安心な学校を実現する一歩となります[*119] 。

(2) 学習状況等に応じた指導と配慮

不登校の原因として、学業の不振がその一つとなっている場合があります。授業において、児童生徒一人一人の学習状況等を把握した上での「指導の個別化」や児童生徒の興味・関心に応じた「学習の個性化」を目指して、個別最適な学びを実現できるような指導の工夫をすることが大切です。「どの児童生徒も分かる授業」、「どの児童生徒にとっても面白い授業」を心がけることで、全ての児童生徒が、学業への意欲を高めたり、学級・ホームルームでの自己存在感を感受したりすることが可能になります。

そのためには、児童生徒が学習内容を確実に身に付けることができるように、

- 個別指導やグループ別指導
- 学習内容の習熟の程度に応じた指導
- 児童生徒の興味・関心等に応じた課題学習
- 補充的な学習や発展的な学習などの学習活動を取り入れた指導

など、指導方法や指導体制を工夫・改善し、個に応じた学習指導の充実を図ることが求められます（→ 2.2.1 個に応じた指導の充実）。

10.3.2　不登校対策としての課題未然防止教育

(1) SOS を出すことの大切さ

悩みや不安などは、いつ起こるか分かりません。悩みが生じたときにすぐに話を聴いてもらえるような、気軽に相談できる体制をつくることは、児童生徒の安心感につながります。ところが、悩みがあることは「恥ずかしいこと」と思い込み、人に相談することを否定的に捉える児童生徒も見られます。

悩みを持つことは決して悪いことではなく、誰でも悩むことはあるということへの理解

[*119] 「義務教育の段階における普通教育に相当する教育の機会の確保等に関する基本指針」文部科学省（平成29年 3 月31日）２．不登校児童生徒等に対する教育機会の確保等に関する事項　（１）児童生徒が安心して教育を受けられる魅力ある学校づくり

を促し、悩んだときに、人に話す・聴いてもらう（言語化する）ことの重要性を伝えるための取組を行うことも有効です（例えば、「SOS の出し方に関する教育を包む自殺予防教育」→第 8 章 自殺）。

そこでは、児童生徒が自らの精神的な状況について理解し、安心して周囲の大人や友人に SOS を出す方法を身に付けるための教育の推進が求められています。それに加えて、養護教諭や SC、SSW を活用した心身の健康の保持増進に関する教育（→ 13.3 健康課題に関する課題と対応）や保護者を対象とした親子関係や思春期の心理等について学ぶ学習会などを併せて実施していくことが重要です。

(2) 教職員の相談力向上のための取組

児童生徒が発する SOS を受けとめるためには、教職員が、児童生徒の状況を多面的に把握するための研修等を行い、教職員の意識改革を目指すことが求められます。

他方、児童生徒の健康状況や気持ちの変化等を可視化するためのツールの開発も進められつつあります。そうしたツールを有効に活用するためにも、学級・ホームルーム担任と教育相談コーディネーター、養護教諭、SC や SSW などが連携して、多角的・多面的な児童生徒理解を可能にする教育相談体制を築くことが重要です。

そのような連携の下、教員と SC、SSW による相互コンサルテーション[*120]の機会を持ち、不登校の背景要因や具体的な関わりについて話し合うことにより、不登校児童生徒への対応のヒントが得られたり、保護者支援の方向が見いだせたりするなど、支援の幅が広がる効果も期待されます。また、そのような取組を通じて、教職員の教育相談に携わるための力量の向上を図ることが望まれます。

10.3.3 不登校対策における課題早期発見対応

(1) 教職員の受信力の向上と情報共有

児童生徒理解は、児童生徒の日常に継続的に関わる教職員だからこそできることであり、毎日見ているという強みを生かして、「ちょっとした変化」「小さな成長」に気付くこ

[*120] コンサルテーションとは、異なる専門性や役割を持つ者同士が、各々の専門性や役割に基づき、児童生徒の状況について検討し、今後の援助方針等について話し合う会議のことである。相互コンサルテーションは、コンサルタント（専門性に基づきコンサルテーションを行う人）とコンサルティ（コンサルテーションを受ける人）の援助関係が一方向ではなく、双方向性であることを強調した考え方と言える。

とも可能になります。そのためにも、日頃から児童生徒の言葉・行動・表情に気を配ると同時に、友人関係や教職員との関係や、学業成績まで、幅広い事項について児童生徒の変化や成長に対するアンテナを高くしておく必要があります。

児童生徒本人や周りのクラスメイト、家庭、さらには、地域の児童館や子ども食堂等との情報共有が、不登校児童生徒が抱える課題の早期発見につながることが少なくありません。早期対応に向けては、気になる児童生徒について、できる限り早期に複数メンバーで情報を共有し、検討・分析するスクリーニング会議を実施することが求められます。これ以外にも、不登校の予兆を早期に把握するためのアセスメントツールの活用や、学級・ホームルーム担任、及び SC 等による全員面接の取組などが効果的です。

(2) 保健室・相談室との連携

多様な困難を抱えた児童生徒が保健室や相談室を訪れることがあります。

保健室では、心身の不調などの訴えに対して、養護教諭による相談等が行われます。相談室も、SC 等が在席している日は、休み時間や放課後などを中心に個別の相談に応じます。その際、児童生徒の話を受け止める養護教諭や教育相談コーディネーター、SC、SSW 等と学級・ホームルーム担任、教科担当教員等が連携し、適切に情報を共有することで、心身に不調のある児童生徒を早期に把握し、継続的に休み始める前に関わることが可能になります。

(3) 保護者との日頃からの関係づくり

児童生徒は学校や家庭、地域等において様々な人間関係の中で生活しています。家族との衝突が学校での反抗的な態度につながったり、家庭でのトラブルがもとになり気持ちが沈んでしまったりと、心身の不調の背景に家庭の要因が関係していることも少なくありません。その意味からも、不登校の予兆の早期発見・対応において教職員と保護者との信頼関係に基づく情報共有が不可欠と言えます。一方で、児童生徒が不登校になることで不安や焦りを感じている保護者へのカウンセリング等を通じた支援も重要です。

学級・ホームルーム担任等は、SC、SSW の協力も得ながら、保護者の話をよく聴き、保護者との間に、不登校児童支援の協力者としての関係を築くことが重要です。そうすることで、保護者を元気づけ、心理的に安定させることが、児童生徒への有効な支援につながることも少なくありません（→ 10.3.4(8) 多様な自立の在り方に向けての進路支援）。

10.3.4　不登校児童生徒支援としての困難課題対応的生徒指導

(1) ケース会議による具体的な対応の決定

休みが続く児童生徒個々の状況や支援ニーズについては、日頃の状況をよく把握している学級・ホームルーム担任や養護教諭、生徒指導担当教諭や教育相談コーディネーター等とともに、SC、SSW等とも連携の上、ケース会議において、児童生徒や学級への的確なアセスメントを行い、支援の目標や方向性、具体的な対応策などを検討するなどして、実効的なチーム支援の体制を構築することが求められます。

その際も、BPSモデル（→ 3.4.2 生徒指導と教育相談が一体となったチーム支援の実際）に基づき、「生物学的要因（発達特性、病気等）」、「心理学的要因（認知、感情、信念、ストレス、パーソナリティ等）」及び「社会的要因（家庭や学校の環境や人間関係等）」に注目した多面的なアセスメントを行うことが大切です。

また、児童生徒理解に終わるのでなく、次の一歩となる具体的な支援方法（校内での支援体制で支えるのか、学校外の関係機関の力を借りるのか、その場合は、具体的にどの機関と連携するのか等）まで検討することが肝要です。

(2) 校内における支援

教室に居場所感が持てない児童生徒の避難場所として、また一旦不登校になったものの学校に戻りたいと思った際の通過点として、別室登校を行うことは珍しくありません。

別室として、保健室や相談室、別室用の小部屋などを用意している学校も増えてきました。また、図書室や校長室などを不登校児童生徒の居場所としている学校もあります。これら以外にも、教室とは別の場所に校内教育支援センター（いわゆる校内適応指導教室）[*121] を設置し、学習支援や相談活動を行う学校も見られます。

別室で安心して過ごせるよう、教職員の配置や学習機会の整備など、組織的に運営することが求められます。具体的な取組としては、本人の状況に合わせたプリントや課題の準備、教職員やボランティア等による学習支援、SC、SSWによる個別面談などが挙げられ

[*121] 都道府県・市町村教育委員会等の主導の下、校内の別室を活用し、退職教員やSC等による学習支援や相談を行う等、特色ある取組を進めている支援策の一つ。「不登校に関する調査研究協力者会議報告書～今後の不登校児童生徒への学習機会と支援の在り方について～」文部科学省（令和4年6月）3.(2).b学校内の居場所づくり（校内の別室を活用した支援等）。

ます。その際、不登校児童生徒への安全・安心な居場所の確保、丁寧な支援による自己肯定感の向上とともに、学習機会の保障も重要です。また、本人の気持ちに合わせて、別室から徐々に教室に向かえるようにするための工夫、教室での自然な迎え入れや学級・ホームルーム担任による働きかけが必要なケースも考えられます。

(3) 家庭訪問の実施

児童生徒に欠席が続いたときには、電話だけでなく、教職員自身が家庭訪問を行うことも必要になります。

その際、不登校児童生徒にとって、学校を休んでいるときに学級・ホームルーム担任が家庭を訪問するというのは、抵抗や不安をもたらす場合もあることに留意する必要があります。「ばつが悪い」、「先生と顔を合わせたくない」、「逃げ出したい」と引っ込んでしまう児童生徒も少なくありません。

家庭訪問の目的の一つは、教職員が児童生徒を「気にかけている」というメッセージを伝えるとともに、安心させることにあります。本人と直接会えない場合は、保護者と話をしたり、持参したプリント類を置いてきたりするだけでも十分に意味があります。登校を強く促したり、勉強の不安を喚起したりするなどの対応は、児童生徒にとって苦しく受け入れがたい関わりとなります。

なお、家庭訪問を行う際には、常にその意図・目的、方法及び成果を検証し、適切な家庭訪問を行うことが大切です。必要に応じて、関係機関等が連携したアウトリーチ支援や保護者サポートも視野に入れた家庭教育支援を活用することも考えられます。

ただし、家庭訪問や電話連絡を繰り返しても児童生徒の安否が確認できない場合などには、直ちに市町村又は児童相談所への通告を行うほか、警察等に情報提供を行うなど、適切な対処が必要となるケースもあります。

(4) 校外の関係機関等との連携

不登校の状態像が多様化する中、学校内の支援だけでは十分ではないケースも見られます。個々の不登校の状態や背景要因を適切にアセスメントし、教育センター相談室、教育支援センター、フリースクール、児童相談所、クリニックなど、その児童生徒に合った関係機関につなぐ支援が必要になる場合もあります。また、関係機関だけでなく、不登校特例校や夜間中学など、児童生徒を多様な学びの場につなぐ支援も必要です（→ 10.4 関係機関等との連携体制）。

しかし、不登校児童生徒を関係機関等につなぐことは、学校が当該児童生徒を関係機関等に全面的に委ねるものではないことは言うまでもありません。

学級・ホームルーム担任一人ではできないことも、教職員や多職種の専門家、関係機関がチームを組み、役割分担をすることで、指導・援助の幅や可能性が広がります。同様に、学校だけでは対応しきれない部分をカバーしたり、よりよい支援の方向性を見いだしたりするためには、多職種の専門家や関係機関との連携が不可欠です。支援者の負担を分散することで支援の質を高める、つまり、校外の関係機関等との連携により、教職員は当該児童生徒への関わりの密度を高めることが可能になると考えることができます。

(5) 家庭や保護者を支える

不登校の子供を持つ保護者は、我が子の将来を案じ、自分の子育てが間違っていたのかと悩み、児童生徒の将来について不安を抱えていることが少なくありません。そうした保護者とは、児童生徒への支援等に先立ち、信頼関係を築くことが重要です。

具体的には、保護者に対する個別面談で、丁寧に保護者の不安や心配事を聴き取ることが、児童生徒への関わりを見直す契機となる場合もあります。保護者が抱えるネガティブな感情を吐き出し、肩の力を抜くことができれば、児童生徒への関わりが改善し、結果的に児童生徒に好ましい変化が見られることもあります。

さらに、当事者視点で語られる経験は同じ悩みを抱える保護者の大きな支えや前進力となるため、親の会や保護者同士の学習会を紹介するなど、保護者を支えることが、間接的に不登校の児童生徒への支援につながると考えることができます。

その一方で、虐待等の深刻な状況がある家庭への対応については、福祉・医療機関等と連携した支援が必要となります。また、児童生徒の非行への対応や生活習慣、養育環境の改善のための支援や、経済的支援が必要とされるケースもあります。こうした場合、福祉的な支援方法等を紹介し、関係機関による情報提供やアウトリーチ型支援があることを伝えることで、環境改善が可能になることも期待されます。

(6) 校種を越えた移行期における支援の大切さ

幼稚園・保育所・認定こども園、小学校、中学校、そして高等学校という校種間の移行期は、不登校児童生徒への支援においてもきわめて重要となります。

それまでの支援が途切れ一から支援の在り方を模索するのではなく、児童生徒理解・支援シート等を活用し、校種を越えた切れ目のない支援の実現が求められます。しかし一方で、「次の学校に入学したら、新しい環境で自分を変えてみたい」というように、次の環境への移行期を自らのリセットの機会と考える児童生徒もいます。移行期においては、情報の引継ぎを重視するとともに、それがレッテル貼りにならないように、柔軟な見守りの姿勢をとることも必要です。

(7) ICT を活用した支援

近年、特に大きく進んだのが、ICT を活用した通信教育やオンライン教材です。

GIGA スクール構想の進展により、今後、自宅や別室と教室をオンラインでつなぎ、授業や学級の様子を視聴できるようにするなど、学校に登校できない児童生徒に対する学びの一形態としてオンラインによる教育機会が増えていくことも予想されます。

そのためにも、オンラインによる学習を学校内でも共有し、一定のルールの下、出席扱いとすることや、学校教育法施行規則第 86 条に基づく不登校特例校の指定を受けて単位認定につなげられるような取組を推進することが求められます[*122]。

さらに、1 人 1 台端末を活用し、学校に出て来ることができない不登校児童生徒の健康状況や気持ちの変化を確認するなど、ICT を適切に活用した客観的な児童生徒の状況把握を組織的に進めることも重要です。

[*122] 小学校、中学校については、自宅においてICT等を活用した学習活動を行った場合、以下に挙げるような要件のもと、指導要録上の出席扱いとしている。その要件とは、①保護者と学校との間に十分な連携・協力関係が保たれていること、②ICTや郵送、FAX等を活用して提供される学習活動であること、③訪問等による対面指導が適切に行われていること、④当該児童生徒の学習の理解の程度を踏まえた計画的なプログラムであること、⑤校長は、対面指導や学習活動の状況等を十分に把握すること、⑥基本的に当該児童生徒が学校外の公的機関や民間施設において相談・指導を受けられないような場合に行う学習活動であること、⑦学習成果を評価に反映する場合には、学習内容等がその学校の教育課程に照らし適切であると判断できることとされている。「不登校児童生徒への支援の在り方について」初等中等教育局長（令和元年10月25日）（別記２）不登校児童生徒が自宅においてＩＣＴ等を活用した学習活動を行った場合の指導要録上の出欠の取扱いについて、２出席扱い等の要件。高等学校については、「高等学校の全日制課程及び定時制課程における不登校生徒に対する通信の方法を用いた教育による単位認定について」初等中等教育局長（平成21年３月31日）に基づき、学校教育法施行規則（昭和22年文部省令第11号）第86条に基づく指定を受けることにより、高等学校（中等教育学校の後期課程を含む。）の全日制の課程及び定時制の課程において、学校生活への適応が困難であるため、相当の期間高等学校を欠席していると認められる生徒を対象として、通信の方法を用いた教育により、一定の範囲内において単位認定を行うことが可能である。

(8) 多様な自立の在り方に向けての進路支援

高校段階の進路については、多様な選択肢があります。例えば、小学校や中学校で十分に力が発揮できなかった生徒を対象に学び直しの教育支援を行う高等学校や、生徒の生活に合わせて通学時間帯や修業年限を選べる多部制の定時制高校などがあります。

また、通信制高校では、教育課程の中で生徒の進路希望に応じた多様なコースを設けている学校もあります。中には、教育相談体制や教育課程外の学びについても充実させる体制を整えている学校や、学習をサポートする施設（→ 9.5.1（1）に記載の「サポート校」（修学支援の対象外）を参照）とも連携し、教育課程外の学びを多様に展開し、面接指導（スクーリング）とは別に通学の機会を設け、生徒のペース等を考慮しながら、通学頻度を選べる学校などもあります。

通信制高校は居住地域に関わらず、多くの学校を選択することができることから、自分に合った学校や教育内容が充実している学校をしっかりと選択することが大切です。

さらに、高等学校と並ぶ後期中等教育機関であり、不登校経験者等を多く受け入れている高等専修学校（専修学校高等課程）や、高校に通わずに高校卒業者と同等以上の学力があることを認定するための高等学校卒業程度認定試験の受験をサポートするような施設まで、多岐にわたる学びの場もあります。

中学校における進路指導や高校における転学・編入等の相談において、こうした多様な進路を実現するための情報提供を行い、生徒が適切な高校教育を受けることができるための支援が求められます（→ 9.4 中途退学に至る前の早期発見・対応）。

10.4　関係機関等との連携体制

不登校にとどまらず、昨今学校現場で起こっている様々な出来事は複雑化・深刻化の傾向が強く、専門的なアセスメント力や知識・技能がますます必要とされています。多様化する不登校に対しては、学校だけの力では十分な支援が難しくなっている状況も見られます。不登校の要因の多様化に伴い、不登校児童生徒への支援の際に連携すべき関係機関は多岐にわたっています。

10.4.1　関係機関の役割

教育委員会が設置する教育支援センターでは、不登校児童生徒への学習支援やカウンセリングを行っているだけでなく、例えば、保護者対象の面談等を行っており、通所希望者への支援以外にも、地域での不登校児童生徒の支援の中核となることが期待されています。

また、民間団体やNPO法人等が主催するフリースクールも増えつつあります。在籍校との間で通所状況や活動記録を共有するなどの連携を行い、指導要録上の出席扱いとなるケースもあります（→ 10.1.2 教育機会確保法）。近年では、フリースクールのノウハウを活用した公設民営の教育支援センターの設置等も見られるようになりました。

他方で、虐待や貧困、保護者の精神的な病気などがある場合には、児童相談所や市町村が相談に応じています。さらに、非行や暴力行為などを伴うケースについては、警察や少年サポートセンターが相談に応じています。

また、夜間中学は義務教育の段階の普通教育に相当する教育を十分に受けていない者の学びの場として重要な役割を果たすことが期待されています（→ 3.7.3 学校と関係機関との連携・協働）。

以上のような関係機関では、児童生徒や保護者へのカウンセリングに加え、学習支援や集団活動、ソーシャル・スキル・トレーニングや家庭支援まで、不登校児童生徒の社会的自立に向けた幅広い支援が行われています。その他にも、不登校児童生徒の実態に配慮し特別な教育課程での学びを提供している不登校特例校（分教室型を含む。）もあり、多様な教育活動が展開されています。

10.4.2　学校と関係機関の連携における留意点

学校が関係機関を活用する場合、まず必要なのは、不登校児童生徒が何に困っているか、どのような関わりを必要としているかを正確にアセスメントすることです（→ 3.4.2 生徒指導と教育相談が一体となったチーム支援の実際）。

例えば、発達障害等の障害が背景にある場合は、相談支援機関や医療機関につなぎ、適切な支援を受けることで状態が落ち着く場合もあります。深刻な非行問題は警察の少年課が相談窓口になります。また、法務少年支援センター（少年鑑別所）も、心理面のアセスメントを専門とする相談機関として利用できます。また、虐待が疑われるケースについては、児童相談所に通告することが義務付けられています。（→ 3.7.3 学校と関係機関との連携・協働）。

本人に必要な関係機関が見つかった場合、そこにつなげる役割が必要となります。関係機関と連携する際には、虐待が疑われるケースを除き、本人だけでなく、保護者の理解が必要となりますが、そのためには、当該関係機関がなぜこの児童生徒に必要であるのかの丁寧な説明が必要になります。

この説明と納得の過程（インフォームド・コンセント）なしに外部機関を紹介すると、児童生徒本人や保護者に「学校に見捨てられた」「学校ではどうにもならないほどひどい状態なのか」という不安を与えることにもなりかねないため、十分な配慮が求められます。

また、外部機関とつながってからも、丸投げに終わるのではなく、学校と関係機関が責任を分け持つことが大切です。そのためにも、関係機関における対応方針の共有や、学校におけるこれまでの活動の状況、出席状況、学校行事への参加等に関する情報伝達など、教育相談コーディネーターや SC、SSW 等が、学級・ホームルーム担任を支えながら、学校と関係機関を円滑につなぐ作業を進めることが求められます。

不登校児童生徒一人一人にとっての最善を目指す上で、多様な学習の機会や体験の場、心身のサポートを提供する関係機関等と積極的に連携し、学校の教職員と民間施設職員が連絡を取り合い、互いに訪問するなど、相互に協力・補完し合うことの意義は大きいと言えます。

第 11 章

インターネット・携帯電話に関わる問題

留意点

インターネットには、匿名性、拡散性などの特徴があり、児童生徒へ指導や啓発を行う際には、こうした特質を十分に把握しながら進めることが肝要です。また、インターネットの問題は、トラブルが起きてしまうと完全に解決することが極めて難しいため、未然防止を含めて、対策を講じるための体制を事前に整えておくことが必要です。ただし、学校だけで取り組むことは難しく、それぞれの関係機関等と連携しながら、「チーム学校」として対策を進めることが必要です。

11.1　関連法規・基本方針等

11.1.1　インターネット環境整備法

青少年が安全に安心してインターネットを利用できるようにし、青少年の権利の擁護に資することを目的に、平成 20 年に「青少年が安全に安心してインターネットを利用できる環境の整備等に関する法律」が成立しました。本法において、保護者には、子供のインターネットの利用を適切に管理することなどが求められています。

また、18 歳未満の青少年が携帯電話を利用する場合は、保護者と携帯電話インターネット接続事業者は、フィルタリング利用を条件としなければならないことが定められています。各事業者はフィルタリングを無料で設定するなど、これまでも産学官を挙げた対策により成果を上げてきましたが、保護者の同意があれば設定しなくてよいとされています。また、成立当初は、ガラケー（従来型携帯電話）が主流であったため、携帯電話会社の回線を制限すればほとんど課題解決に向かいましたが、平成 24 年頃からスマートフォンが利用されるようになると、Wi-Fi やアプリ経由でのアクセスなども可能になったため、制限が難しくなっています。

11.1.2　出会い系サイト規制法

インターネット異性紹介事業の利用に起因する児童買春その他の犯罪から児童生徒を保護し、もって児童生徒の健全な育成に資することを目的に、平成 15 年に「インターネット異性紹介事業を利用して児童を誘引する行為の規制等に関する法律」が成立しました。「『インターネット異性紹介事業』の定義に関するガイドライン」では、以下の四つの要件を全て満たすと出会い系サイトであるとされています。

① 面識のない異性との交際を希望する者（異性交際希望者）の求めに応じて、その者の異性交際に関する情報をインターネット上の電子掲示板に掲載するサービスを提供していること
② 異性交際希望者の異性交際に関する情報を公衆が閲覧できるサービスであること
③ インターネット上の電子掲示板に掲載された情報を閲覧した異性交際希望者が、その情報を掲載した異性交際希望者と電子メール等を利用して相互に連絡することができるようにするサービスであること
④ 有償、無償を問わず、これらのサービスを反復継続して提供していること

平成 20 年の同法改正によりさらに成果が見られ、出会い系サイトでの被害は減少しましたが、一方で、出会い系サイト以外のサイトでの被害が高い水準で推移しています。

11.1.3　プロバイダ責任制限法

ウェブページで権利侵害があった場合、プロバイダ（サーバの管理者・運営者、掲示板管理者などを含む。）の損害賠償責任の制限と、発信者情報の開示を請求する権利などを定めることを目的に、平成 13 年に「特定電気通信役務提供者の損害賠償責任の制限及び

発信者情報の開示に関する法律」が成立しました。

プロバイダは事実を知らなければ賠償責任を負わないとされているため、当事者から依頼を受けて適切な措置をとった後、情報を非公開にしたり、削除したりします。なお、被害者が開示請求できる発信者の情報には以下のようなものがあります。

- 発信者その他侵害情報の送信に係る者の氏名又は名称
- 発信者その他侵害情報の送信に係る者の住所
- 発信者の電子メールアドレス
- 侵害情報に係る IP アドレス
- IP アドレスを割り当てられた電気通信設備から開示関係役務提供者の用いる特定電気通信設備に侵害情報が送信された年月日及び時刻

11.1.4　その他の法律等

インターネット問題に関しては、ほかにも知っておくべき法律等があります。

「児童買春、児童ポルノに係る行為等の規制及び処罰並びに児童の保護等に関する法律」(以下「児童買春・児童ポルノ禁止法」という。）では、児童ポルノ（18 歳未満の男女の、ことさらに性的な部位が露出されたり強調されたりしているもの等）を自己の性的好奇心を満たす目的で所持すると罪に問われることがあります。また、18 歳未満の者の裸等を携帯電話等で撮影する行為は、「児童ポルノの製造」に当たるとされています。

また、インターネット上の書き込みで名誉毀損罪（公然と事実を摘示し、人の名誉を毀損）や侮辱罪（事実を摘示せずに、公然と人を侮辱）に問われることがあります。学校での携帯電話等の持込みについては、文部科学省より通知[*123] が発出されており、小・中学校は原則校内持込禁止、高等学校は原則校内使用禁止、特別支援学校は実態を踏まえて判断することとし、中学校については次の四つの条件を満たすと持込みができることなどを示しています。

- 学校と生徒らが協力したルール策定
- 学校での管理方法と紛失時の責任の明確化
- 閲覧対象を制限する「フィルタリング」を保護者の責任で設定

[*123] 「学校における携帯電話の取扱い等について」初等中等教育局長（令和 2 年 7 月31日）

- 学校や家庭による危険性の指導

11.2　インターネット問題への組織的取組

11.2.1　指導・啓発における留意事項

(1) ネットの匿名性

インターネットは匿名で様々な行為をすることが可能です。そのため子供たちはインターネット上で、リアルの生活では行わないような、好ましくない行為や場合によっては法に触れる行為を行ってしまうことがあります。

その結果、ネットいじめなどの人間関係上のトラブルや、ネット上での誹謗中傷やネット炎上などの犯罪につながる行為に発展することも珍しくありません。

(2) ネットの拡散性

特に、インターネットの拡散性に留意が必要です。インターネットの投稿は、一度発信されると瞬時に広がり、削除することができないので、「デジタルタトゥー」と呼ばれています。SNS や動画共有アプリのコメント欄などは、匿名で書き込めるため、躊躇なくひどい誹謗中傷が行われることもあります。

さらに多くの人が目にするため、拡散性が高く、炎上状態になり、個人が特定されることも珍しくありません。その場合には、子供の将来に深刻な影響を及ぼすことも起こり得ます。また、交際していた相手の恥ずかしい写真を、別れた腹いせにインターネット上で拡散する等のトラブルは「リベンジポルノ」と言われています。

(3) ネットいじめ

ガラケー時代の子供たちは、メールの他にも、プロフ・ホムペと称する、いわゆる「学校裏サイト」で交流していることが多く見受けられました。これらは匿名で書き込むことが可能であったため、過激な表現を用いた直接的な誹謗中傷や、特定の個人を名指ししたデマが目立ちました。

スマートフォンが主流になってからは、無料通話アプリや SNS での交流が中心となり、これらは基本的に記名が必要となるため、直接的な攻撃よりも、グループから外したり、対象をぼかしたりすることが多くなっています。

スマートフォンが主流の今も、ネット上で名指しで攻撃される場合もあります。その場合は、ガラケー時代よりも深刻な状況だと捉える必要があります。被害者が「公然と攻撃してよい対象」と認識されてしまっている可能性が高いからです。24 時間逃げ場がなく、拡散性が高いので、あっという間に広まり、すぐに深刻な事態に発展することが少なくありません（→第 4 章　いじめ）。

(4) ネットの長時間利用

SNS でのやり取りや動画視聴等が長時間に及び、生活に支障が出ることがあります。こうしたネットの長時間利用により日常生活に支障が出るような状態については、生徒指導上の課題として捉えることも状況によっては必要になります。

11.2.2　組織的取組

(1) インターネット問題に関する組織的な取組の例

インターネット問題は、起きてしまうと完全な解決は難しく、情報が瞬時に拡散されてしまうため、特に充実した未然防止体制の構築が求められます。また、インターネットに夢中になり、日常生活に支障が出ることもあるため、多方面の専門家などからなる対策委員会を設置し、SC、SSW、警察、消費生活センター、児童相談所等、多角的な視点から状況を把握し、的確な対応ができるように準備しておくことが必要です。併せて、インターネット・ホットラインセンター等、緊急時の相談先を普段から確認しておくことも重要です。

① インターネット対策の中心組織の設置

インターネットに関する問題が発生した際には、緊急かつ広い範囲での対応が求められます。そのため生徒指導担当者だけでの対応では不十分で、学校・地域・家庭を挙げての取組が必要です。インターネット対策の中核となって、以下のような取組について情報交換と方針策定のための協議を行う組織を、校務分掌に位置付けることが求められます。

- 情報集約と方針決定

  学校で起きているインターネット問題の集約と、対策の方針決定を行うために定期的に会議を行います。

- アンケートの実施

  インターネットの利用内容、利用時間、ネットの知識の把握等、児童生徒のインターネット利用の実態把握のためのアンケート調査を行います。

- 啓発活動の実施

  講演会等を通じて児童生徒への啓発を図るだけでなく、児童生徒が授業（技術家庭、道徳科、特別活動など）の中で系統的にインターネットの知識や課題解決方法について学ぶ機会を設けることが求められます。

- 児童生徒間の話合い、ルールづくり

  インターネット利用は学校だけではなく、家庭での利用も多いので、教職員や保護者が一方的に教えたり指導したりするだけではなく、児童生徒がインターネットの扱いについて主体的に考えて、その利便性や影響について議論しながら、身近な課題としてルールを定める機会を用意することも大切です。

インターネットトラブルの発生を把握した場合、緊急会議を開催し、トラブル情報の共有、当該児童生徒及び周辺児童生徒への対応に当たります。

② インターネット問題の相談・通報窓口

児童生徒がトラブルに巻き込まれた場合、しかるべき大人に早急に相談することが必要です。インターネットトラブルは、教職員や保護者からは見えにくいので、児童生徒が自主的に相談・通報できる窓口の設置が不可欠です。また、学級・ホームルーム担任や養護教諭等が相談を受けた場合、個人の判断で対応せず、組織的に対応することが求められます。

(2) 学校内外の連携に基づく組織的対応の必要性

学校の組織において、インターネットの問題に係る担当は、学校の生徒指導担当、情報教育担当、人権教育関係担当など、複数の担当者にまたがっている場合があります。GIGA スクール構想の下で授業内での情報端末の活用が進み、学校内において適切にインターネットを活用していくためにも、改めて校内体制を実効性のあるものにするよう見直しを図ることが求められます。

また、インターネット問題は、学校内だけでは対応できない場合が多いため、警察、法律や消費者問題等の専門家等の見解を踏まえた対応を行うことが求められます。そのためにも、学校や教育委員会等は、普段から専門家等とインターネット問題についての情報交換を緊密に行い、課題が発生した際の対応方法について協議しておくことが、今後一層必要になると考えられます。

11.3　インターネットをめぐる課題に対する重層的支援構造

各学校においては、教職員がインターネットをめぐる課題への対応についての理解を深めた上で、児童生徒がインターネット問題の対応についての知識を身につけるように働きかけるとととともに、インターネットトラブルを生まない環境づくりを目指すことが不可欠です。加えて、トラブルが発生しても自分たちで解決できる人間関係づくりや教職員への相談体制の充実を図り、さらに課題解決に向けて児童生徒と教職員、保護者及び地域等が連携して対応できるシステムづくりを推進するような体制を整備することが急務です。

学校及び学校の教職員には、以上を踏まえた上で、①未然防止、②早期発見、③適切かつ迅速な対処という三つの局面において、計画に基づく取組を進めることが求められます。

11.3.1　前提としての方針確認

インターネット問題については、教職員の間で認識の違いが大きく、感情的で個人的な見解に固執して方向性が定まらないことも多いため、定期的に方針を確認する必要があります。時代の変化を踏まえつつ丁寧な議論を重ねていくことが不可欠ですが、以下のような前提を確認しておくことが求められます。

(1) 法に基づく対応

インターネット利用の基本は、法律等である程度定められています（→ 11.1 関連法規・基本方針等）。各学校等における極端な制限・禁止や、ネット利用の過度の推進については慎重な態度が必要です。

(2) GIGA スクール構想により整備された１人１台端末の扱い

GIGA スクール構想により、学校の授業等で１人１台端末が活用されています。自宅等で自分の端末を利用する際と学校配布の端末で利用する際では、管理方法等に違いが生じます。

学校配布の端末は、学習で利用することを目的として整備されたツールであり、フィルタリングや機能制限は、児童生徒の発達段階や情報活用リテラシーの習熟度合も踏まえながら、学習での利用に必要な範囲に定めることができます。

チャット機能等、児童生徒が端末を使ってやり取りをする場面では、教職員が児童生徒の書き込みを確認できるように設定するなどの配慮が必要です。さらに、端末利用に際して、学校等は明確なルールを提示し、保護者の理解を得ておくことも不可欠です[*124]。

11.3.2　インターネット問題の未然防止

(1) 教育課程全体での未然防止

インターネット問題は、学校や教職員が事態を把握することさえ難しく、気付いたときには取り返しのつかない、大きな問題に発展していることもあります。

そのため、各学校においては、情報モラル教育[*125]などを通して、未然防止の取組を講じることが重要です。特定の時間だけでの指導ではなく、教育課程全体（家庭科・技術家庭科、道徳科、特別活動等）を横断して未然防止に取り組むことが必要です。

SNS 等で学校外の不特定多数を巻き込んでいる事案、法に触れてしまっている事案など、インターネット問題は、学校内だけでは解決が難しい場合もあります。したがって児童生徒自身が、インターネットが広く社会全体につながり、リアル社会と同じように法律で制御されていることをしっかりと把握する必要があります。

法的制裁の対象になっていないことであっても、道義的に許されないこともあるため、ネット利用上のマナーについても理解することが必要です。

[*124] GIGA スクール構想の実現について　文部科学省ホームページ

[*125] 情報モラル教育の充実等（教員・児童生徒等向け）　文部科学省ホームページ、普及啓発リーフレット集（児童生徒・保護者向け）　内閣府

(2) 児童会、生徒会で取り組む未然防止

児童生徒の帰宅後のインターネットの利用状況について、教職員が十分に把握することは困難です。したがって、インターネットの利便性や影響について児童生徒自身が主体的に議論しながらルールを定める機会を持つことが求められます。また、そのことは、高度情報化社会を生き抜いていく児童生徒にとって重要な経験となります。

児童生徒が、学級・ホームルームや児童会・生徒会等で議論しながら主体的にルールを定めることは、児童生徒がルールを守ることの重要性を自覚するきっかけになります。

11.3.3　インターネット問題の早期発見

(1) 早期発見の基本的な考え方

インターネット問題が起きた場合、SNS 等で広がった後で、学校や学校の教職員が知ることが少なくありません。多くの場合、児童生徒が事前に知っていて対応に苦慮しているにもかかわらず、どこに相談するべきかわからなかったり、教職員が対応してくれるのか、相談する事で大きくならないかといった不安があったりすることから、学校や学校の教職員に相談しないでいるようなことも少なくありません。

そのため、まず教職員がインターネット問題に興味を持ち、児童生徒のインターネット利用実態の変化に敏感であることが必要です。さらにインターネット問題だけではなく、日常の些細な困難や悩み事を気軽に教職員等に相談できる信頼関係を築くことと、この問題に特化した相談窓口整備を含めたシステムを構築することが求められます。

インターネット問題は、SNS 等、多くの人が目にする場所で起きることが多いので、発見ルートとして、本人からの訴えや当該保護者からの訴えだけではなく、級友等からの報告も重要です。また、ネットパトロール等、外部の機関の協力を得ることも重要な方策です。

(2) 保護者や地域への啓発活動

インターネット問題には、学校、家庭、地域が連携して取り組む必要があります。危険性の周知だけではなく、フィルタリング等の普及やルールづくりの必要性を伝えておくと、早期発見につながる場合があります。児童生徒への周知に加えて、リーフレットなども活用しながら、保護者等に対してもフィルタリング設定の必要性やパスワードの扱いな

どについて伝えておくことが必要です。

(3) 学校、家庭、地域での居場所づくり

各種調査から、学校、家庭、地域に居場所がない児童生徒が、逃げ場としてインターネットを利用していることが分かってきています。そのため、児童生徒が安心できる居場所づくりに取り組むことも重要です。

11.3.4　インターネット問題への適切かつ迅速な対処

(1) 対応原則の共通理解

インターネットに関する問題を把握した場合、当該児童生徒の被害拡大を防ぐことを最優先します。インターネット上の情報は拡散性が強いので、一刻を争う事態も少なくありませんが、まず当該児童生徒及び保護者等と一緒に解決していく姿勢を示すことが必要です。

当該児童生徒の意向を把握しないで、学級会や学年集会、保護者集会等を開催して解決に向かおうとすると、信頼の喪失につながることもあります。法的な問題に直面することも多いので、専門家の見解を踏まえながら、対応の方針について具体的な方策を提示し、児童生徒や保護者に選択させることも重要です。

近年、インターネット問題として学校及び学校の教職員が、生徒指導事案として対応を求められていることは、次の三点に大別できます。

① 法的な対応が必要な指導

- 違法投稿（著作権法違反、薬物等）
- ネット上の危険な出会い
- ネット詐欺
- 児童買春・児童ポルノ禁止法違反（自画撮り被害等）

② 学校における指導等

- 誹謗中傷、炎上等悪質な投稿
- ネットいじめ[*126]

[*126] インターネット上の誹謗中傷等の投稿についても、その態様によっては、刑事罰（名誉毀損、侮辱罪等）や損害賠償責任の問題にもなるため、法的な対応が必要となる場合も十分に想定される。

③ 家庭への支援

- ネットの長時間利用
- 家庭でのルールづくり
- 児童生徒の孤立状況の把握・サポート

①については、迷わずに、警察等の専門家に早急な対応を求め、加害、被害を問わず、児童生徒を違法状態から救い出さなければなりません。

②についても、放置すると大きなトラブルに発展する可能性があるので、関係機関等と連絡を密接に取り合いながら対応を進める必要があります。誹謗中傷やなりすまし事案への対応では、インターネットに精通した専門家の支援の下、児童生徒自身や保護者から削除要請しなければならないこともあります。

③については、都道府県・市町村単位での、地域を挙げた支援体制構築と、その周知徹底が急務です。学校や家庭に居場所がない児童生徒が、孤立してインターネットで過ごす時間が増加する可能性が高いことを念頭に置く必要があります。

(2) 対応方針の前提

① 情報収集と丁寧な聴き取り

インターネット上には膨大な情報があふれており、被害者、加害者がどの程度の影響を受けているのか、又は及ぼしているのか当事者自身が把握できないなど、インターネットに関する問題は、全貌が分かりにくいのが特徴です。そのため、一部の情報やコメントだけで方針を決定するのは危険であり、不断の情報収集と丁寧な聴き取りが必要になります。

また、児童生徒の事案の認知状況によって対応が大きく変わってきます。インターネットにおける問題は、被害者・加害者に加え、その他学年・学校の児童生徒にも急速に広がることもあり、広く児童生徒への周知及び指導が必要な場合もあります。方針確定のために周囲の児童生徒への聴き取りが必要な場面も少なくありませんが、そのことによってデリケートな個人情報が流布してしまい、さらに SNS 等で拡散されることもあるので、慎重な対応が必要です。

② アセスメントに基づいた対応方針のすり合わせ

丁寧な情報収集によるアセスメントに基づいて、対応方針をすり合わせることが必要です。学年等での教職員間の対応を統一しておくことは必須ですが、異なる自治体の児童生徒が関わることも珍しくないため、その際には学校と教育委員会等や学校間で連携を図り対応していくことも必要になります。

(3) 具体的な対応方法

① 法的な対応が必要な指導

違法な投稿は、学校だけの指導では完結しません。速やかに関係機関と連絡を取り合って対応することが、児童生徒を守ることにつながります。

- 違法投稿（著作権法違反、薬物等）

  児童生徒が著作権法違反や違法薬物に関する投稿をしていることを把握した場合、まず警察や消費生活センターなどの関係機関と連絡を取り合い対応します。詐欺行為への加担（受け子等）が発生した場合には、関係した児童生徒だけではなく、学校全体に周知し、加害者及び被害者が増えることを食い止めなければなりません。

- ネット詐欺

  ネット詐欺により、金銭が絡む事案が発生した場合、警察だけではなく、消費生活センター等とも協働することで、事態が解消に向かうこともあります。特に未成年者が間違ってお金を使った場合には、民法第 5 条における未成年者取消権を使うことができる場合もあります。

- ネット上の危険な出会い

  面識がない人とインターネット上でのやり取りをすることが特別なことではなくなってきており、インターネット上の知り合いに誘拐される事件等が発生しています。共通の趣味を持つように装う、悩みの相談に乗るなど、言葉巧みに児童生徒を信用させ、最終的に児童生徒が自ら会いに行こうとする場合もあります。児童生徒のインターネットでの言動がヒントになる場合が多いため、ネットの利用状況について、気になる状況を把握した場合には、学校において注視するとともに、早期に組織的に情報を共有しておくことも必要です。

- 児童買春・児童ポルノ禁止法違反（自画撮り被害等）

  自画撮り被害とは、18 歳未満の者が自分の裸の画像等を撮影させられた上、

SNS 等で送らされる被害です[*127]。これらの被害は SNS に起因する場合が多く、相手方が性別や年代を偽る「なりすまし」により児童生徒に接触してきたり、また、一度送信した画像は広く流布されたりする可能性があることから、こうした事案を例に、インターネットの匿名性や拡散性のリスクについて児童生徒に理解を促すことも重要です。

② 学校における指導等

- 誹謗中傷、炎上等悪質な投稿

児童生徒がインターネット上で誹謗中傷を受けたり、自分の投稿に対して批判や悪口を数多く書かれたりすることがあります。内容や状況によっては、学校及び教職員等は、本人又は保護者の意向に応じて、「インターネット上の誹謗中傷に関する相談窓口のご案内」を参照するなどして、適切な相談窓口を伝える等の手助けをすることが求められます。

- ネット起因の人間関係のもつれ

インターネット上の書き込みをきっかけに児童生徒間の人間関係がこじれることがあります。SNS でのやりとりは基本的に文字を中心としたコミュニケーションであるため、勘違いや間違った思い込みをきっかけにトラブルに発展することも珍しくありません。インターネット上で過激な表現を用いた直接的な言葉の攻撃に加え、不特定多数の人が目にするような場所に誰がターゲットか一見分からないような言葉を書き込んだり、特定の人物を除いたメンバーでやり取りしたりすることが増えています。

インターネット上での人間関係のもつれは、その記録を何度も見直すことができるため、怒りが持続し、さらに広く児童生徒のコミュニティに拡散されてしまい、解決が困難になります。児童生徒にとって、インターネット上のコミュニケーションは、リアルのコミュニケーションと同程度に重要であるため、文字でのコミュニケーションの難しさ等について、あらゆる教育活動を通じて啓発、指導していくことが求められます（→ 11.2.1 指導・啓発における留意事項）。

③ 家庭への支援

[*127]「なくそう、子供の性被害。」　警察庁ホームページ

ネットの長時間利用など、学校だけでは解決することが難しい、家庭におけるインターネット利用上の課題もあります。そのため、学校、家庭、地域を挙げた取組が必要であり、家庭における、利用時間・場所などのルールづくりやフィルタリングの設定についての指導・援助が求められます。各学校や教育委員会等は、保護者を対象とした集会の際などに、ルール設定のモデルを提示するなどの取組を行うことも考えられます。

11.4　関係機関等との連携体制

インターネット問題は、影響が多岐にわたり、解決のためには連携が必須ですので、教職員と保護者、地域の人々、関係機関が協力し合うことが求められます。特にインターネット問題の解決には、特別な知識と対応方法が必要なことが多いため、それぞれの専門性を理解し、協働していくことが重要です。

11.4.1　保護者との連携

インターネット問題の適正な管理・対応については、保護者との連携が必須です。連携に際しては、入学式等、早い時期に学校の姿勢を示し、利用方法等について承諾書等で賛同を得ておくことが求められます。特に１人１台端末は、学校での学習活動に加え、家庭に持ち帰ることが想定されているので、学校の方針に従って活用することについての理解を得ておくことが肝要です[*128]。

11.4.2　関係機関との連携と相談窓口の周知

(1) 警察との連携

これまでも学校警察連絡協議会の場等において、学校と警察の連携が図られてきましたが、インターネット問題についての情報交換は必須です。また、「非行防止教室」等、警察官が学校に出向いた講話の機会に、インターネット問題について話してもらうことも効果的です。またインターネットトラブルが起きたときにすぐに対応してもらえるように、普段から情報交換を含めて、密接に連絡を取り合っておくことが求められます。

[*128] 「普及啓発リーフレット集（児童生徒・保護者向け）」　内閣府ホームページ

(2) 消費生活センターとの連携

児童生徒がインターネット上で、保護者に無断でお金を使うことがあり、詐欺だけではなく、金銭問題に巻き込まれることもあります。学校や教育委員会等において当該事案を把握した際には、抱え込むのではなく、早期に消費生活センターへの相談を勧めるなどの支援を行うことも必要です。

(3) 相談機関の周知

インターネット上で様々な問題に直面した際には、上記関連機関に加え、相談内容に応じて各種相談窓口[*129] に問い合わせることも考えられます。

居住地域にどのような関係機関や相談窓口があるかを、相談機関一覧表を配布するなどして、児童生徒や保護者に周知しておくことも大切です。

[*129] 内閣府ホームページでは、インターネット上で生じる様々な課題や有害情報等に関するその他各種相談窓口が紹介されている。また、インターネット上の誹謗中傷に関する相談窓口も参考になる。

第 12 章

性に関する課題

留意点

児童生徒を取り巻く性に関する状況において、若年層のエイズ及び性感染症、人工妊娠中絶、性犯罪・性暴力、性の多様性など様々な課題が見られます。

これらは、生徒指導にも直結する課題であると言えます。性に関する課題への対応では、関連する法律などの理解や人権に配慮した丁寧な関わり、児童生徒が多様性を認め、自分と他人を尊重することが出来、安心して過ごせる環境や相談しやすい体制の整備、それらを支える「チーム学校」として組織づくりを進めることが求められます。

12.1　性犯罪・性暴力対策の強化の方針

性犯罪・性暴力は、被害者の尊厳を著しく踏みにじる行為であり、その心身に長期にわたり重大な悪影響を及ぼすものであることから、その根絶に向けた取組や被害者支援を強化していく必要があります。

令和２年には、政府の「性犯罪・性暴力対策強化のための関係府省会議」において、「性犯罪・性暴力対策の強化の方針」が決定されました。この方針を踏まえ、児童生徒が生命（いのち）を大切にし、性犯罪・性暴力の加害者にも、被害者にも、傍観者にもならないよう、全国の学校において「生命（いのち）の安全教育」を推進することが求められています。

12.1.1　性同一性障害者の性別の取扱いの特例に関する法律

性同一性障害に関しては、当事者が社会生活上様々な問題を抱えている状況にあり、その治療の効果を高め、社会的な不利益を解消するため、平成 15 年に「性同一性障害者の性別の取扱いの特例に関する法律」が成立しました。また、学校における性同一性障害に係る児童生徒への支援についての社会の関心も高まり、その対応が求められるようになってきました。こうした中、文部科学省では、平成 22 年に「児童生徒が抱える問題に対しての教育相談の徹底について」を発出し、性同一性障害に係る児童生徒については、その心情等に十分配慮した対応をするよう要請が行われました。

さらに、平成 27 年には「性同一性障害に係る児童生徒に対するきめ細かな対応の実施等について」が発出され、具体的な配慮事項などが示されました。また、この通知において、悩みや不安を受け止める必要性は、性同一性障害に係る児童生徒だけでなく、いわゆる「性的マイノリティ」とされる児童生徒全般に共通するものであることが明記されました。また、平成 24 年に閣議決定された「自殺総合対策大綱」においては、「自殺念慮の割合等が高いことが指摘されている性的マイノリティについて、無理解や偏見等がその背景にある社会的要因の一つであると捉えて、教職員の理解を促進する」ことの必要性が示されました。

12.1.2　学校における性に関する指導

学校における性に関する指導は、学習指導要領に基づき、児童生徒が性について正しく理解し、適切に行動を取れるようにすることを目的に実施し、体育科、保健体育科や特別活動をはじめ、学校教育活動全体を通じて指導することとされています[*130]。

指導に当たっては、

- 発達の段階を踏まえること
- 学校全体で共通理解を図ること
- 保護者の理解を得ること
- 事前に、集団で一律に指導（集団指導）する内容と、個々の児童生徒の状況等に応

[*130] 学習指導要領解説（保健体育編）

じ個別に指導（個別指導）する内容を区別しておくこと

などに留意し、計画性をもって実施することが求められています。また、地域や学校の実情に応じて、産婦人科医や助産師等の外部講師を活用することも考えられます。

12.2　性に関する課題の早期発見・対応

12.2.1　早期発見と早期対応の基本

問題や心配事を抱えた児童生徒は、表情や態度などを通じて何らかのサインを発することが少なくありません。課題予防的生徒指導の観点から、教職員はそうしたサインに気付けるよう努めるとともに、気付いた際は、事態を深刻化させないためにチーム支援に基づく迅速な対応を行うことが必要です。

12.2.2　養護教諭と他の教職員との連携

養護教諭の活動の中心となる保健室は、誰でもいつでも利用でき、児童生徒にとっては、安心して話を聞いてもらえる場所でもあります。養護教諭は、けがなどの救急処置や身体の不調を訴えて来室する児童生徒はもとより、不登校傾向や非行傾向のある児童生徒、性に関する課題のある児童生徒などにも日常的に保健室で関わる機会が多く、いじめや虐待などの問題についても発見しやすい立場にあります。

また、発見しにくい性的虐待や性被害なども、本人からの訴えや健康相談、保健室での会話や様子の観察から、発見されることもあります。そのため、対応に当たっては、養護教諭と関係する教職員が情報の共有を図り、緊密な連携に基づく支援を行うことが重要です。

12.2.3　実効性のある組織体制の確立

問題への対応に当たっては、教職員の誰かが得た情報を教職員間で共有する場を設け、生徒指導部、教育相談部、保健部などのそれぞれの組織が情報を共有し、役割を分担した上でチームとして取組を進めることができる実効性のある組織体制を築いていくことが重要です。

12.2.4　地域ぐるみの援助

児童生徒に直接・間接に影響を与えるものとして、児童生徒を取り巻く地域環境の問題があります。学校、家庭、地域が一体となって、緊密な連携の下に児童生徒の健全な成長を支えるために、地域ぐるみの青少年育成活動が展開される必要があります。

12.3　性犯罪・性暴力に関する生徒指導の重層的支援構造

性犯罪・性暴力には、性的虐待、デート DV (Domestic Violence)、SNS を通じた被害、セクシャルハラスメントなどがあります。DV とは、配偶者など親密な間柄の相手から振るわれる暴力のことです。特に、交際相手との間に起こる暴力のことを「デート DV」といいます。暴力には、身体的暴力のほか、精神的暴力、性的暴力、経済的暴力など、様々な種類があります。性的暴力としては、性行為を強要する、避妊に協力しない、裸の撮影を強要するなどの行為を挙げることができます。

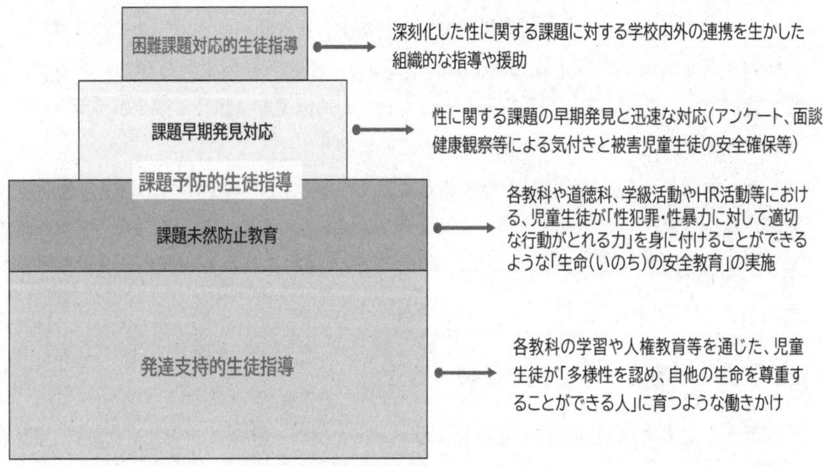

図 19　性犯罪・性暴力に関する生徒指導の重層的支援構造

性犯罪・性暴力に関する対応について、生徒指導の観点から捉えると、図 19 のように整理することができます。発達支持的生徒指導としては、各教科の学習や人権教育等を通して、「多様性を認め、自他の生命や人権を尊重することができる人」に育つように働きかけます。

課題未然防止教育としては、各教科や道徳科、学級・ホームルーム活動等において、全ての児童生徒が性犯罪・性暴力に対して適切な行動をとれる力を身に付けることができるように「生命（いのち）の安全教育」を実施します。

課題早期発見対応としては、健康観察等から問題の予兆を見逃さず、気付いたら被害者の安全確保を第一に迅速な対応を行います。問題が深刻化している場合には、学校内外の連携に基づき「チーム学校」として、組織的な指導・援助を行うことになります。

12.3.1 「生命（いのち）の安全教育」による未然防止教育の展開

(1) 趣旨・目標・ねらい

前述した「性犯罪・性暴力対策の強化の方針」を踏まえ、令和 3 年には文部科学省と内閣府が連携し、「生命（いのち）の安全教育」のための教材及び指導の手引き等を作成しました。

この指導の手引きにおいて、性犯罪・性暴力を根絶していくためには、加害者にならない、被害者にならない、傍観者にならないための教育と啓発を行っていくことに加えて、児童生徒に対して、また、社会に対して、次のようなメッセージを送り続けることの重要性が明示されました。

① 生命（いのち）の尊さや素晴らしさ
② 自分を尊重し大事にすること（被害者にならない）
③ 相手を尊重し大事にすること（加害者にならない）
④ 一人一人が大事な存在であること（傍観者にならない）

具体的には、生命の尊さを学び、性暴力の根底にある誤った認識や行動、また、性暴力が及ぼす影響などを正しく理解した上で、生命を大切にする考えや、自分や相手を尊重する態度などを、発達段階に応じて身に付けることを目標としています。

このような「生命（いのち）の安全教育」を推進する基盤として、安全で安心な学校環境をつくることも不可欠です。各段階に応じたねらいを表 3 に示しました。

表3　「生命（いのち）の安全教育」の各段階におけるねらい

段階	ねらい
幼児期	幼児の発達段階に応じて自分と相手の体を大切にできるようにする。
小学校（低・中学年）	自分と相手の体を大切にする態度を身に付けることができるようにする。また、性暴力の被害に遭ったとき等に、適切に対応する力を身に付けることができるようにする。
小学校（高学年）	自分と相手の心と体を大切にすることを理解し、よりよい人間関係を構築する態度を身に付けることができるようにする。また、性暴力の被害に遭ったとき等に適切に対応する力を身に付けることができるようにする。
中学校	性暴力に関する正しい知識をもち、性暴力が起きないようにするための考え方・態度を身に付けることができるようにする。また、性暴力が起きたとき等に適切に対応する力を身に付けることができるようにする。
高校	性暴力に関する現状を理解し、正しい知識を持つことができるようにする。また、性暴力が起きないようにするために自ら考え行動しようとする態度や、性暴力が起きたとき等に適切に対応する力を身に付けることができるようにする。
特別支援学校	障害の状態や特性及び発達の状態等に応じて、個別指導を受けた被害・加害児童生徒等が、性暴力について正しく理解し、適切に対応する力を身に付けることができるようにする。

(2) 指導内容

「生命（いのち）の安全教育」の教材は、児童生徒の発達の段階や学校の状況を踏まえ、各学校の判断により、教育課程内外の様々な活動を通じて活用することができるように作成されています。

各教科等の授業の中で本教材を使用する場合は、各教科等の目標や内容などを踏まえた上で、適切に活用するよう留意することが必要です[*131]。

なお、生命の安全教育指導の手引きの「生命の安全教育の推進に当たっての留意事項」として、以下の点が示されています。

- 授業後に、児童生徒が性暴力被害を受けた、受けていることを開示してきた場合の対応を事前に検討しておく必要がある。
- 家庭で被害経験（性暴力被害のみならず、身体的虐待や心理的虐待、ネグレクトの被害を含む）がある児童生徒は、「自分の体も相手の体も大切」等の内容を理解、実

[*131] 教材の内容や指導方法等については、文部科学省「生命の安全教育指導の手引き」（令和2年）を参照。

践できない可能性がある。

- 挨拶の際の行動や、距離感等の考え方が、文化によって異なる場合がある。外国人児童生徒の文化的な背景に十分配慮し、外国人児童生徒の行動が他の児童生徒からの非難の対象となったり、外国人児童生徒の自尊感情を低下させたりするようなことがないようにする必要がある。

未然防止教育では、どのような被害が起きるのかを正しく理解することが出発点になります。その上で、自ら考え、相手の意思を尊重した行動がとれるような態度や姿勢を身に付けることができるように働きかけます。具体的には、次のような取組を行います。

- 幼児期や小学校低学年の早い時期から、他の人の水着で隠れる部分を見たり触ったりすること、口や体に触れることは、相手に不快な思いをさせることであることを、発達を踏まえ、分かりやすく指導する。
- 小学校高学年や中学校の段階では、裸の写真を撮らせる・送らせることは、性的加害であり犯罪を含む危険があることを理解させる。
- 中学校や高校の段階では、「デート DV」等を例に挙げ、親密な間柄でも相手が嫌ということはしない、という認識の醸成に向けた指導を行う。
- 高校や大学等の段階では、レイプドラッグの危険性や相手の酩酊状態に乗じた性的行為の問題、セクシャルハラスメントなどの性的暴力について周知する。また、相手の望まない性的な行為は全て性暴力に当たること、性暴力は決して許されないものであり、悪いのは加害者であって被害者は悪くないこと、性暴力は刑法の処罰の対象になることを理解させる。
- 障害のある児童生徒等については、個々の障害の特性や状態等を踏まえた適切な指導を行う。

12.3.2　性的被害者への対応

被害に遭った児童生徒に対しては、誤った指導を行うことで二次的な問題が生じないように、最大限に配慮することが求められます。対応に当たっては、トラウマに関する知識と理解を持つことが不可欠です。そうでないと、トラウマの影響を見過ごしたり、無自覚に当該児童生徒を傷つけたりしてしまうことにもなりかねません。

また、学校が抱え込まずに、関係機関（警察、性犯罪・性暴力被害者のためのワンストップ支援センター、児童相談所等）と連携することが大切です。児童生徒から相談を受けた場合の対応のポイントは、以下のとおりです。

① 被害開示を受けた場合、児童生徒が安心して話せる場所に移動します。最初の段階では「誰に何をされたか」を聴き取り、「あなたは悪くない」「あなたに落ち度も責任もない」と繰り返し伝え、最後に「話してくれてありがとう」と伝えます。児童生徒が自発的に被害を話し始めたら、話を遮らず、丁寧に聴き取ることが求められます。その際は、児童生徒が話す以上のことを聴き出そうとせず、児童生徒の使った表現や言葉をそのまま記録に残すことが大切です。詳細については無理に聴きすぎず、「性的な被害を受けた」ことが聴ければ、警察等の関係機関に通告をすることになります。また、家族や、他の教職員、関係機関とどこまで情報を共有してよいのかということについて、本人から同意をとります。
② 聴き取りの際、「なぜ」「どうして」という圧力をかける言葉は避け、「どういうことで」に言い換えるようにします（例：「どうしてそこに行ったの？」ではなく、「どういうことがあって、そこに行くことになったの？」など）。
③ 被害開示を受けた教職員が怒りや動揺を見せると、被害児童生徒はそれ以上話ができなくなってしまうことがあるため、感情的な対応にならないよう留意します。
④ 他の教職員に同じ話を聴かれて被害体験を思い出させられることは、トラウマ体験を深めることにつながり、被害児童生徒の話の内容や記憶が変化してしまう可能性もあります。繰り返し同じ話を聞くことは避けるようにします。聴き取りの際は、児童生徒が信頼できる複数の教職員（SC、SSW 等を含む。）が対応するようにします。
⑤ 障害のある児童生徒等については、個々の障害の特性や状態等を踏まえた対応が求められます。

12.3.3　性的被害者の心身のケア

性的虐待や性的被害などに遭遇した児童生徒は、心的外傷後ストレス障害（PTSD）を引き起こすことも多く、心身に及ぼす影響は深刻なものが多いため、慎重な対応が求められます。児童生徒の聴き取りも専門的な技術を要することから、早期に専門家に相談することが必要です。その上で、養護教諭、学級・ホームルーム担任、学校医、SC や SSW などが連携して援助していくとともに、関係機関や医療機関などと連携して対応に当たることが大切です。

性的虐待は、加害者が、保護者や家族・親族・同居人等、子供と近い関係性の者である場合や、子供自身も被害に遭っているという認識を持てていない場合もあり、表面化しにくく、発見しにくい虐待の一つです。被害に遭った子供の告白以外に発見できる可能性が低く、客観的な証拠も少ないため、被害についての開示があった場合は、速やかに児童相談所等へ通告をすることが不可欠です。

被害児童生徒は、心身に一生消えない大きな傷を負い、眠れない・食べられないなどの身体症状を示したり、様々なトラウマ反応が現れたりします。苦しさ・辛さを分かろうとする教職員の姿勢と、今起きていることは自然な反応であることを伝えるなど、不安をやわらげる対応が、被害児童生徒の心のケアにつながります。なお、SC や SSW 等との連携や、場合によっては外部の関係機関などとの連携も重要です。一人で抱えることなく組織で対応することで、よりよい支援が可能になります。

また、被害児童生徒の様子を見守りつつ、保護者と定期的に連絡を取り、被害児童生徒の心身の回復に向けて必要なことや保護者が望んでいることを、教職員が理解することも大切です。

12.4　「性的マイノリティ」に関する課題と対応

「性同一性障害者の性別の取扱いの特例に関する法律」第 2 条においては、性同一性障害者とは、「生物学的には性別が明らかであるにもかかわらず、心理的にはそれとは別の性別（以下「他の性別」という。）であるとの持続的な確信を持ち、かつ、自己を身体的及び社会的に他の性別に適合させようとする意思を有する者であって、そのことについてその診断を的確に行うために必要な知識及び経験を有する二人以上の医師の一般に認められている医学的知見に基づき行う診断が一致しているもの」とされます。

このような性同一性障害に係る児童生徒については、学校生活を送る上で特別の支援が必要な場合があることから、個別の事案に応じ、児童生徒の心情等に配慮した対応を行うことが求められています。生物学的な性と性別に関する自己意識（以下「性自認」という。）と「性的指向」は異なるものであり、対応に当たって混同しないことが必要です。性的指向とは、恋愛対象が誰であるかを示す概念とされています。

LGBT とは、L がレズビアン（Lesbian 女性同性愛者）、G がゲイ（Gay 男性同性愛者）、B がバイセクシャル（Bisexual 両性愛者）、T がトランスジェンダー（Transgender 身体的性別と性自認が一致しない人）、それぞれ四つの性的なマイノリティの頭文字をとった総称で、性の多様性を表す言葉です。このうち、LGB は「○○が好き」というような性的指向に関する頭文字ですが、T は「心と体の性別に違和感を持っている」性別違和に関する頭文字で、性的指向を表す頭文字ではありません。また、いわゆる「性的マイノリティ」は、この四つのカテゴリーに限定されるものではなく、LGBT のほかにも、身体的性、性的指向、性自認等の様々な次元の要素の組み合わせによって、多様な性的指向・性自認を持つ人々が存在します。なお、Sexual Orientation（性的指向）と Gender Identity（性自認）の英語の頭文字をとった「SOGI」という表現が使われることもあります。

12.4.1　「性的マイノリティ」に関する理解と学校における対応

性的マイノリティに関する大きな課題は、当事者が社会の中で偏見の目にさらされるなどの差別を受けてきたことです。少数派であるがために正常と思われず、場合によっては職場を追われることさえあります。このような性的指向などを理由とする差別的取扱いについては、現在では不当なことであるという認識が広がっていますが、いまだに偏見や差別が起きているのが現状です。

文部科学省では、性同一性障害や性的指向・性自認に係る児童生徒に対するいじめを防止するため、「いじめ防止対策推進法」に基づく「いじめの防止等のための基本的な方針」を平成 29 年に改定し、「性同一性障害や性的指向・性自認について、教職員への正しい理解の促進や、学校として必要な対応について周知する」ことが追記されました（→第 4 章いじめ）。教職員の理解を深めることは言うまでもなく、生徒指導の観点からも、児童生徒に対して日常の教育活動を通じて人権意識の醸成を図ることが大切です。学校においては、具体的に以下のような対応が求められます。

① 学級・ホームルームにおいては、いかなる理由でもいじめや差別を許さない適切な生徒指導・人権教育等を推進することが、悩みや不安を抱える児童生徒に対する支援の土台となります。教職員としては、悩みや不安を抱える児童生徒のよき理解者

となるよう努めることは当然であり、このような悩みや不安を受け止めることの必要性は、「性的マイノリティ」とされる児童生徒全般に共通するものです。

②「性的マイノリティ」とされる児童生徒には、自身のそうした状態を秘匿しておきたい場合があることなどを踏まえつつ、学校においては、日頃から児童生徒が相談しやすい環境を整えていくことが望まれます。

そのためには、まず教職員自身が理解を深めるとともに、心ない言動を慎むことはもちろん、見た目の裏に潜む可能性を想像できる人権感覚を身に付けていくことが求められます。

③ 当該児童生徒の支援は、最初に相談（入学などに当たって児童生徒の保護者からなされた相談を含む。）を受けた者だけで抱え込むことなく、組織的に取り組むことが重要であり、学校内外の連携に基づく「支援チーム」をつくり、ケース会議などのチーム支援会議を適時開催しながら対応を進めるようにします。

教職員間の情報共有に当たっては、児童生徒自身が可能な限り秘匿しておきたい場合があることなどに留意が必要です。一方で、学校として効果的な対応を進めるためには、教職員間で情報共有し組織で対応することは欠かせないことから、当事者である児童生徒やその保護者に対し、情報を共有する意図を十分に説明・相談し理解を得る働きかけも忘れてはなりません。

④ 学校生活での各場面における支援の一例[*132]として、表 4 に示すような取組が、学校における性同一性障害に係る児童生徒への対応を行うに当たって参考になります。

学校においては、「性的マイノリティ」とされる児童生徒への配慮と、他の児童生徒への配慮との均衡を取りながら支援を進めることが重要です。「性的マイノリティ」とされる児童生徒が求める支援は、当該児童生徒が有する違和感の強弱などに応じて様々です。また、こうした違和感は、成長に従い減ずることも含めて変動があり得るものとされているため、学校として、先入観をもたず、その時々の児童生徒の状況などに応じた支援を行うことが必要です。さらに、他の児童生徒や保護者との情報の共有は、当事者である児童生徒や保護者の意向などを踏まえ、個別の事情に応じて進める必要があります。

[*132] 「性同一性障害に係る児童生徒に対するきめ細かな対応の実施等について」初等中等教育局児童生徒課長（平成27年 4 月30日）別紙

医療機関を受診して診断がなされなかった場合であっても、医療機関との相談の状況、児童生徒や保護者の意向などを踏まえつつ、児童生徒の悩みや不安に寄り添い、支援を行うことが重要です。

表 4　性同一性障害に係る児童生徒に対する学校における支援の事例

項目	学校における支援の事例
服装	・自認する性別の制服・衣服や、体操着の着用を認める。
髪型	・標準より長い髪形を一定の範囲で認める（戸籍上男性）。
更衣室	・保健室・多目的トイレ等の利用を認める。
トイレ	・職員トイレ・多目的トイレの利用を認める。
呼称の工夫	・校内文書（通知表を含む。）を児童生徒が希望する呼称で記す。 ・自認する性別として名簿上扱う。
授業	・体育又は保健体育において別メニューを設定する。
水泳	・上半身が隠れる水着の着用を認める（戸籍上男性）。 ・補習として別日に実施、又はレポート提出で代替する。
運動部の活動	・自認する性別に係る活動への参加を認める。
修学旅行等	・1人部屋の使用を認める。入浴時間をずらす。

⑤ 指導要録の記載については学齢簿の記載に基づき行い、卒業後に法に基づく戸籍上の性別の変更などを行った者から卒業証明書などの発行を求められた場合は、戸籍を確認した上で、当該者が不利益を被らないよう適切に対応します。

12.4.2　「性的マイノリティ」に関する学校外における連携・協働

(1) 当事者である児童生徒の保護者との関係

保護者が、その子供の性同一性に関する悩みや不安などを受容している場合は、学校と保護者とが緊密に連携しながら支援を進めることが必要です。保護者が受容していない場合にも、学校における児童生徒の悩みや不安を軽減し問題行動の未然防止などを進めることを目的として、保護者と十分に話し合い、支援を行っていくことが考えられます。

(2) 教育委員会等による支援

教職員の資質向上の取組としては、人権教育担当者や生徒指導担当者、養護教諭等を対象とした研修などが考えられます。また、学校の管理職についても研修などを通じ適切な理解を図るとともに、学校医や SC を講師とした研修などで、性の多様性に関する課題を取り上げることも重要です。児童生徒やその保護者から学校に対して性の多様性に関する相談があった際は、教育委員会等として、例えば、学校における体制整備や支援の状況を聴き取り、必要に応じ医療機関等とも相談しつつ、「支援チーム」の設置など適切な助言を行っていきます。

(3) 医療機関との連携

医療機関による診断や助言は学校が専門的知見を得る重要な機会となるとともに、教職員や他の児童生徒・保護者などに対する説明のための情報にもなります。また、児童生徒が性に違和感を持つことを打ち明けた場合であっても、当該児童生徒が適切な知識を持っているとは限らず、そもそも性同一性障害なのか、その他の傾向があるのかも判然としていない場合もあることなどを踏まえ、学校が支援を行うに当たっては、医療機関との連携を図ることが重要です。

我が国においては、専門的な医療機関が少なく、専門医や専門的な医療機関については関連学会などの提供する情報を参考とすることも考えられます。また、都道府県等の精神保健福祉センターでは、性同一性障害の相談を受けており、必要な関係機関につなぐようにしています。医療機関との連携に当たっては、当事者である児童生徒や保護者の意向を踏まえることが原則ですが、当事者である児童生徒や保護者の同意が得られない場合でも、具体的な個人情報に関連しない範囲で一般的な助言を受けることはその後の有効な支援に結び付きます。

(4) その他の留意点

以上の内容は、画一的な対応を求める趣旨ではなく、学校は、個別の事案における本人や家庭の状況などに応じた取組を進めることが肝要です。

第13章

多様な背景を持つ児童生徒への生徒指導

留意点

本章で取り上げる、発達障害、精神疾患、健康、家庭や生活背景などは、その一つ一つが直接に学習指導や生徒指導上の課題となる場合もあります。加えて、第Ⅱ部各章で取り上げた課題の背景に、本章の課題が存在するという場合も少なくありません。特に近年、それぞれの課題とその影響がクローズアップされ、関連する法律や通知なども整備される中で、生徒指導においてもそのことを理解した上で取り組むことが強く求められるようになってきています。そのため、教職員は生徒指導を進める前提として、日頃から本章の内容を理解しておくことが求められます。また、課題が見えにくい場合も多いため、アセスメントを通じて、的確に気付きと対応を行うよう努める必要があります。

13.1　発達障害に関する理解と対応

13.1.1　障害者差別解消法と合理的配慮

発達障害を含む障害者への差別の解消に関して、平成28年4月に「障害を理由とする差別の解消の推進に関する法律」（いわゆる「障害者差別解消法」）が施行されました。この法律では、障害を理由とする「不当な差別的な取扱い」の禁止と障害者への「合理的配慮の提供」が求められています。不当な差別的な取扱いとは障害者の権利利益を侵害することです。合理的配慮の提供とは、障害者から社会的障壁の除去を必要としている旨の意思の表明があった場合は、その実施に伴う負担が過重でないときは、障害者の権利利益を侵害することとならないよう、社会的障壁の除去の実施について必要かつ合理的な配慮に努めなければならないということです。

発達障害のある児童生徒への合理的配慮については、学習上又は生活上の困難を改善・克服するための配慮として、読み書きや計算、記憶などの学習面の特性による困難さ、及び不注意や多動性、衝動性など行動面の特性による困難さ、対人関係やコミュニケーションに関する特性による困難さに対する個別的な配慮が必要になります。学習内容についての変更・調整をしたり、ICT 等を活用するなどして情報提供やコミュニケーション、教材等への配慮、体験的な学習の機会を設けたりすることなどが考えられます。また、失敗経験の繰り返しによる意欲の低下や対人関係でのトラブル等による二次的な問題を防ぐためには、心理面、健康面の配慮も大切になります。

特定の児童生徒に対する合理的配慮を学級集団の中で提供するためには、合理的配慮を特別視せずにお互いを認め合い支え合う学級づくりを行うことが重要な基盤になると考えられます。

13.1.2　発達障害に関する理解

「発達障害」とは、「発達障害者支援法」において、「自閉症、アスペルガー症候群その他の広汎性発達障害、学習障害、注意欠陥多動性障害その他これに類する脳機能の障害であってその症状が通常低年齢において発現するものとして政令で定めるものをいう。」と定義されています。また、「発達障害者」とは、「発達障害がある者であって発達障害及び社会的障壁により日常生活又は社会生活に制限を受けるもの」であり、「社会的障壁」とは、「発達障害がある者にとって日常生活又は社会生活を営む上で障壁となるような社会における事物、制度、慣行、観念その他一切のものをいう。」とされています。この定義には、障害は個人の心身機能が要因であるという「医学モデル」と、「障害者の権利に関する条約」の中で示された障害は社会や環境の在り方や仕組みがつくりだしているという「社会モデル」の二つの考え方が反映されています。

「障害のある子供の教育支援の手引～子供たち一人一人の教育的ニーズを踏まえた学び

の充実に向けて～（令和3年6月30日改訂）」では、発達障害も含め教育的ニーズの内容を障害種ごとに具体化し、就学先となる学校や学びの場を判断する際に重視すべき事項等が整理されています。最新の医学的な診断基準では、知的障害や言語障害なども神経発達障害のカテゴリーに含まれていますが、文部科学省では主として、自閉症、注意欠陥多動性障害、学習障害を発達障害として扱い、知的障害や言語障害とは分けて整理しています。

なお、発達障害の診断がつくほどではありませんが、対人関係や社会性、行動面や情緒面、学習面において適応上の困難さにつながる特性を有しているいわゆるグレーゾーンにある児童生徒もいます。発達障害のある児童生徒と同様に適応上の困難さを抱えている児童生徒は決して少なくありませんので、診断の有無により対応を考えるのではなく、児童生徒が抱える困難さから対応を考えることが大切です。

医学的な診断については、世界保健機関（WHO）[*133]が作成した分類及びアメリカ精神医学会が作成した精神疾患の診断・統計マニュアル第5版（DSM-5）において、神経発達障害としてまとめられています。発達障害の基本的な特性は生涯にわたりますが、幼少期には目立たなかった症状が児童期以降に見られることや、成長に伴い特性が目立たなくなることもあります。また、他の発達障害と特性が重なっている場合もあります。発達障害の特性は生まれつきの脳の働き方によるものです。原因は脳の働きにあり個人の努力不足や意欲の問題ではありませんが、配慮や支援においては、安心感や自信や意欲を高める関わりなど、心の問題に対する対応が非常に重要になります。

13.1.3　発達障害に関する課題

発達障害は、生まれつきの脳の働き方の違いにより、対人関係や社会性、行動面や情緒面、学習面に特徴がある状態です。学習活動において困難さを抱えるものもあれば、容易に取り組めるものもあります。学業成績が優秀であっても生活上の困難さを抱えている場合もあります。

そのため、発達障害による能力的な偏りに気付かれず、苦手なことは誰にでもあること、経験や努力不足、意欲の問題、甘えやわがままなどと誤って捉えられてしまうことも少なくありません。つまずきや失敗が繰り返され、苦手意識や挫折感が高まると、心のバ

[*133] WHOにおいて、平成30年に国際疾病分類の第11回改訂版（ICD-11）が公表

ランスを失い、暴力行為、不登校、不安障害など様々な二次的な問題による症状が出てしまうことがあります。これらの二次的な問題による不適応の問題を考える際は、見えている現象への対応だけでなく、見えない部分にも意識を向け、背景や要因を考えて対応することが大切です。

ここでは、自閉症、注意欠陥多動性障害、学習障害について、それぞれの抱える課題について説明していきます。

(1) 自閉症

自閉症は、「他者との社会的関係の形成の困難さ」、「言葉の発達の遅れ」、「興味や関心が狭く特定のものにこだわること」を特徴としています。

相手の気持ちを推し量ることや自分の言動の周りへの影響を把握することに難しさがあり、暗黙の了解や例え話、遠回しの表現など抽象度が高い内容の理解に困難さを抱えます。また、先の見通しを持てないことへの不安が強いため、予想外の出来事が多い学校生活において、大きな不安感を抱えてしまうこともあります。

(2) 注意欠陥多動性障害

注意欠陥多動性障害は、年齢あるいは発達に不釣り合いな注意力又は衝動性・多動性を特徴とし、社会的な活動や学校生活を営む上で著しい困難を示します。

自分の感情や行動をコントロールしきれずに無意識にとった行動が、結果として問題となる行動につながりやすいこともあります。早合点やうっかりミス、不注意な誤りによる失敗も多く経験しています。また、指示通りに活動できない、ルールや約束が守れないことは、友達関係の維持に影響します。注意や叱責を受ける機会が多いことは、自己評価や自己肯定感を下げる要因ともなります。

(3) 学習障害

学習障害は、全般的な知的発達に遅れはありませんが、聞く、話す、読む、書く、計算する又は推論する能力のうち、特定のものの習得と使用に著しい困難を示します。

課題は理解できても、学習の取組に成果を上げることに困難があります。できることと難しいことのギャップが大きいことも特徴であり、やる気の問題や努力不足と見られがちです。失敗経験の積み重ねは学習に対する自信や意欲の低下を招きます。

13.1.4　学校における組織的な対応

(1) 校内の支援体制

発達障害を含む障害等に対する特別な教育的ニーズのある児童生徒への支援については、校内の支援体制がうまく機能するように、特別支援教育コーディネーターを中心に校内委員会で検討します。校内委員会及び特別支援教育コーディネーターの役割については、平成29年3月に作成された「発達障害を含む障害のある幼児児童生徒に対する教育支援体制整備ガイドライン～発達障害等の可能性の段階から、教育的ニーズに気付き、支え、つなぐために～」にまとめられています。

学校生活における困難な状況の背景には、個人が抱える課題と教職員や周りの児童生徒との人間関係や学習環境に関する課題の両面が影響しています。指導や支援[*134]だけでなく、学級全体の全ての児童生徒への指導や支援から学級の中での個別的な指導や支援、そして、必要に応じて個別的な場での個別的な指導や支援を階層構造で考えます。

まず、発達障害のある児童生徒を含む全ての児童生徒を対象に学級全体での指導や支援を行います。分かりやすい授業、認め合い支え合う学級集団が基盤になります。学級全体への指導や支援だけでは不十分な場合は、学級の中で個別的な指導や配慮を工夫します。また、本人や保護者の意向や個々の障害の状態等によっては、「通級による指導」の活用も考えられます。本人及び保護者の意向を踏まえつつ、必要に応じて市町村教育委員会等とも連携し、適切な学びの場及び学習方法を検討することが必要です。また、「通級による指導」の実施に当たっては、通常の学級の担任・教科担任と通級担当教員等との連携を図り、切れ目ない支援を行うことが求められます。

(2) 学習面、行動面、対人関係への指導・支援

発達障害に関する指導・支援に当たっては、2軸3類4層の支援を意識しながら、重層的に展開することが重要です。

学習面に困難のある児童生徒への対応は、できていないことやうまく取り組めていない

[*134] 特別支援教育は、障害のある幼児児童生徒の自立や社会参加に向けた主体的な取組を支援するという視点に立ち、幼児児童生徒一人一人の教育的ニーズを把握し、その持てる力を高め、生活や学習上の困難を改善又は克服するため、適切な指導及び必要な支援を行うものであり、学校現場等において本提要が活用されることを想定し、13.1では「指導や支援」の表記を使用している。

ことに注目しがちになります。しかし、苦手なことに対しても意欲を高めていくためには、できていることを認め、得意な面をうまく生かして指導や支援を行うことが大切になります。そのためには、強みを活かした学習方法に変えたり、合理的配慮を用いたりして、実力を発揮し、伸ばし、評価される支援を考えます。失敗経験の積み重ねにより、自分にはできないなどと自己評価が低くなっている場合も多く見られます。個別的な指導や支援を行う際には、特別な扱いをされることが、逆に心の痛手にならないように、プライドや自尊感情に配慮することも重要です。

行動面については、注意や叱責だけでは改善は難しいという前提に立ち、適切な行動を増やしていくという視点を持つことが大切です。起きている行動だけに注目せず、きっかけになることや行動の結果など前後関係を通して要因を分析し、対応を考えます。失敗を指摘して修正させる対応ではなく、どういう行動をとればよいかを具体的に教え、実行できたら褒めるなどの指導を通じて、成功により成就感や達成感が得られる経験と、それを認めてくれる望ましい人間関係が周囲にあることが、何よりも大切です。

対人関係では、相手の状況を考えずに発言したことがトラブルのきっかけになったり、友達からの何気ない一言で心が傷つき不適応につながったりするなど、思い違いや勘違いが影響することもあります。場面や状況を説明しながら、相手の気持ちや感情をどう読み取るか、コミュニケーションをどう取るか、ということについて、イラストやロールプレイを用いるなどして、具体的な指導や支援を行うようにします。

(3) 相談できる人や場の確保

発達障害のある児童生徒の場合は、不安や悩みを身近な人に伝えて理解してもらうことや、課題解決のために援助を求めることが苦手なため、自己解決能力が育ちにくいところがあります。集団でうまく適応できていない児童生徒の中には、こうした課題を共通に抱えている場合も多いと思われます。児童生徒が抱えている悩みや課題を真摯に受け止め、いつでも相談できる人や場所を校内に確保することが求められます。

13.1.5　関係機関との連携

児童生徒の発達上の課題を想定するために、関係機関と連携し、検査による評価を行うこともあります[*135]。学校が連携する関係機関としては、教育委員会の巡回相談員や専門家チーム、センター的機能を有する特別支援学校、療育機関や発達障害者支援センター等があり、発達上の課題の分析や検査による評価を基にした指導や助言を行っています。

関係機関との連携を図るためには、①「目的と内容の明確化」、②「保護者との信頼関係」、そして③「個別の教育支援計画の活用」がポイントとなります。実態把握やアセスメントの方法が知りたいのか、課題の分析についての助言が欲しいのか、指導と評価について助言が必要なのか、連携する目的と内容を明確にします。関係機関から得たいものは、生活上、学習上の困難さに関する特性の見方とそれに対する指導、支援の方法です。困難さに対する支援の手立てを具体的に考えるための助言を得ることにより、保護者、教職員が共通理解した上で、協働して支援を行うことが可能になります。そのためには、保護者との信頼関係が不可欠です。相談を勧められたのが初めての経験であれば、保護者の不安感は大きくなるのは当然です。問題を共有し、保護者の孤立感に対する精神的な支えとなるように、教職員と保護者が信頼関係を構築することが重要になります。

その際、苦手なところばかりに注目するのではなく、長所にも注目し、児童生徒の全体像を共通理解することが求められます。相談することにより方向性が見つかり、安心感が得られる経験を積み重ねることにより、相談することがメリットとなります。その上で、相談から得られた知見を個別の教育支援計画に反映させます。個別の教育支援計画は、医療、保健、福祉、教育、労働等の各機関において、必要な情報を共有し、連携して相談、支援を行うための支援ツールであり、生涯にわたり活用されることが望まれます。

特に学校教育を受けている間は、幼稚園等、小学校、中学校、高等学校、大学等の学校間で引き継ぐ重要な資料となります。加えて、地域の関係機関と連携を図るための情報共有の支援ツールとして、効果的に活用することが求められます。

[*135] 例えば、知的発達の水準や認知特性をみるにはWISC-ⅣやWISC-Ⅴ、認知能力と習熟度の差をみるにはKABC-Ⅱ、適応行動の発達水準を幅広く捉えるにはVineland-Ⅱが活用されます。

13.2　精神疾患に関する理解と対応

13.2.1　精神疾患に関する基本的構えと対応

生徒指導上の課題の背景として、精神疾患がその要因となっている場合があります。多くの精神疾患は思春期から青年期に始まると言われています。さらに、自らは病気と気付きにくいという特徴もあります。

また、多くの精神疾患は、不安、抑うつ気分、不眠などから始まりますが、これらは思春期であれ、大人であれ、「よくありがちな」症状とも言えます。しかし、そのまま対処せずにいると、次第に個々の疾患に特徴的な症状へと発展する恐れもあるため、こうした症状を「よくあること」として見過ごさず、改善すべきこととして、生活リズムや生活環境の改善等に配慮するなどして、適切に対応することが望まれます。

一方、これらの症状は誰にでも生じるものでもあり、全てが病的なものとは限りません。健康な悩みや不安、憂鬱な気分と、病的な精神症状を区別することは容易ではなく、思春期にありがちな心の動きなのか、場面や状況に則した心の動きなのか、イベントに対して年齢にふさわしい反応の大きさや内容であるのかなど、仮に専門家が見ても難しい場合もあります。大切なことは、日頃から、その人の性格や特性といったその人らしさをよく知っておき、その人らしさと違ったことが出てきた場合に注意する、ということです。

精神疾患を巡る全体的な理解としては、①精神疾患に罹患することは誰にも起こり得るという認識、②精神疾患の発症には睡眠などの生活習慣が影響すること、及び③精神疾患や心の不調を疑ったら（その人らしからぬ行動があったり、久々に登校する日に来なかったりというような）早めに誰かに相談することを児童生徒も周囲の大人も理解し行動できるようにすることが大切です。学齢期においては、親や教員よりも、友人に相談したりインターネットから情報を得たりしがちです。周囲の大人が知らないうちに時間が過ぎていく前に、学級・ホームルーム担任や養護教諭、SC 等に相談を持ち掛けやすい環境づくりを進めることが重要です。

児童生徒から相談を受けた際には、まずは話を傾聴し、不安を受け止めることが大切です。一方、SC 等であっても、病理に関して十分な知識を持ち合わせないこともあることを考慮し、精神疾患が疑われるときには、学校長や養護教諭、学校医等を介し、地域の専門医につなげることが不可欠です。思春期の心性に配慮した診療を得意とする精神科医の所在は、保健所、保健センターなどに情報があります。日頃から、こうした地域の関係機関とのネットワークを築いておくことが求められます。

13.2.2　主な精神疾患の例

(1) うつ病

気分障害、感情障害などと呼ばれることもあります。うつ病では、①抑うつ気分、興味や喜びの喪失、自責感といった感情の障害、②意欲や行動の低下、注意や集中力の低下、自信の喪失や自己評価の低下、③頭が回転しない、思考制止などの思考の障害、④易疲労性、食欲低下や睡眠障害などの身体症状があり、時には希死念慮や、症状の日内変動も認められます。治療は、休養、精神療法、薬物療法などがあります。

一方、気分が高揚し、活動性が亢進した状態を躁状態と言います。うつ状態と躁状態と両者を繰り返すものを躁うつ病と呼び、区別されます。

(2) 統合失調症

10 代後半から 20 代前半で発症し、知覚、思考、感情、対人関係などに障害をきたす脳の疾患であり、120 人に 1 人が罹患します。感情鈍麻、意欲の低下などの症状、記憶や注意、遂行機能などの認知機能の軽度の低下も特徴です。未治療では幻覚や妄想を経験する急性の状態を繰り返し、その後、慢性に経過し、社会生活に支障をきたすことがあります。一方、早期に治療を開始し、適切な心理社会的治療や薬物療法を行うことで再発を予防し、社会的に自立した生活を行うまで回復することも可能であるため、未治療期間の短縮が重要です。

特に、幻覚や妄想、まとまりのない会話などが弱いながら持続しているような統合失調症等を発症するリスクの高い状態での治療が重要で、精神科医への相談が必須です。この時期には、抑うつ気分や不安も併せて訴えることが多く、環境調整やストレスマネジメント、また、認知行動療法も有効です。なお、家族を含めた支援が必要なことも少なくありません。

(3) 不安症群

パニック症、全般不安症、社交不安症、分離不安症、恐怖症などが含まれ、不安症全体では約 9 %の人が経験する、我が国で最も多く見られる精神疾患です。

人前での緊張を特徴とする社交不安症、動物や高所への恐怖症、突然の動悸を中心とするパニック症は 10 代で始まることが多く、回復に時間がかかることもあります。不安症が先行し、後にうつ病を発症した場合には回復しづらいので、早期における適切な対処が必要です。不安は、健常な心の動きである一方で、統合失調症など他の精神疾患の前駆症状である可能性もあり、注意が必要です。

(4) 摂食障害

神経性やせ症と神経性過食症、過食性障害があります。食行動や身体症状は異なりますが、心理面では共通するところが多いと考えられます。かつては思春期やせ症と呼ばれていたように、10 代の女性が中心でしたが、小学生の発症や成人期に発症する例もあります。

摂食障害は、受診者が限られ、発生率や有病率を正確に把握することが難しい疾患です。なお、性比については、女性に多く見られますが、男性でも起こることが報告されています。神経性やせ症の特徴は、著しい低体重で BMI[*136]が 17 あるいは 18 前後で月経不順が見られます。本人は自覚がないことが多く、体脂肪の減少により女性ホルモンが減少し、骨粗しょう症などが進行し、身長の伸びが止まることもあります。症状としては肥満恐怖があり、過活動や運動強迫が特徴です。

神経性過食症では、過食に加え、過食を止められない「失コントロール感」が伴います。夜中に過食をするため、生活リズムが乱れ、過食後には自己誘発性嘔吐、下剤使用、絶食、過剰な運動などの代償行動を行います。代償行動が著しくない場合は、過食性障害と呼ばれます。

治療は、神経性やせ症では栄養回復と低い自己評価への働きかけのような心理面の治療、神経性過食症では病気の理解、生活の規則化と症状の記録などによる食行動のコントロールが必要です。また、家族関係の改善やコミュニケーションの支援が必要な場合もあります。

[*136] BMI（Body Mass Index）はボディマス指数と呼ばれ、体重と身長から算出される肥満度を表す指数。日本肥満学会では、BMIが22を適正体重（標準体重）としている。

13.3　健康課題に関する理解と対応

13.3.1　健康課題に関連した基本法規等

学校における児童生徒の健康課題に関連した基本法規として、「学校保健安全法」があり、児童生徒等及び教職員の健康の保持増進を図るため、学校における保健管理に関する必要な事項等が定められています。

また、児童生徒の心身の健康課題への対応の参考となる資料等として、「学校保健の課題とその対応」や「教職員のための子供の健康相談及び保健指導の手引」、文部科学省ホームページの「学校保健の推進」などがあります。なお、児童生徒の主な心身の健康課題については、「教職員のための子供の健康相談及び保健指導の手引」の資料編において、具体的に解説されています。この他、厚生労働省の「e-ヘルスネット　［情報提供］」において、正しい健康情報が分かりやすく提供されています。

13.3.2　健康課題への対応

児童生徒の心身の健康課題（精神疾患については、13.2 精神疾患に関する理解と対応を参照）については、学校保健安全法第 8 条[*137] に規定される健康相談や同法第 9 条[*138] に規定される健康観察により把握に努めることが重要です。

学校における健康観察は、学級・ホームルーム担任や養護教諭が中心となり、教育活動全体を通じて全教職員により行います。また、健康相談は、養護教諭、学校医・学校歯科医・学校薬剤師、学級・ホームルーム担任等の関係者が連携しながら、それぞれの専門性に応じて行います。

児童生徒の心身の健康課題の背景は多様化しており、課題の把握に当たっては、一人の情報では不十分であるため、学級・ホームルーム担任や養護教諭をはじめとする関係者間で情報交換を行い、児童生徒を多面的に理解した上で、課題の本質（医学的要因・心理社会的要因・環境要因）を捉えていく必要があります。

[*137] 第八条　学校においては、児童生徒等の心身の健康に関し、健康相談を行うものとする。

[*138] 第九条　養護教諭その他の職員は、相互に連携して、健康相談又は児童生徒等の健康状態の日常的な観察により、児童生徒等の心身の状況を把握し、健康上の問題があると認めるときは、遅滞なく、当該児童生徒等に対して必要な指導を行うとともに、必要に応じ、その保護者（学校教育法第十六条に規定する保護者をいう。第二十四条及び第三十条において同じ。）に対して必要な助言を行うものとする。

そのため、校内組織等で情報交換し、的確に課題の背景をつかむようにするとともに、学校内の支援活動で解決できるものか、医療や関係機関等の連携が必要かを見極めることが大切です。

13.3.3　生徒指導における健康課題への対応と関わり

生徒指導上の課題の背景に、児童生徒の心身の健康課題が潜んでいる場合があります。そのような状況を把握するためには、養護教諭を生徒指導部会の構成メンバーとして位置付け、生徒指導主事と養護教諭との密接な連携を図ることが不可欠です。文部科学省（平成 29 年）の「現代的健康課題を抱える子供たちへの支援～養護教諭の役割を中心として～」において、様々な健康課題を抱える児童生徒が、どの学校においても課題解決に向けた支援を確実に受けられるように、養護教諭が中心となって情報を収集し、組織的な支援に取り組むための手順が示されています。そのなかで、多様化・複雑化する健康課題の解決に向けて、養護教諭は日常的に他の教職員と連携することが求められています。

また、中央教育審議会「チームとしての学校の在り方と今後の改善方策について」（平成 27 年）では、養護教諭は職務の特質から、児童生徒の身体的不調から背景にあるものにいち早く気付くことのできる立場にあることや、健康相談においても重要な役割を果たしていることなどから、生徒指導面でも重要な役割を担っていると指摘されています。つまり、児童生徒の心身の状況についての問題の発見者・情報収集者（アセスメント）、予防的・治療的相談者（カウンセリング）、学級・ホームルーム担任や保護者への助言者（コンサルテーション）、専門機関の紹介や援助資源の連絡調整役（コーディネーション）など幅広い役割の担い手であるということです。したがって、養護教諭は校内の生徒指導、教育相談において重要な位置を占め、チーム支援には欠かすことのできない存在と言えます。

養護教諭の職務の特質を生かして、「特段の用事がないのに度々保健室に顔を出す」「不自然なけがや、頻発するけがでよく来室する」「何かと身体の不調を訴える」など、身体に表れるサインや児童虐待の兆候などを見逃さないようにすることが大切です。兆候に気付いた時点で学級・ホームルーム担任等と話し合い、普段の学校生活の様子や学業成績、友人関係、家庭状況などの情報を照らし合わせて対応を検討します。必要に応じて生徒指導主事や教育相談コーディネーター、特別支援教育コーディネーター、SC、SSW、学校医などと校内連携を図ります。そうすることで、課題を抱えた児童生徒への支援やアプローチを多角的、重層的に進めることが可能になります。

また、養護教諭は、教員に向けて、保健室利用状況（疾病・けが別来室者、頻回来室者等）、健康相談結果、児童生徒の生活時間や家庭での食事状況などの心身の健康に関する調査結果などの情報提供を行い、生徒指導や教育相談を実施する上での資料を提供します。このように、教職員間の情報共有、共通理解に、健康的側面を積極的に取り入れることで、児童生徒のアセスメントにおいて、BPS モデルの Bio（生物学的）視点を加えることが可能となります（→ 3.4.2 (1) ①チーム支援の判断とアセスメントの実施）。

13.3.4　健康課題に関する関係機関との連携

児童生徒の心身の健康課題が多様化し、医療の支援を必要とする事例も増えていることから、全て課題を学校のみで解決することは困難な状況にあります。そのため、「学校保健安全法」では、地域の医療機関等の関係機関と連携を図ることが規定されています。

連携に当たっては、教職員が各機関の役割や専門性などを正しく理解するとともに、連携方法や担当窓口などについて、日頃から正しく把握しておく必要があります。生徒指導主事も、生徒指導上の課題と心身の健康課題が相互に絡み合った事例が増加していることから、養護教諭等と連携しながら、積極的に地域の関係機関等との連携体制づくりに参与することが求められます。

13.4　支援を要する家庭状況

13.4.1　家庭の養育機能と行政の役割

家庭は、子供たちの健やかな育ちの基盤であり、家庭教育は全ての教育の出発点となると考えられます。その一方で、近年、家庭状況の多様化が進み、家庭が子供の成長・発達に果たす役割も複雑になっています。

(1) 児童の権利に関する条約

「児童の権利に関する条約」（以下「条約」という。）は、その前文で、「家族が、社会の基礎的な集団として、並びに家族の全ての構成員、特に児童[*139] の成長及び福祉のため

[*139] 「児童の権利に関する条約」第 1 条において、「児童とは、18歳未満のすべての者をいう。」とされている。

の自然な環境として、社会においてその責任を十分に引き受けることができるよう必要な保護及び援助を与えられるべきであることを確信」すると規定しています。

また、「児童が、その人格の完全なかつ調和のとれた発達のため、家庭環境の下で幸福、愛情及び理解のある雰囲気の中で成長すべきであることを認め」るとしています。しかしながら、このような家庭の条件が整わない児童生徒も少なくありません。その場合、国は「児童の福祉に必要な保護及び養護を確保することを約束し、このため、全ての適当な立法上及び行政上の措置をとる」とも示しています。

(2) 児童福祉法

「児童福祉法」(以下「児福法」という。) は、条約を踏まえて、「児童の保護者は、児童を心身ともに健やかに育成することについて第一義的責任を負う」とした上で、「国及び地方公共団体は、児童の保護者とともに、児童を心身ともに健やかに育成する責任を負う」と定めています。

そのため、保護者の養育権限や責任を示しつつ、それと連帯する形で、行政機関にも養育責任を課していることになります。つまり、家庭での養育に課題がある場合には、行政にも健全育成の責任があることから、児童生徒のことは何でも保護者だけが決めるということではなく、行政が介入することもあり得ることを示しています。

また、「この原理は、全て児童に関する法令の施行に当たって、常に尊重されなければならない。」とも規定されていることから、福祉だけでなく、教育や医療など全ての分野に適用されるものであると言えます。学校は、特に児童生徒に近い存在であり、児童生徒の困難に気付くチャンスが多く、支援もしやすい立場にあります。そのため、積極的に困難を抱える児童生徒の発見に努め、適切に支援し、あるいは支援できる機関や仕組みにつなげることが必要となります。

13.4.2　学校が行う家庭への支援

学校が家庭を支援するに当たっては、家庭の在り方を批判したり、指導したりするのではなく、その多様性を認め、あくまでも家庭と協働して児童生徒の教育に当たるという姿勢で臨むことが必要です。子供の最善の利益に合致していないなど家庭の子育てが気になる場合も、そうならざるを得ない事情があるという視点を持ち、児童生徒に関してどのような問題を孕んでいるのかを考えつつ、家庭と連携することが求められます。

(1) 家庭支援における学校の役割

子供が成長・発達することで、家庭に期待される役割も変化します。しかし、家庭にも様々な事情があり、その変化に対応できなかったり、他の事情を優先するあまり、子供の最善の利益が後回しになったりするということも起こり得ます。児童生徒に問題やリスクが生じる場合には、福祉機関などの行政は保護者の意向を超えてでも、児童生徒を支援するため家庭に介入することになり、このことに学校も協力します。しかし、学校が単独で保護者の指導をしたり、家庭に強く介入したりする役割を負っているわけではありません。学校のなすべき役割を理解し、単独で抱え込まない家庭支援が求められます。

また、学校が家庭に対して行う支援等は、原則的に保護者の了解や同意を前提とするため、保護者に困難さを表出してもらい、支援を受け入れてもらうことが大切です。しかし、多くの保護者は、学校に率直に困難さを表出することに抵抗感を持っています。そのため、適切な生徒指導や教育相談を進めるには、このような援助要請を的確に引き出す力も求められます。

(2) 家庭訪問における留意点

学校として本人や家庭に働きかけようとしても、そもそも対面することや電話などで連絡することもできないということが、しばしば起こります。そこで、家庭訪問をすることになりますが、この場合も本人や保護者の思いに配慮することが必要です。令和元年に文部科学省が発出した「不登校児童生徒への支援の在り方について（通知）」では、以下のとおり示されています。

- 学校は、プライバシーに配慮しつつ、定期的に家庭訪問を実施して、児童生徒の理解に努める必要があること。また、家庭訪問を行う際は、常にその意図・目的、方法及び成果を検証し適切な家庭訪問を行う必要があること。
- 家庭訪問や電話連絡を繰り返しても児童生徒の安否が確認できない等の場合は、直ちに自治体又は児童相談所への通告を行うほか、警察等に情報提供を行うなど、適切な対処が必要であること。

この通知は不登校に関するものですが、家庭への働きかけという点では、全ての生徒指導に共通するものです。プライバシーに配慮すること、訪問の目的を明確にし、方法や成果を検証して適切に実施することなどは非常に重要なポイントです。ただ訪問すればよいということではないことに、十分留意することが必要です。

(3) 家庭支援における福祉・司法との連携

安否確認などの家庭の監護に関する最終判断は、福祉や司法が担当すべきものです。学校は、通告や情報提供など法令に定められた場合はもちろん、学校としての支援の限界が見えた場合には、適切に福祉機関や警察と連携するという姿勢を対応の基本とする必要があります。

家庭の援助要請が示されたならば、自治体における家庭支援の仕組みとして、教育分野の「家庭教育支援チーム」や、福祉分野の「子ども家庭総合支援拠点[*140]」などの整備も進んでおり、これらを保護者に紹介するなどして、家庭支援を効果的なものにすることも有効です。

次の項からは、児童生徒の困難に関する家庭的背景の課題をいくつかのグループに分けて説明します。

13.4.3　特に行政が積極的に支援を行うもの

児福法により、行政が積極的に介入することが求められる児童等の区分に、要保護児童、要支援児童、特定妊婦があります。それぞれの定義は以下のとおりです。

要保護児童	保護者のない児童又は保護者に監護させることが不適当であると認められる児童
要支援児童	保護者の養育を支援することが特に必要と認められる児童
特定妊婦	出産後の養育について出産前において支援を行うことが特に必要と認められる妊婦

[*140] 子ども家庭総合支援拠点は、児童福祉法第10条の２に基づき、児童等を対象として、地域の実情の把握、相談対応、調査、継続的支援等を行うものであり、政令指定都市においては、行政区ごとに設置することが求められている。市町村においては、令和６年４月から、子ども家庭総合支援拠点（児童福祉）と子育て世代包括支援センター（母子保健）の設立の意義や機能は維持した上で組織を見直し、全ての妊産婦、子育て世帯、子供へ一体的に相談支援を行う機能を有する機関（こども家庭センター）の設置に努めることとなる。

これらは、児童虐待と同様に、児童生徒本人や保護者の意向にかかわらず、通告の義務や情報提供の努力義務が課せられます（→第 7 章 児童虐待）。通告や情報提供については、守秘義務が適用されませんので、学校は福祉機関に適切に情報を伝えることが求められています。

(1) 要保護児童・要支援児童

要支援児童は、支援がないと児童虐待や非行などの要保護児童になるリスクがある段階の児童を指します。虐待などの課題が現れてからの対応ではなく、その予防的段階として支援体制を組むことで深刻化を防止することを目的としていることを理解した上で、適切な法令遵守が求められます（→ 3.7 学校・家庭・関係機関等との連携・協働）。

また、いわゆるヤングケアラーや貧困状態にある児童なども、保護者が適切な援助要請を表明できない場合は、要支援児童や要保護児童に該当する可能性があるため、この枠組みを用いて、福祉と連携する必要が生じます。

(2) 特定妊婦

児童生徒の予期しない妊娠による 0 日児の虐待死亡事例も発生していることから、児童生徒が妊娠した場合、妊娠 SOS 等の相談機関の情報提供のみではなく、確実に医療機関につなぎ、その後も児童生徒が孤立しないよう、保健所など関係機関と連携して支援を行っていくことが必要になります。

その際、「公立の高等学校における妊娠を理由とした退学等に係る実態把握の結果等を踏まえた妊娠した生徒への対応等について」の内容について留意した対応が求められます。

(3) 要保護児童対策地域協議会

児童虐待を含む要保護児童や要支援児童及び特定妊婦については、通告などの後に、自治体が要保護児童対策地域協議会（以下「要対協」という。）の対象ケースとすることが通例であり、その支援は要対協を通じた関係機関間の連携の下で行うこととなっています。児童生徒や新生児の安全を守るためにも積極的に自治体の児童福祉担当部署に連絡することが求められます。

13.4.4　経済的困難を抱える場合

(1) 見えにくい子供の貧困

家庭的背景の課題の一つに、経済的困窮があります。近年では、子供の貧困という視点から対応が求められており、平成 25 年に「子どもの貧困対策の推進に関する法律」が成立し、それに基づいた「子供の貧困対策に関する大綱～日本の将来を担う子供たちを誰一人取り残すことがない社会に向けて～」も閣議決定されています。同大綱においては、貧困対策のプラットフォームとしての学校の在り方や、就学援助・支援や進路指導などの指標も含めた支援の方針が示されています。

近年の子供の貧困は、見えにくくなっているとの指摘もあります。貧困の影響は、食事がとれない、物が買い揃えられないといった貧困の直接的影響だけではなく、学力不振や進路に希望が持てない、生きる意欲が湧かないなど様々な面で影響があるとされています。こうした貧困による影響やその兆しが見られた場合は、SSW をはじめとする学校内外の関係者と連携して、児童生徒やその家庭に対する状況の把握や必要な支援の提供を行うことが求められます。

(2) ひとり親家庭支援

ひとり親家庭にあっては、その約半数が相対的貧困[*141]と呼ばれる状況に該当するなど、経済的に看過できない状態にあります。そこで「母子及び父子並びに寡婦福祉法」において、ひとり親家庭の支援の充実が図られており、その主たる内容は、子育て・生活支援、就業支援、養育費確保支援、経済的支援など多岐にわたっています。そのため、必要な場合にはこれらの支援が活用できるよう広報を工夫したり、SSW を活用した連携を行ったりするなど、考慮することが求められます。

(3) 就学援助

経済的理由により就学が困難な小・中学校の児童生徒の保護者に対して、市町村が学用品費、修学旅行費、学校給食費等を援助しています。支援の内容、申込みの手続きは各市

[*141] 相対的貧困とは、その国の文化水準、生活水準と比較して困窮した状態に置かれていることを意味する。具体的には、世帯の所得が、その国の等価可処分所得の中央値の半分（貧困線）に満たない状態を指す。日本の2018年の貧困線は、127万円である。

町村によって異なっていますが、各地域の制度について全ての保護者に周知するとともに、必要な場合は SSW と協力するなどして、保護者が制度を活用できるよう積極的な支援を行うことが必要です[*142]。

(4) 保険料滞納世帯の子どもに対する短期被保険者証の交付

かつて保護者が保険料を滞納したため被保険者証を返還し被保険者資格証明書が交付され、医療費を窓口で全額負担[*143]しなければならないため、児童生徒が病気の際に通院を控えてしまうなどという事例がありました。現在、国民健康保険法では、被保険者資格証明書を交付する世帯に 18 歳の誕生日の属する日の年度末までの子どもが属している場合、その子どもに対し有効期間 6 カ月の「短期被保険者証」を交付しなければならない仕組みを設けており、自治体も出来るだけ速やかに短期被保険者証を子どもの手元に届けるよう努めています。

また、自治体によっては、子供の医療費を無料とするなどの施策も行われているので、地域の制度を確認の上、保護者と連携し、適切な支援を活用できるようサポートを行うことが必要です。なお、このような場合も、保護者が適切に申請などできない場合には、学校だけの支援ではなく、要支援児童として情報提供を行うなど、行政機関との支援ネットワークを組んでおくことも必要となります。

13.4.5　児童生徒の家庭での過重な負担についての支援

いわゆるヤングケアラー[*144]は、法令上の定義はありませんが、一般に、本来大人が担うと想定されている家事や家族の世話[*145]などを、日常的に行っているような子供を指します。

いわゆる「お手伝い」の範囲を超え、子供の年齢や成長の度合いに見合わない重い責任や負担を負うことで、友達と遊ぶ、学習する、クラブ活動に参加するなどの、子供としての生活体験が奪われたり、時には通学や睡眠時間も制限されたり、子供自身の生活の大部

[*142] 「就学援助制度について（就学援助ポータルサイト）」文部科学省ホームページ
[*143] 事後に市町村に申請すれば、保険給付分は「特別療養費」として償還払いを受けられる仕組みとなっている。
[*144] 「ヤングケアラーについて」厚生労働省ホームページ
[*145] 核家族化や共働き世帯の増加等、家庭を取り巻く環境が変化する中、病気や障害、精神的な問題を抱える家族のケアや幼い兄弟姉妹の身の回りの世話、日本語を母国語としない親への通訳など多岐にわたる。

分を家族のケアに充てるといったケースも見られます。その影響は成人した後も残る場合があります。また、子供自身やその家族がそのような状態を子供にとっての困難な状態と認識しておらず、問題が表面化しにくいことも特徴です。

このため、学校の教職員は、ヤングケアラーの特徴や実情を正しく理解するため、日頃から支援に係る研修に参加することが重要です。教職員がヤングケアラーの特性を踏まえて子供本人や保護者と接することで、家庭における子供の状況に気付き、必要に応じて学校におけるケース会議等において関係者間で情報を共有する等の取組が、ヤングケアラーの早期発見・対応につながる可能性があります。支援が必要なヤングケアラーの可能性がある児童生徒を把握した場合には、SSW と連携して市町村の福祉部門等を通じて必要な支援につなげることが求められます。

他方、家族のケアをすることは、子供にとって生きがいになっていることもあり、本人にとってかけがえのない人生の一頁にもなり得るものです。単純に家族ケアを「悪いこと」とし、ヤングケアラーを「かわいそうな子」と捉えるのではなく、家族ケアの価値を認めつつ、子供の声をよく聞き、気持ちに寄り添う姿勢を持つことも大切です。過度な負担や責任によって子供の育ちなどに影響が出ないよう、周囲の大人が理解した上で社会的支援がなされるような環境を整えることが求められます。

例えば、典型的なヤングケアラーとして、保護者や家族の精神疾患や精神的課題について、看病や見守り、通院付き添いなどをする子供がいます。このような場合、子供の養育が不適切であれば要保護児童、現実の問題は生じていないものの家族外からの支援が必要ならば要支援児童ということになり、それぞれ福祉につなぐ必要があります。また子供との関係だけでなく、保護者の精神疾患の程度が重い場合は、「精神保健及び精神障害福祉に関する法律」の手立てを活用することについて検討することも必要になります。任意の相談という対応だけでは不十分な場合もあり、SSW なども参画した校内でのケース会議でアセスメントとプランニングを実施し、支援を行うことが大切です。

13.4.6　社会的養護の対象である児童生徒

(1) 社会的養護の対象と関係施設等

社会的養護とは、保護者のない児童や、保護者に監護させることが適当でない児童、つまり要保護児童等について、公的責任で社会的に養育や保護を行うことをいいます。この社会的養護の対象のうち、保護者と分離されて養育支援される場合を代替養育と呼んでいます。

主として児福法に基づいた、児童養護施設や児童心理治療施設、児童自立支援施設、母子生活支援施設、自立援助ホームのほか、場合によっては障害関係の施設で生活する例もあります。また近年は、施設よりも里親やグループホームと呼ばれる家庭的な場所での養育が優先されるようになっています。

社会的養護の対象となる子供の多くは、何らかの事情で心身に傷ついた経験を有し、元の住居から離れ、保護者や家族とも離れ生活している点で、大きな困難を抱えています。そのため、施設や里親は、そのような困難の支援も視野に入れて取り組むことになります。しかし、その対応は容易ではなく、周囲から適切な理解が得られないなどの理由から、学校で問題行動などが発現しやすいといった状況も生じます。また、場合によって、施設に入所していることを家族に隠す必要があったり、関係者の強制的な引き取りなどのリスクに対応する必要があったりする場合なども想定されます。

(2) 学校における対象児童生徒への配慮

上記のことにより、学校は、施設や里親と連携して、アセスメントを共有するなど支援の方針を一致させることが大切です。また、措置を行った児童相談所との連携も重要になります。

なお、児童自立支援施設や一部の児童心理治療施設等には、施設内に学校が設置されており、元の学校との関係で、学籍異動や高校進学時の在籍校の調整などの必要性が生じることもあるなど、社会的養護の対象児童生徒特有の配慮も求められます。

社会的養護を受けている児童生徒については、高校などに進学した場合には、18歳を超えても福祉が支援をすることが可能となります。それでも施設等の退所後に自立に向けては大きな困難を抱える場合もあり、長期にわたり支援が続けられる体制を組むことが社会全体に求められています。学校も、特にそのための配慮を行うことが必要になります。

また、児童相談所による一時保護中の児童生徒については、一時保護等が行われている児童生徒の指導要録に係る適切な対応及び児童虐待防止対策に係る対応についての通知があり、特段の配慮が求められている点にも留意する必要があります。

近年は、社会的養護の対象となる子供について、積極的に養子縁組が推奨される流れがあります。特に特別養子縁組と呼ばれる、通常養子であることが戸籍上なども判断できない形態の養子縁組も増加しつつあり、それに伴って養親から学校に配慮を求める申し入れを行うという動きも増えています。

その背景には、学校の授業や行事などで、実親に育てられていないことや、出生以降の家庭生活が継続していないという事情を考慮しない取組がなされ、そのことが子供を傷つけることになるという場合が想定されるからです。学校には、そのような体験を持つ児童生徒が少なからず存在するということに配慮した取組が求められます。

13.4.7　外国人児童生徒等

外国籍の児童生徒のみならず、帰国児童生徒や国際結婚家庭の児童生徒など、多様な文化的・言語的背景を持つ児童生徒が増加しています。こうした児童生徒は文化の違いや言語の違いのみならず、これらに起因する複合的困難に直面することが多く、不登校やいじめ、中途退学などに発展する場合があります。教職員が児童生徒や保護者に寄り添ったきめ細かな支援を行うとともに、多様性を認め、互いを理解し、尊重し合う学校づくりに努めることが、何よりも大切です。

また、保護者が日本語を話さないために通訳をしたり、家族の世話をしたりするなど、児童生徒がいわゆるヤングケアラーとされる状態にある場合には、そもそも支援に関する情報を得ることが困難であることを踏まえ、学校が積極的に本人や保護者のニーズを把握し、適切な支援につなぐことが必要です。

なお、外国人児童生徒等を巡る生徒指導の実施に当たっては、「外国人児童生徒受入れの手引き」や「外国人児童生徒等教育に関する動画コンテンツ」などを参考にし、適切な対応を行うことが求められます。

索引

「生徒指導提要の改訂に関する協力者会議」名簿

50音順、職名は令和4年9月現在

■ 生徒指導提要の改訂に関する協力者会議委員

浅野　明美	全国養護教諭連絡協議会顧問
新井　肇	関西外国語大学外国語学部教授 「生徒指導提要の改訂に関する協力者会議」副座長
池辺　直孝	神奈川県立湘南高等学校長 全国高等学校長協会生徒指導研究委員会前委員長
石隈　利紀	東京成徳大学大学院心理学研究科長・教授
伊藤　美奈子	奈良女子大学研究院生活環境科学系教授
伊野　亘	独立行政法人国立青少年教育振興機構前理事
井上　智朗	独立行政法人国立青少年教育振興機構理事
大字　弘一郎	世田谷区立下北沢小学校統括校長・全国連合小学校長会会長
岡田　俊	国立研究開発法人国立精神・神経医療研究センター 精神保健研究所知的・発達障害研究部部長
岡田　弘	東京聖栄大学健康栄養学部教授
奥村　理加	八王子児童相談所児童福祉相談専門課長
栗原　慎二	広島大学大学院人間社会科学研究科教授
笹森　洋樹	独立行政法人国立特別支援教育総合研究所 発達障害教育推進センター上席総括研究員（兼）センター長
七條　正典	高松大学発達科学部教授
髙田　直芳	埼玉県教育長
土田　修	日本PTA全国協議会元副会長
野田　正人	立命館大学大学院人間科学研究科特任教授
針谷　修	台東区保護司会会長（元早稲田中・高等学校教諭）
藤田　絵理子	和歌山県立医科大学小児成育医療支援室主事
丸山　陽一	川口市教育委員会学校教育部次長兼指導課長
三田村　裕	八王子市立上柚木中学校長・全日本中学校長会元会長

三村　隆男　　早稲田大学大学院教育学研究科教授
宮寺　貴之　　科学警察研究所犯罪行動科学部付主任研究官（兼）研究調整官
八並　光俊　　東京理科大学教育支援機構教職教育センター教授
同大学大学院理学研究科科学教育専攻教授
「生徒指導提要の改訂に関する協力者会議」座長
デジタルテキスト作成者・編集責任者
山下　一夫　　鳴門教育大学参与

■ オブザーバー

小野　憲　　前 国立教育政策研究所生徒指導・進路指導研究センター総括研究官
髙橋　典久　　国立教育政策研究所生徒指導・進路指導研究センター総括研究官
滝　充　　国立教育政策研究所名誉所員
宮古　紀宏　　国立教育政策研究所生徒指導・進路指導研究センター総括研究官
（命）副センター長

■ 委員以外の執筆協力者

押切　久遠　　法務省大臣官房サイバーセキュリティ・情報化審議官
瀧野　揚三　　大阪教育大学教育学部教授
竹内　和雄　　兵庫県立大学環境人間学部准教授
中村　豊　　東京理科大学教育支援機構教職教育センター教授
同大学大学院理学研究科科学教育専攻教授

■ 文部科学省の主な編集者〔職位順〕

伯井　美徳　　前 初等中等教育局長
藤原　章夫　　初等中等教育局長
寺門　成真　　学習基盤審議官
淵上　孝　　前 大臣官房審議官（初等中等教育局担当）
茂里　毅　　前 学習基盤審議官

清重　隆信	初等中等教育局児童生徒課長
江口　有隣	前 初等中等教育局児童生徒課長
鈴木　慰人	前 初等中等教育局児童生徒課生徒指導室長
小林　雅彦	初等中等教育局児童生徒課生徒指導室長
井川　恭輔	初等中等教育局児童生徒課生徒指導調査官
蔀島　尚範	初等中等教育局児童生徒課生徒指導室いじめ・自殺等対策専門官
柾木　渉	前 初等中等教育局児童生徒課生徒指導室生徒指導企画係長
片境　俊貴	初等中等教育局児童生徒課生徒指導室生徒指導企画係長
知久　明生	初等中等教育局児童生徒課生徒指導室いじめ対策支援係
小澤　英雄	初等中等教育局児童生徒課生徒指導室生徒指導企画係

デジタルテキスト・バージョン情報*

2022-12-06 Ver.1.0.0

2023-02-23 Ver.1.0.1

生徒指導提要

MEXT 1-2207

〒100-8959 東京都千代田区霞が関３丁目２－２

* バージョン情報は、〔西暦年 - 月 - 日 Ver.A.B.C〕で構成されており、〔Ver.A.B.C〕の意味は、次のとおり。①〔A〕は、メジャーバージョンアップの番号で、内容が大幅に修正された場合、②〔B〕は、マイナーバージョンアップの番号で、法律の改正や公布・施行、新たな通知等があった場合、③〔C〕は、パッチバージョンの番号で、文言等の軽微な修正等の場合に番号が増加する。なお、本デジタルテキストは、科学論文作成用のフリーソフト LaTeX 2_ε で組版を行っている。

付　録

関 連 法 令

令和四年法律第七十七号

こども基本法

第一章　総則

（目的）

第一条　この法律は、日本国憲法及び児童の権利に関する条約の精神にのっとり、次代の社会を担う全てのこどもが、生涯にわたる人格形成の基礎を築き、自立した個人としてひとしく健やかに成長することができ、心身の状況、置かれている環境等にかかわらず、その権利の擁護が図られ、将来にわたって幸福な生活を送ることができる社会の実現を目指して、社会全体としてこども施策に取り組むことができるよう、こども施策に関し、基本理念を定め、国の責務等を明らかにし、及びこども施策の基本となる事項を定めるとともに、こども政策推進会議を設置すること等により、こども施策を総合的に推進することを目的とする。

（定義）

第二条　この法律において「こども」とは、心身の発達の過程にある者をいう。

2　この法律において「こども施策」とは、次に掲げる施策その他のこどもに関する施策及びこれと一体的に講ずべき施策をいう。

一　新生児期、乳幼児期、学童期及び思春期の各段階を経て、おとなになるまでの心身の発達の過程を通じて切れ目なく行われるこどもの健やかな成長に対する支援

二　子育てに伴う喜びを実感できる社会の実現に資するため、就労、結婚、妊娠、出産、育児等の各段階に応じて行われる支援

三　家庭における養育環境その他のこどもの養育環境の整備

（基本理念）

第三条　こども施策は、次に掲げる事項を基本理念として行われなければならない。

一　全てのこどもについて、個人として尊重され、その基本的人権が保障されるとともに、差別的取扱いを受けることがないようにすること。

二　全てのこどもについて、適切に養育されること、その生活を保障されること、愛され保護されること、その健やかな成長及び発達並びにその自立が図られることその他の福祉に係る権利が等しく保障されるとともに、教育基本法（平成十八年法律第百二十号）の精神にのっとり教育を受ける機会が等しく与えられること。

三　全てのこどもについて、その年齢及び発達の程度に応じて、自己に直接関係する全ての事項に関して意見を表明する機会及び多様な社会的活動に参画する機会が確保されること。

四　全てのこどもについて、その年齢及び発達の程度に応じて、その意見が尊重され、その最善の利益が優先して考慮されること。

五　こどもの養育については、家庭を基本として行われ、父母その他の保護者が第一義的責任を有するとの認識の下、これらの者に対してこどもの養育に関し十分な支援を行うとともに、家庭での養育が困難なこどもにはできる限り家庭と同様の養育環境を確保することにより、こどもが心身ともに健やかに育成されるようにすること。

六　家庭や子育てに夢を持ち、子育てに伴う喜びを実感できる社会環境を整備すること。

（国の責務）

第四条　国は、前条の基本理念（以下単に「基本理念」という。）にのっとり、こども施策を総合的に策定し、及び実施する責務を有する。

（地方公共団体の責務）

第五条　地方公共団体は、基本理念にのっとり、こども施策に関し、国及び他の地方公共団体との連携を図りつつ、その区域内におけるこどもの状況に応じた施策を策定し、及び実施する責務を有する。

（事業主の努力）

第六条　事業主は、基本理念にのっとり、その雇用する労働者の職業生活及び家庭生活の充実が図られるよう、必要な雇用環境の整備に努めるものとする。

（国民の努力）

第七条　国民は、基本理念にのっとり、こども施策について関心と理解を深めるとともに、国又は地方公共団体が実施するこども施策に協力するよう努めるものとする。

（年次報告）

第八条　政府は、毎年、国会に、我が国におけるこどもをめぐる状況及び政府が講じたこども施策の実施の状況に関する報告を提出するとともに、これを公表しなければならない。

2　前項の報告は、次に掲げる事項を含むものでなければならない。

一　少子化社会対策基本法（平成十五年法律第百三十三号）第九条第一項に規定する少子化の状況及び少子化に対処するために講じた施策の概況

二　子ども・若者育成支援推進法（平成二十一年法律第七十一号）第六条第一項に規定する我が国における子ども・若者の状況及び政府が講じた子ども・若者育成支援施策の実施の状況

三　子どもの貧困対策の推進に関する法律（平成二十五年法律第六十四号）第七条第一項に規定する子どもの貧困の状況及び子どもの貧困対策の実施の状況

第二章　基本的施策

（こども施策に関する大綱）

第九条　政府は、こども施策を総合的に推進するため、こども施策に関する大綱（以下「こども大綱」という。）を定めなければならない。

2　こども大綱は、次に掲げる事項について定めるものとする。

一　こども施策に関する基本的な方針

二　こども施策に関する重要事項

三　前二号に掲げるもののほか、こども施策を推進するために必要な事項

3　こども大綱は、次に掲げる事項を含むものでなければならない。

一　少子化社会対策基本法第七条第一項に規定する総合的かつ長期的な少子化に対処するための施策

二　子ども・若者育成支援推進法第八条第二項各号に掲げる事項

三　子どもの貧困対策の推進に関する法律第八条第二項各号に掲げる事項

4　こども大綱に定めるこども施策については、原則として、当該こども施策の具体的な目標及びその達成の期間を定めるものとする。

5　内閣総理大臣は、こども大綱の案につき閣議の決定を求めなければならない。

6　内閣総理大臣は、前項の規定による閣議の決定があったときは、遅滞なく、こども大綱を公表しなければならない。

7　前二項の規定は、こども大綱の変更について準用する。

（都道府県こども計画等）

第十条　都道府県は、こども大綱を勘案して、当該都道府県におけるこども施策についての計画（以下この条において「都道府県こども計画」という。）を定めるよう努めるものとする。

2　市町村は、こども大綱（都道府県こども計画が定められているときは、こども大綱及び都道府県こども計画）を勘案して、当該市町村におけるこども施策についての計画

（以下この条において「市町村こども計画」という。）を定めるよう努めるものとする。

3　都道府県又は市町村は、都道府県こども計画又は市町村こども計画を定め、又は変更したときは、遅滞なく、これを公表しなければならない。

4　都道府県こども計画は、子ども・若者育成支援推進法第九条第一項に規定する都道府県子ども・若者計画、子どもの貧困対策の推進に関する法律第九条第一項に規定する都道府県計画その他法令の規定により都道府県が作成する計画であってこども施策に関する事項を定めるものと一体のものとして作成することができる。

5　市町村こども計画は、子ども・若者育成支援推進法第九条第二項に規定する市町村子ども・若者計画、子どもの貧困対策の推進に関する法律第九条第二項に規定する市町村計画その他法令の規定により市町村が作成する計画であってこども施策に関する事項を定めるものと一体のものとして作成することができる。

（こども施策に対するこども等の意見の反映）

第十一条　国及び地方公共団体は、こども施策を策定し、実施し、及び評価するに当たっては、当該こども施策の対象となるこども又はこどもを養育する者その他の関係者の意見を反映させるために必要な措置を講ずるものとする。

（こども施策に係る支援の総合的かつ一体的な提供のための体制の整備等）

第十二条　国は、こども施策に係る支援が、支援を必要とする事由、支援を行う関係機関、支援の対象となる者の年齢又は居住する地域等にかかわらず、切れ目なく行われるようにするため、当該支援を総合的かつ一体的に行う体制の整備その他の必要な措置を講ずるものとする。

（関係者相互の有機的な連携の確保等）

第十三条　国は、こども施策が適正かつ円滑に行われるよう、医療、保健、福祉、教育、療育等に関する業務を行う関係機関相互の有機的な連携の確保に努めなければならない。

2　都道府県及び市町村は、こども施策が適正かつ円滑に行われるよう、前項に規定する業務を行う関係機関及び地域においてこどもに関する支援を行う民間団体相互の有機的な連携の確保に努めなければならない。

3　都道府県又は市町村は、前項の有機的な連携の確保に資するため、こども施策に係る事務の実施に係る協議及び連絡調整を行うための協議会を組織することができる。

4　前項の協議会は、第二項の関係機関及び民間団体その他の都道府県又は市町村が必要と認める者をもって構成する。

第十四条　国は、前条第一項の有機的な連携の確保に資するため、個人情報の適正な取扱いを確保しつつ、同項の関係機関が行うこどもに関する支援に資する情報の共有を促進するための情報通信技術の活用その他の必要な措置を講ずるものとする。

2　都道府県及び市町村は、前条第二項の有機的な連携の確保に資するため、個人情報の適正な取扱いを確保しつつ、同項の関係機関及び民間団体が行うこどもに関する支援に資する情報の共有を促進するための情報通信技術の活用その他の必要な措置を講ずるよう努めるものとする。

（この法律及び児童の権利に関する条約の趣旨及び内容についての周知）

第十五条　国は、この法律及び児童の権利に関する条約の趣旨及び内容について、広報活動等を通じて国民に周知を図り、その理解を得るよう努めるものとする。

（こども施策の充実及び財政上の措置等）

第十六条　政府は、こども大綱の定めるところにより、こども施策の幅広い展開その他のこども施策の一層の充実を図るとともに、その実施に必要な財政上の措置その他の措置を講ずるよう努めなければならない。

第三章　こども政策推進会議

（設置及び所掌事務等）

第十七条　こども家庭庁に、特別の機関として、こども政策推進会議（以下「会議」という。）を置く。

2　会議は、次に掲げる事務をつかさどる。

一　こども大綱の案を作成すること。

二　前号に掲げるもののほか、こども施策に関する重要事項について審議し、及びこども施策の実施を推進すること。

三　こども施策について必要な関係行政機関相互の調整をすること。

四　前三号に掲げるもののほか、他の法令の規定により会議に属させられた事務

3　会議は、前項の規定によりこども大綱の案を作成するに当たり、こども及びこどもを養育する者、学識経験者、地域においてこどもに関する支援を行う民間団体その他の関係者の意見を反映させるために必要な措置を講ずるものとする。

（組織等）

第十八条　会議は、会長及び委員をもって組織する。
2　会長は、内閣総理大臣をもって充てる。
3　委員は、次に掲げる者をもって充てる。
一　内閣府設置法（平成十一年法律第八十九号）第九条第一項に規定する特命担当大臣であって、同項の規定により命を受けて同法第十一条の三に規定する事務を掌理するもの
二　会長及び前号に掲げる者以外の国務大臣のうちから、内閣総理大臣が指定する者
（資料提出の要求等）
第十九条　会議は、その所掌事務を遂行するために必要があると認めるときは、関係行政機関の長に対し、資料の提出、意見の開陳、説明その他必要な協力を求めることができる。
2　会議は、その所掌事務を遂行するために特に必要があると認めるときは、前項に規定する者以外の者に対しても、必要な協力を依頼することができる。
（政令への委任）
第二十条　前三条に定めるもののほか、会議の組織及び運営に関し必要な事項は、政令で定める。

附　則　抄

（施行期日）
第一条　この法律は、令和五年四月一日から施行する。
（検討）
第二条　国は、この法律の施行後五年を目途として、この法律の施行の状況及びこども施策の実施の状況を勘案し、こども施策が基本理念にのっとって実施されているかどうか等の観点からその実態を把握し及び公正かつ適切に評価する仕組みの整備その他の基本理念にのっとったこども施策の一層の推進のために必要な方策について検討を加え、その結果に基づき、法制上の措置その他の必要な措置を講ずるものとする。

平成二十五年法律第七十一号

いじめ防止対策推進法

第一章　総則

（目的）

第一条　この法律は、いじめが、いじめを受けた児童等の教育を受ける権利を著しく侵害し、その心身の健全な成長及び人格の形成に重大な影響を与えるのみならず、その生命又は身体に重大な危険を生じさせるおそれがあるものであることに鑑み、児童等の尊厳を保持するため、いじめの防止等（いじめの防止、いじめの早期発見及びいじめへの対処をいう。以下同じ。）のための対策に関し、基本理念を定め、国及び地方公共団体等の責務を明らかにし、並びにいじめの防止等のための対策に関する基本的な方針の策定について定めるとともに、いじめの防止等のための対策の基本となる事項を定めることにより、いじめの防止等のための対策を総合的かつ効果的に推進することを目的とする。

（定義）

第二条　この法律において「いじめ」とは、児童等に対して、当該児童等が在籍する学校に在籍している等当該児童等と一定の人的関係にある他の児童等が行う心理的又は物理的な影響を与える行為（インターネットを通じて行われるものを含む。）であって、当該行為の対象となった児童等が心身の苦痛を感じているものをいう。

2　この法律において「学校」とは、学校教育法（昭和二十二年法律第二十六号）第一条に規定する小学校、中学校、義務教育学校、高等学校、中等教育学校及び特別支援学校（幼稚部を除く。）をいう。

3　この法律において「児童等」とは、学校に在籍する児童又は生徒をいう。

4　この法律において「保護者」とは、親権を行う者（親権を行う者のないときは、未成年後見人）をいう。

（基本理念）

第三条　いじめの防止等のための対策は、いじめが全ての児童等に関係する問題であることに鑑み、児童等が安心して学習その他の活動に取り組むことができるよう、学校の内外を問わずいじめが行われなくなるようにすることを旨として行われなければならない。

2　いじめの防止等のための対策は、全ての児童等がいじめを行わず、及び他の児童等に対して行われるいじめを認識しながらこれを放置することがないようにするため、いじめが児童等の心身に及ぼす影響その他のいじめの問題に関する児童等の理解を深めることを旨として行われなければならない。

3　いじめの防止等のための対策は、いじめを受けた児童等の生命及び心身を保護することが特に重要であることを認識しつつ、国、地方公共団体、学校、地域住民、家庭その他の関係者の連携の下、いじめの問題を克服することを目指して行われなければならない。

（いじめの禁止）

第四条　児童等は、いじめを行ってはならない。

（国の責務）

第五条　国は、第三条の基本理念（以下「基本理念」という。）にのっとり、いじめの防止等のための対策を総合的に策定し、及び実施する責務を有する。

（地方公共団体の責務）

第六条　地方公共団体は、基本理念にのっとり、いじめの防止等のための対策について、国と協力しつつ、当該地域の状況に応じた施策を策定し、及び実施する責務を有する。

（学校の設置者の責務）

第七条　学校の設置者は、基本理念にのっとり、その設置する学校におけるいじめの防止等のために必要な措置を講ずる責務を有する。

（学校及び学校の教職員の責務）

第八条　学校及び学校の教職員は、基本理念にのっとり、当該学校に在籍する児童等の保護者、地域住民、児童相談所その他の関係者との連携を図りつつ、学校全体でいじめの防止及び早期発見に取り組むとともに、当該学校に在籍する児童等がいじめを受けていると思われるときは、適切かつ迅速にこれに対処する責務を有する。

（保護者の責務等）

第九条　保護者は、子の教育について第一義的責任を有するものであって、その保護する児童等がいじめを行うことのないよう、当該児童等に対し、規範意識を養うための指導その他の必要な指導を行うよう努めるものとする。

2　保護者は、その保護する児童等がいじめを受けた場合には、適切に当該児童等をいじめから保護するものとする。

3　保護者は、国、地方公共団体、学校の設置者及びその設置する学校が講ずるいじめの防止等のための措置に協力するよう努めるものとする。

4　第一項の規定は、家庭教育の自主性が尊重されるべきことに変更を加えるものと解してはならず、また、前三項の規定は、いじめの防止等に関する学校の設置者及びその設置する学校の責任を軽減するものと解してはならない。

（財政上の措置等）

第十条　国及び地方公共団体は、いじめの防止等のための対策を推進するために必要な財政上の措置その他の必要な措置を講ずるよう努めるものとする。

第二章　いじめ防止基本方針等

（いじめ防止基本方針）

第十一条　文部科学大臣は、関係行政機関の長と連携協力して、いじめの防止等のための対策を総合的かつ効果的に推進するための基本的な方針（以下「いじめ防止基本方針」という。）を定めるものとする。

2　いじめ防止基本方針においては、次に掲げる事項を定めるものとする。

一　いじめの防止等のための対策の基本的な方向に関する事項

二　いじめの防止等のための対策の内容に関する事項

三　その他いじめの防止等のための対策に関する重要事項

（地方いじめ防止基本方針）

第十二条　地方公共団体は、いじめ防止基本方針を参酌し、その地域の実情に応じ、当該地方公共団体におけるいじめの防止等のための対策を総合的かつ効果的に推進するための基本的な方針（以下「地方いじめ防止基本方針」という。）を定めるよう努めるものとする。

（学校いじめ防止基本方針）

第十三条　学校は、いじめ防止基本方針又は地方いじめ防止基本方針を参酌し、その学校の実情に応じ、当該学校におけるいじめの防止等のための対策に関する基本的な方針を定めるものとする。

（いじめ問題対策連絡協議会）

第十四条　地方公共団体は、いじめの防止等に関係する機関及び団体の連携を図るため、条例の定めるところにより、学校、教育委員会、児童相談所、法務局又は地方法務局、都道府県警察その他の関係者により構成されるいじめ問題対策連絡協議会を置くことができる。

2　都道府県は、前項のいじめ問題対策連絡協議会を置いた場合には、当該いじめ問題対策連絡協議会におけるいじめの防止等に関係する機関及び団体の連携が当該都道府県の区域内の市町村が設置する学校におけるいじめの防止等に活用されるよう、当該いじめ問題対策連絡協議会と当該市町村の教育委員会との連携を図るために必要な措置を講ずるものとする。

3　前二項の規定を踏まえ、教育委員会といじめ問題対策連絡協議会との円滑な連携の下に、地方いじめ防止基本方針に基づく地域におけるいじめの防止等のための対策を実効的に行うようにするため必要があるときは、教育委員会に附属機関として必要な組織を置くことができるものとする。

第三章　基本的施策

（学校におけるいじめの防止）

第十五条　学校の設置者及びその設置する学校は、児童等の豊かな情操と道徳心を培い、心の通う対人交流の能力の素地を養うことがいじめの防止に資することを踏まえ、全ての教育活動を通じた道徳教育及び体験活動等の充実を図らなければならない。

2　学校の設置者及びその設置する学校は、当該学校におけるいじめを防止するため、当該学校に在籍する児童等の保護者、地域住民その他の関係者との連携を図りつつ、いじめの防止に資する活動であって当該学校に在籍する児童等が自主的に行うものに対する支援、当該学校に在籍する児童等及びその保護者並びに当該学校の教職員に対するいじめを防止することの重要性に関する理解を深めるための啓発その他必要な措置を講ずるものとする。

（いじめの早期発見のための措置）

第十六条　学校の設置者及びその設置する学校は、当該学校におけるいじめを早期に発見するため、当該学校に在籍する児童等に対する定期的な調査その他の必要な措置を講ずるものとする。

2　国及び地方公共団体は、いじめに関する通報及び相談を受け付けるための体制の整備に必要な施策を講ずるものとする。

3　学校の設置者及びその設置する学校は、当該学校に在籍する児童等及びその保護者並びに当該学校の教職員がいじめに係る相談を行うことができる体制（次項において「相談体制」という。）を整備するものとする。

4　学校の設置者及びその設置する学校は、相談体制を整備するに当たっては、家庭、地域社会等との連携の下、いじめを受けた児童等の教育を受ける権利その他の権利利益が擁護されるよう配慮するものとする。

（関係機関等との連携等）

第十七条　国及び地方公共団体は、いじめを受けた児童等又はその保護者に対する支援、いじめを行った児童等に対する指導又はその保護者に対する助言その他のいじめの防止等のための対策が関係者の連携の下に適切に行われるよう、関係省庁相互間その他関係機関、学校、家庭、地域社会及び民間団体の間の連携の強化、民間団体の支援その他必要な体制の整備に努めるものとする。

（いじめの防止等のための対策に従事する人材の確保及び資質の向上）

第十八条　国及び地方公共団体は、いじめを受けた児童等又はその保護者に対する支援、いじめを行った児童等に対する指導又はその保護者に対する助言その他のいじめの防止等のための対策が専門的知識に基づき適切に行われるよう、教員の養成及び研修の充実を通じた教員の資質の向上、生徒指導に係る体制等の充実のための教諭、養護教諭その他の教員の配置、心理、福祉等に関する専門的知識を有する者であっていじめの防止を含む教育相談に応じるものの確保、いじめへの対処に関し助言を行うために学校の求めに応じて派遣される者の確保等必要な措置を講ずるものとする。

2　学校の設置者及びその設置する学校は、当該学校の教職員に対し、いじめの防止等のための対策に関する研修の実施その他のいじめの防止等のための対策に関する資質の向上に必要な措置を計画的に行わなければならない。

（インターネットを通じて行われるいじめに対する対策の推進）

第十九条　学校の設置者及びその設置する学校は、当該学校に在籍する児童等及びその保護者が、発信された情報の高度の流通性、発信者の匿名性その他のインターネットを通じて送信される情報の特性を踏まえて、インターネットを通じて行われるいじめを防止し、及び効果的に対処することができるよう、これらの者に対し、必要な啓発活動を行うものとする。

2　国及び地方公共団体は、児童等がインターネットを通じて行われるいじめに巻き込まれていないかどうかを監視する関係機関又は関係団体の取組を支援するとともに、インターネットを通じて行われるいじめに関する事案に対処する体制の整備に努めるものとする。

3　インターネットを通じていじめが行われた場合において、当該いじめを受けた児童等又はその保護者は、当該いじめに係る情報の削除を求め、又は発信者情報（特定電気通信役務提供者の損害賠償責任の制限及び発信者情報の開示に関する法律（平成十三年法律第百三十七号）第二条第六号に規定する発信者情報をいう。）の開示を請求しようとするときは、必要に応じ、法務局又は地方法務局の協力を求めることができる。

（いじめの防止等のための対策の調査研究の推進等）

第二十条　国及び地方公共団体は、いじめの防止及び早期発見のための方策等、いじめを受けた児童等又はその保護者に対する支援及びいじめを行った児童等に対する指導又はその保護者に対する助言の在り方、インターネットを通じて行われるいじめへの対応の在り方その他のいじめの防止等のために必要な事項やいじめの防止等のための対策の実施の状況についての調査研究及び検証を行うとともに、その成果を普及するものとする。

（啓発活動）

第二十一条　国及び地方公共団体は、いじめが児童等の心身に及ぼす影響、いじめを防止することの重要性、いじめに係る相談制度又は救済制度等について必要な広報その他の啓発活動を行うものとする。

第四章　いじめの防止等に関する措置

（学校におけるいじめの防止等の対策のための組織）

第二十二条　学校は、当該学校におけるいじめの防止等に関する措置を実効的に行うため、当該学校の複数の教職員、心理、福祉等に関する専門的な知識を有する者その他の関係者により構成されるいじめの防止等の対策のための組織を置くものとする。

（いじめに対する措置）

第二十三条　学校の教職員、地方公共団体の職員その他の児童等からの相談に応じる者及び児童等の保護者は、児童等からいじめに係る相談を受けた場合において、いじめの事実があると思われるときは、いじめを受けたと思われる児童等が在籍する学校への通報その他の適切な措置をとるものとする。

2　学校は、前項の規定による通報を受けたときその他当該学校に在籍する児童等がいじめを受けていると思われるときは、速やかに、当該児童等に係るいじめの事実の有無の確認を行うための措置を講ずるとともに、その結果を当該学校の設置者に報告するものとする。

3　学校は、前項の規定による事実の確認によりいじめがあったことが確認された場合には、いじめをやめさせ、及びその再発を防止するため、当該学校の複数の教職員によって、心理、福祉等に関する専門的な知識を有する者の協力を得つつ、いじめを受けた児童等又はその保護者に対する支援及びいじめを行った児童等に対する指導又はその保護者に対する助言を継続的に行うものとする。

4　学校は、前項の場合において必要があると認めるときは、いじめを行った児童等についていじめを受けた児童等が使用する教室以外の場所において学習を行わせる等いじめを受けた児童等その他の児童等が安心して教育を受けられるようにするために必要な措置を講ずるものとする。

5　学校は、当該学校の教職員が第三項の規定による支援又は指導若しくは助言を行うに当たっては、いじめを受けた児童等の保護者といじめを行った児童等の保護者との間で争いが起きることのないよう、いじめの事案に係る情報をこれらの保護者と共有するための措置その他の必要な措置を講ずるものとする。

6　学校は、いじめが犯罪行為として取り扱われるべきものであると認めるときは所轄警察署と連携してこれに対処するものとし、当該学校に在籍する児童等の生命、身体又は財産に重大な被害が生じるおそれがあるときは直ちに所轄警察署に通報し、適切に、援助を求めなければならない。

（学校の設置者による措置）

第二十四条　学校の設置者は、前条第二項の規定による報告を受けたときは、必要に応じ、その設置する学校に対し必要な支援を行い、若しくは必要な措置を講ずることを指示し、又は当該報告に係る事案について自ら必要な調査を行うものとする。

（校長及び教員による懲戒）

第二十五条　校長及び教員は、当該学校に在籍する児童等がいじめを行っている場合であって教育上必要があると認めるときは、学校教育法第十一条の規定に基づき、適切に、当該児童等に対して懲戒を加えるものとする。

（出席停止制度の適切な運用等）

第二十六条　市町村の教育委員会は、いじめを行った児童等の保護者に対して学校教育法第三十五条第一項（同法第四十九条において準用する場合を含む。）の規定に基づき当該児童等の出席停止を命ずる等、いじめを受けた児童等その他の児童等が安心して教育を受けられるようにするために必要な措置を速やかに講ずるものとする。

（学校相互間の連携協力体制の整備）

第二十七条　地方公共団体は、いじめを受けた児童等といじめを行った児童等が同じ学校に在籍していない場合であっても、学校がいじめを受けた児童等又はその保護者に対する支援及びいじめを行った児童等に対する指導又はその保護者に対する助言を適切に行うことができるようにするため、学校相互間の連携協力体制を整備するものとする。

第五章　重大事態への対処

（学校の設置者又はその設置する学校による対処）

第二十八条　学校の設置者又はその設置する学校は、次に掲げる場合には、その事態（以下「重大事態」という。）に対処し、及び当該重大事態と同種の事態の発生の防止に資するため、速やかに、当該学校の設置者又はその設置する学校の下に組織を設け、質問票の使用その他の適切な方法により当該重大事態に係る事実関係を明確にするための調査を行うものとする。

一　いじめにより当該学校に在籍する児童等の生命、心身又は財産に重大な被害が生じた疑いがあると認めるとき。

二　いじめにより当該学校に在籍する児童等が相当の期間学校を欠席することを余儀なくされている疑いがあると認めるとき。

2　学校の設置者又はその設置する学校は、前項の規定による調査を行ったときは、当該調査に係るいじめを受けた児童等及びその保護者に対し、当該調査に係る重大事態の事実関係等その他の必要な情報を適切に提供するものとする。

3　第一項の規定により学校が調査を行う場合においては、当該学校の設置者は、同項の規定による調査及び前項の規定による情報の提供について必要な指導及び支援を行うものとする。

（国立大学に附属して設置される学校に係る対処）

第二十九条　国立大学法人（国立大学法人法（平成十五年法律第百十二号）第二条第一項に規定する国立大学法人をいう。以下この条において同じ。）が設置する国立大学に附属して設置される学校は、前条第一項各号に掲げる場合には、当該国立大学法人の学長又は理事長を通じて、重大事態が発生した旨を、文部科学大臣に報告しなければならない。

2　前項の規定による報告を受けた文部科学大臣は、当該報告に係る重大事態への対処又は当該重大事態と同種の事態の発生の防止のため必要があると認めるときは、前条第一項の規定による調査の結果について調査を行うことができる。

3　文部科学大臣は、前項の規定による調査の結果を踏まえ、当該調査に係る国立大学法人又はその設置する国立大学に附属して設置される学校が当該調査に係る重大事態への対処又は当該重大事態と同種の事態の発生の防止のために必要な措置を講ずることができるよう、国立大学法人法第三十五条において準用する独立行政法人通則法（平成十一年法律第百三号）第六十四条第一項に規定する権限の適切な行使その他の必要な措置を講ずるものとする。

（公立の学校に係る対処）

第三十条　地方公共団体が設置する学校は、第二十八条第一項各号に掲げる場合には、当該地方公共団体の教育委員会を通じて、重大事態が発生した旨を、当該地方公共団体の長に報告しなければならない。

2　前項の規定による報告を受けた地方公共団体の長は、当該報告に係る重大事態への対処又は当該重大事態と同種の事態の発生の防止のため必要があると認めるときは、附属機関を設けて調査を行う等の方法により、第二十八条第一項の規定による調査の結果について調査を行うことができる。

3　地方公共団体の長は、前項の規定による調査を行ったときは、その結果を議会に報告しなければならない。

4　第二項の規定は、地方公共団体の長に対し、地方教育行政の組織及び運営に関する法律（昭和三十一年法律第百六十二号）第二十一条に規定する事務を管理し、又は執行する権限を与えるものと解釈してはならない。

5　地方公共団体の長及び教育委員会は、第二項の規定による調査の結果を踏まえ、自らの権限及び責任において、当該調査に係る重大事態への対処又は当該重大事態と同種の事態の発生の防止のために必要な措置を講ずるものとする。

第三十条の二　第二十九条の規定は、公立大学法人（地方独立行政法人法（平成十五年法律第百十八号）第六十八条第一項に規定する公立大学法人をいう。）が設置する公立大学に附属して設置される学校について準用する。この場合において、第二十九条第一項中「文部科学大臣」とあるのは「当該公立大学法人を設立する地方公共団体の長（以下この条において単に「地方公共団体の長」という。）」と、同条第二項及び第三項中「文部科学大臣」とあるのは「地方公共団体の長」と、同項中「国立大学法人法第三十五条において準用する独立行政法人通則法（平成十一年法律第百三号）第六十四条第一項」とあるのは「地方独立行政法人法第百二十一条第一項」と読み替えるものとする。

（私立の学校に係る対処）

第三十一条　学校法人（私立学校法（昭和二十四年法律第二百七十号）第三条に規定する学校法人をいう。以下この条において同じ。）が設置する学校は、第二十八条第一項各号に掲げる場合には、重大事態が発生した旨を、当該学校を所轄する都道府県知事（以下この条において単に「都道府県知事」という。）に報告しなければならない。

2　前項の規定による報告を受けた都道府県知事は、当該報告に係る重大事態への対処又は当該重大事態と同種の事態の発生の防止のため必要があると認めるときは、附属機関を設けて調査を行う等の方法により、第二十八条第一項の規定による調査の結果について調査を行うことができる。

3　都道府県知事は、前項の規定による調査の結果を踏まえ、当該調査に係る学校法人又はその設置する学校が当該調査に係る重大事態への対処又は当該重大事態と同種の事態の発生の防止のために必要な措置を講ずることができるよう、私立学校法第六条に規定する権限の適切な行使その他の必要な措置を講ずるものとする。

4　前二項の規定は、都道府県知事に対し、学校法人が設置する学校に対して行使することができる権限を新たに与えるものと解釈してはならない。

第三十二条　学校設置会社（構造改革特別区域法（平成十四年法律第百八十九号）第十二条第二項に規定する学校設置会社をいう。以下この条において同じ。）が設置する学校は、第二十八条第一項各号に掲げる場合には、当該学校設置会社の代表取締役又は代表執行役を通じて、重大事態が発生した旨を、同法第十二条第一項の規定による認定を受けた地方公共団体の長（以下「認定地方公共団体の長」という。）に報告しなければならない。

2　前項の規定による報告を受けた認定地方公共団体の長は、当該報告に係る重大事態への対処又は当該重大事態と同種の事態の発生の防止のため必要があると認めるときは、附属機関を設けて調査を行う等の方法により、第二十八条第一項の規定による調査の結果について調査を行うことができる。

3　認定地方公共団体の長は、前項の規定による調査の結果を踏まえ、当該調査に係る学校設置会社又はその設置する学校が当該調査に係る重大事態への対処又は当該重大事態と同種の事態の発生の防止のために必要な措置を講ずることができるよう、構造改革特別区域法第十二条第十項に規定する権限の適切な行使その他の必要な措置を講ずるものとする。

4　前二項の規定は、認定地方公共団体の長に対し、学校設置会社が設置する学校に対して行使することができる権限を新たに与えるものと解釈してはならない。

5　第一項から前項までの規定は、学校設置非営利法人（構造改革特別区域法第十三条第二項に規定する学校設置非営利法人をいう。）が設置する学校について準用する。この場合において、第一項中「学校設置会社の代表取締役又は代表執行役」とあるのは「学校設置非営利法人の代表権を有する理事」と、「第十二条第一項」とあるのは「第十三条第一項」と、第二項中「前項」とあるのは「第五項において準用する前項」と、第三項中「前項」とあるのは「第五項において準用する前項」と、「学校設置会社」とあるのは「学校設置非営利法人」と、「第十二条第十項」とあるのは「第十三条第三項において準用する同法第十二条第十項」と、前項中「前二項」とあるのは「次項において準用する前二項」と読み替えるものとする。

（文部科学大臣又は都道府県の教育委員会の指導、助言及び援助）

第三十三条　地方自治法（昭和二十二年法律第六十七号）第二百四十五条の四第一項の規定によるほか、文部科学大臣は都道府県又は市町村に対し、都道府県の教育委員会は市町村に対し、重大事態への対処に関する都道府県又は市町村の事務の適正な処理を図るため、必要な指導、助言又は援助を行うことができる。

第六章　雑則

（学校評価における留意事項）

第三十四条　学校の評価を行う場合においていじめの防止等のための対策を取り扱うに当たっては、いじめの事実が隠蔽されず、並びにいじめの実態の把握及びいじめに対する措置が適切に行われるよう、いじめの早期発見、いじめの再発を防止するための取組等について適正に評価が行われるようにしなければならない。

（高等専門学校における措置）

第三十五条　高等専門学校（学校教育法第一条に規定する高等専門学校をいう。以下この条において同じ。）の設置者及びその設置する高等専門学校は、当該高等専門学校の実情に応じ、当該高等専門学校に在籍する学生に係るいじめに相当する行為の防止、当該行為の早期発見及び当該行為への対処のための対策に関し必要な措置を講ずるよう努めるものとする。

附　則

（施行期日）

第一条　この法律は、公布の日から起算して三月を経過した日から施行する。

（検討）

第二条　いじめの防止等のための対策については、この法律の施行後三年を目途として、この法律の施行状況等を勘案し、検討が加えられ、必要があると認められるときは、その結果に基づいて必要な措置が講ぜられるものとする。

2　政府は、いじめにより学校における集団の生活に不安又は緊張を覚えることとなったために相当の期間学校を欠席することを余儀なくされている児童等が適切な支援を受けつつ学習することができるよう、当該児童等の学習に対する支援の在り方についての検討を行うものとする。

附　則　（平成二六年六月二〇日法律第七六号）　抄

（施行期日）

第一条　この法律は、平成二十七年四月一日から施行する。

附　則　（平成二七年六月二四日法律第四六号）　抄

（施行期日）

第一条　この法律は、平成二十八年四月一日から施行する。

附　則　（平成二八年五月二〇日法律第四七号）　抄

（施行期日）

第一条　この法律は、平成二十九年四月一日から施行する。

附　則　（令和元年五月二四日法律第一一号）　抄

（施行期日）

第一条　この法律は、平成三十二年四月一日から施行する。

附　則　（令和三年四月二八日法律第二七号）　抄

（施行期日）

第一条　この法律は、公布の日から起算して一年六月を超えない範囲内において政令で定める日から施行する。

平成十八年法律第八十五号

自殺対策基本法

第一章　総則

（目的）

第一条　この法律は、近年、我が国において自殺による死亡者数が高い水準で推移している状況にあり、誰も自殺に追い込まれることのない社会の実現を目指して、これに対処していくことが重要な課題となっていることに鑑み、自殺対策に関し、基本理念を定め、及び国、地方公共団体等の責務を明らかにするとともに、自殺対策の基本となる事項を定めること等により、自殺対策を総合的に推進して、自殺の防止を図り、あわせて自殺者の親族等の支援の充実を図り、もって国民が健康で生きがいを持って暮らすことのできる社会の実現に寄与することを目的とする。

（基本理念）

第二条　自殺対策は、生きることの包括的な支援として、全ての人がかけがえのない個人として尊重されるとともに、生きる力を基礎として生きがいや希望を持って暮らすことができるよう、その妨げとなる諸要因の解消に資するための支援とそれを支えかつ促進するための環境の整備充実が幅広くかつ適切に図られることを旨として、実施されなければならない。

2　自殺対策は、自殺が個人的な問題としてのみ捉えられるべきものではなく、その背景に様々な社会的な要因があることを踏まえ、社会的な取組として実施されなければならない。

3　自殺対策は、自殺が多様かつ複合的な原因及び背景を有するものであることを踏まえ、単に精神保健的観点からのみならず、自殺の実態に即して実施されるようにしなければならない。

4　自殺対策は、自殺の事前予防、自殺発生の危機への対応及び自殺が発生した後又は自殺が未遂に終わった後の事後対応の各段階に応じた効果的な施策として実施されなければならない。

5　自殺対策は、保健、医療、福祉、教育、労働その他の関連施策との有機的な連携が図られ、総合的に実施されなければならない。

（国及び地方公共団体の責務）

第三条　国は、前条の基本理念（次項において「基本理念」という。）にのっとり、自殺対策を総合的に策定し、及び実施する責務を有する。

2　地方公共団体は、基本理念にのっとり、自殺対策について、国と協力しつつ、当該地域の状況に応じた施策を策定し、及び実施する責務を有する。

3　国は、地方公共団体に対し、前項の責務が十分に果たされるように必要な助言その他の援助を行うものとする。

（事業主の責務）

第四条　事業主は、国及び地方公共団体が実施する自殺対策に協力するとともに、その雇用する労働者の心の健康の保持を図るため必要な措置を講ずるよう努めるものとする。

（国民の責務）

第五条　国民は、生きることの包括的な支援としての自殺対策の重要性に関する理解と関心を深めるよう努めるものとする。

（国民の理解の増進）

第六条　国及び地方公共団体は、教育活動、広報活動等を通じて、自殺対策に関する国民の理解を深めるよう必要な措置を講ずるものとする。

（自殺予防週間及び自殺対策強化月間）

第七条　国民の間に広く自殺対策の重要性に関する理解と関心を深めるとともに、自殺対策の総合的な推進に資するため、自殺予防週間及び自殺対策強化月間を設ける。

2　自殺予防週間は九月十日から九月十六日までとし、自殺対策強化月間は三月とする。

3　国及び地方公共団体は、自殺予防週間においては、啓発活動を広く展開するものとし、それにふさわしい事業を実施するよう努めるものとする。

4　国及び地方公共団体は、自殺対策強化月間においては、自殺対策を集中的に展開するものとし、関係機関及び関係団体と相互に連携協力を図りながら、相談事業その他それにふさわしい事業を実施するよう努めるものとする。

（関係者の連携協力）

第八条　国、地方公共団体、医療機関、事業主、学校（学校教育法（昭和二十二年法律第二十六号）第一条に規定する学校をいい、幼稚園及び特別支援学校の幼稚部を除く。第十七条第一項及び第三項において同じ。）、自殺対策に係る活動を行う民間の団体その他の関係者は、自殺対策の総合的かつ効果的な推進のため、相互に連携を図りながら協力するものとする。

（名誉及び生活の平穏への配慮）

第九条　自殺対策の実施に当たっては、自殺者及び自殺未遂者並びにそれらの者の親族等の名誉及び生活の平穏に十分配慮し、いやしくもこれらを不当に侵害することのないようにしなければならない。

（法制上の措置等）

第十条　政府は、この法律の目的を達成するため、必要な法制上又は財政上の措置その他の措置を講じなければならない。

（年次報告）

第十一条　政府は、毎年、国会に、我が国における自殺の概況及び講じた自殺対策に関する報告書を提出しなければならない。

第二章　自殺総合対策大綱及び都道府県自殺対策計画等

（自殺総合対策大綱）

第十二条　政府は、政府が推進すべき自殺対策の指針として、基本的かつ総合的な自殺対策の大綱（次条及び第二十三条第二項第一号において「自殺総合対策大綱」という。）を定めなければならない。

（都道府県自殺対策計画等）

第十三条　都道府県は、自殺総合対策大綱及び地域の実情を勘案して、当該都道府県の区域内における自殺対策についての計画（次項及び次条において「都道府県自殺対策計画」という。）を定めるものとする。

2　市町村は、自殺総合対策大綱及び都道府県自殺対策計画並びに地域の実情を勘案して、当該市町村の区域内における自殺対策についての計画（次条において「市町村自殺対策計画」という。）を定めるものとする。

（都道府県及び市町村に対する交付金の交付）

第十四条　国は、都道府県自殺対策計画又は市町村自殺対策計画に基づいて当該地域の状況に応じた自殺対策のために必要な事業、その総合的かつ効果的な取組等を実施する都道府県又は市町村に対し、当該事業等の実施に要する経費に充てるため、推進される自殺対策の内容その他の事項を勘案して、厚生労働省令で定めるところにより、予算の範囲内で、交付金を交付することができる。

第三章　基本的施策

（調査研究等の推進及び体制の整備）

第十五条　国及び地方公共団体は、自殺対策の総合的かつ効果的な実施に資するため、自殺の実態、自殺の防止、自殺者の親族等の支援の在り方、地域の状況に応じた自殺対策の在り方、自殺対策の実施の状況等又は心の健康の保持増進についての調査研究及び検証並びにその成果の活用を推進するとともに、自殺対策について、先進的な取組に関する情報その他の情報の収集、整理及び提供を行うものとする。

2　国及び地方公共団体は、前項の施策の効率的かつ円滑な実施に資するための体制の整備を行うものとする。

（人材の確保等）

第十六条　国及び地方公共団体は、大学、専修学校、関係団体等との連携協力を図りながら、自殺対策に係る人材の確保、養成及び資質の向上に必要な施策を講ずるものとする。

（心の健康の保持に係る教育及び啓発の推進等）

第十七条　国及び地方公共団体は、職域、学校、地域等における国民の心の健康の保持に係る教育及び啓発の推進並びに相談体制の整備、事業主、学校の教職員等に対する国民の心の健康の保持に関する研修の機会の確保等必要な施策を講ずるものとする。

2　国及び地方公共団体は、前項の施策で大学及び高等専門学校に係るものを講ずるに当たっては、大学及び高等専門学校における教育の特性に配慮しなければならない。

3　学校は、当該学校に在籍する児童、生徒等の保護者、地域住民その他の関係者との連携を図りつつ、当該学校に在籍する児童、生徒等に対し、各人がかけがえのない個人として共に尊重し合いながら生きていくことについての意識の涵(かん)養等に資する教育又は啓発、困難な事態、強い心理的負担を受けた場合等における対処の仕方を身に付ける等のための教育又は啓発その他当該学校に在籍する児童、生徒等の心の健康の保持に係る教育又は啓発を行うよう努めるものとする。

（医療提供体制の整備）

第十八条　国及び地方公共団体は、心の健康の保持に支障を生じていることにより自殺のおそれがある者に対し必要な医療が早期かつ適切に提供されるよう、精神疾患を有する者が精神保健に関して学識経験を有する医師（以下この条において「精神科医」という。）の診療を受けやすい環境の整備、良質かつ適切な精神医療が提供される体制の整備、身体の傷害又は疾病についての診療の初期の段階における当該診療を行う医師と精神科医との適切な連携の確保、救急医療を行う医師と精神科医との適切な連携の確保、精神科医とその地域において自殺対策に係る活動を行うその他の心理、保健福祉等に関する専門家、民間の団体等の関係者との円滑な連携の確保等必要な施策を講ずるものとする。

（自殺発生回避のための体制の整備等）

第十九条　国及び地方公共団体は、自殺をする危険性が高い者を早期に発見し、相談その他の自殺の発生を回避するための適切な対処を行う体制の整備及び充実に必要な施策を講ずるものとする。

（自殺未遂者等の支援）

第二十条　国及び地方公共団体は、自殺未遂者が再び自殺を図ることのないよう、自殺未遂者等への適切な支援を行うために必要な施策を講ずるものとする。

（自殺者の親族等の支援）

第二十一条　国及び地方公共団体は、自殺又は自殺未遂が自殺者又は自殺未遂者の親族等に及ぼす深刻な心理的影響が緩和されるよう、当該親族等への適切な支援を行うために必要な施策を講ずるものとする。

（民間団体の活動の支援）

第二十二条　国及び地方公共団体は、民間の団体が行う自殺の防止、自殺者の親族等の支援等に関する活動を支援するため、助言、財政上の措置その他の必要な施策を講ずるものとする。

第四章　自殺総合対策会議等

（設置及び所掌事務）

第二十三条　厚生労働省に、特別の機関として、自殺総合対策会議（以下「会議」という。）を置く。

2　会議は、次に掲げる事務をつかさどる。

一　自殺総合対策大綱の案を作成すること。

二　自殺対策について必要な関係行政機関相互の調整をすること。

三　前二号に掲げるもののほか、自殺対策に関する重要事項について審議し、及び自殺対策の実施を推進すること。

（会議の組織等）

第二十四条　会議は、会長及び委員をもって組織する。

2　会長は、厚生労働大臣をもって充てる。

3　委員は、厚生労働大臣以外の国務大臣のうちから、厚生労働大臣の申出により、内閣総理大臣が指定する者をもって充てる。

4　会議に、幹事を置く。

5　幹事は、関係行政機関の職員のうちから、厚生労働大臣が任命する。

6　幹事は、会議の所掌事務について、会長及び委員を助ける。

7　前各項に定めるもののほか、会議の組織及び運営に関し必要な事項は、政令で定める。

（必要な組織の整備）

第二十五条　前二条に定めるもののほか、政府は、自殺対策を推進するにつき、必要な組織の整備を図るものとする。

附　則　抄

（施行期日）

第一条　この法律は、公布の日から起算して六月を超えない範囲内において政令で定める日から施行する。

附　則　（平成二七年九月一一日法律第六六号）　抄

（施行期日）

第一条　この法律は、平成二十八年四月一日から施行する。ただし、次の各号に掲げる規定は、当該各号に定める日から施行する。

一　附則第七条の規定　公布の日

（自殺対策基本法の一部改正に伴う経過措置）

第六条　この法律の施行の際現に第二十七条の規定による改正前の自殺対策基本法第二十条第一項の規定により置かれている自殺総合対策会議は、第二十七条の規定による改正後の自殺対策基本法第二十条第一項の規定により置かれる自殺総合対策会議となり、同一性をもって存続するものとする。

（政令への委任）

第七条　附則第二条から前条までに定めるもののほか、この法律の施行に関し必要な経過措置は、政令で定める。

附　則　（平成二八年三月三〇日法律第一一号）　抄

（施行期日）

1　この法律は、平成二十八年四月一日から施行する。ただし、次項の規定は、公布の日から施行する。

平成二十八年法律第百五号

義務教育の段階における普通教育に相当する教育の機会の確保等に関する法律

第一章　総則

（目的）

第一条　この法律は、教育基本法（平成十八年法律第百二十号）及び児童の権利に関する条約等の教育に関する条約の趣旨にのっとり、教育機会の確保等に関する施策に関し、基本理念を定め、並びに国及び地方公共団体の責務を明らかにするとともに、基本指針の策定その他の必要な事項を定めることにより、教育機会の確保等に関する施策を総合的に推進することを目的とする。

（定義）

第二条　この法律において、次の各号に掲げる用語の意義は、それぞれ当該各号に定めるところによる。

一　学校　学校教育法（昭和二十二年法律第二十六号）第一条に規定する小学校、中学校、義務教育学校、中等教育学校の前期課程又は特別支援学校の小学部若しくは中学部をいう。

二　児童生徒　学校教育法第十八条に規定する学齢児童又は学齢生徒をいう。

三　不登校児童生徒　相当の期間学校を欠席する児童生徒であって、学校における集団の生活に関する心理的な負担その他の事由のために就学が困難である状況として文部科学大臣が定める状況にあると認められるものをいう。

四　教育機会の確保等　不登校児童生徒に対する教育の機会の確保、夜間その他特別な時間において授業を行う学校における就学の機会の提供その他の義務教育の段階における普通教育に相当する教育の機会の確保及び当該教育を十分に受けていない者に対する支援をいう。

（基本理念）

第三条　教育機会の確保等に関する施策は、次に掲げる事項を基本理念として行われなければならない。

一　全ての児童生徒が豊かな学校生活を送り、安心して教育を受けられるよう、学校における環境の確保が図られるようにすること。

二　不登校児童生徒が行う多様な学習活動の実情を踏まえ、個々の不登校児童生徒の状況に応じた必要な支援が行われるようにすること。

三　不登校児童生徒が安心して教育を十分に受けられるよう、学校における環境の整備が図られるようにすること。

四　義務教育の段階における普通教育に相当する教育を十分に受けていない者の意思を十分に尊重しつつ、その年齢又は国籍その他の置かれている事情にかかわりなく、その能力に応じた教育を受ける機会が確保されるようにするとともに、その者が、その教育を通じて、社会において自立的に生きる基礎を培い、豊かな人生を送ることができるよう、その教育水準の維持向上が図られるようにすること。

五　国、地方公共団体、教育機会の確保等に関する活動を行う民間の団体その他の関係者の相互の密接な連携の下に行われるようにすること。

（国の責務）

第四条　国は、前条の基本理念にのっとり、教育機会の確保等に関する施策を総合的に策定し、及び実施する責務を有する。

（地方公共団体の責務）

第五条　地方公共団体は、第三条の基本理念にのっとり、教育機会の確保等に関する施策について、国と協力しつつ、当該地域の状況に応じた施策を策定し、及び実施する責務を有する。

（財政上の措置等）

第六条　国及び地方公共団体は、教育機会の確保等に関する施策を実施するため必要な財政上の措置その他の措置を講ずるよう努めるものとする。

第二章　基本指針

第七条　文部科学大臣は、教育機会の確保等に関する施策を総合的に推進するための基本的な指針（以下この条において「基本指針」という。）を定めるものとする。

2　基本指針においては、次に掲げる事項を定めるものとする。

一　教育機会の確保等に関する基本的事項

二　不登校児童生徒等に対する教育機会の確保等に関する事項

三　夜間その他特別な時間において授業を行う学校における就学の機会の提供等に関する事項

四　その他教育機会の確保等に関する施策を総合的に推進するために必要な事項

3　文部科学大臣は、基本指針を作成し、又はこれを変更しようとするときは、あらかじめ、地方公共団体及び教育機会の確保等に関する活動を行う民間の団体その他の関係者の意見を反映させるために必要な措置を講ずるものとする。

4　文部科学大臣は、基本指針を定め、又はこれを変更したときは、遅滞なく、これを公表しなければならない。

第三章　不登校児童生徒等に対する教育機会の確保等

（学校における取組への支援）

第八条　国及び地方公共団体は、全ての児童生徒が豊かな学校生活を送り、安心して教育を受けられるよう、児童生徒と学校の教職員との信頼関係及び児童生徒相互の良好な関係の構築を図るための取組、児童生徒の置かれている環境その他の事情及びその意思を把握するための取組、学校生活上の困難を有する個々の児童生徒の状況に応じた支援その他の学校における取組を支援するために必要な措置を講ずるよう努めるものとする。

（支援の状況等に係る情報の共有の促進等）

第九条　国及び地方公共団体は、不登校児童生徒に対する適切な支援が組織的かつ継続的に行われることとなるよう、不登校児童生徒の状況及び不登校児童生徒に対する支援の状況に係る情報を学校の教職員、心理、福祉等に関する専門的知識を有する者その他の関係者間で共有することを促進するために必要な措置その他の措置を講ずるものとする。

（特別の教育課程に基づく教育を行う学校の整備等）

第十条　国及び地方公共団体は、不登校児童生徒に対しその実態に配慮して特別に編成された教育課程に基づく教育を行う学校の整備及び当該教育を行う学校における教育の充実のために必要な措置を講ずるよう努めるものとする。

（学習支援を行う教育施設の整備等）

第十一条　国及び地方公共団体は、不登校児童生徒の学習活動に対する支援を行う公立の教育施設の整備及び当該支援を行う公立の教育施設における教育の充実のために必要な措置を講ずるよう努めるものとする。

（学校以外の場における学習活動の状況等の継続的な把握）

第十二条　国及び地方公共団体は、不登校児童生徒が学校以外の場において行う学習活動の状況、不登校児童生徒の心身の状況その他の不登校児童生徒の状況を継続的に把握するために必要な措置を講ずるものとする。

（学校以外の場における学習活動等を行う不登校児童生徒に対する支援）

第十三条　国及び地方公共団体は、不登校児童生徒が学校以外の場において行う多様で適切な学習活動の重要性に鑑み、個々の不登校児童生徒の休養の必要性を踏まえ、当該不登校児童生徒の状況に応じた学習活動が行われることとなるよう、当該不登校児童生徒及びその保護者（学校教育法第十六条に規定する保護者をいう。）に対する必要な情報の提供、助言その他の支援を行うために必要な措置を講ずるものとする。

第四章　夜間その他特別な時間において授業を行う学校における就学の機会の提供等

（就学の機会の提供等）

第十四条　地方公共団体は、学齢期を経過した者（その者の満六歳に達した日の翌日以後における最初の学年の初めから満十五歳に達した日の属する学年の終わりまでの期間を経過した者をいう。次条第二項第三号において同じ。）であって学校における就学の機会が提供されなかったもののうちにその機会の提供を希望する者が多く存在することを踏まえ、夜間その他特別な時間において授業を行う学校における就学の機会の提供その他の必要な措置を講ずるものとする。

（協議会）

第十五条　都道府県及び当該都道府県の区域内の市町村は、前条に規定する就学の機会の提供その他の必要な措置に係る事務についての当該都道府県及び当該市町村の役割分担に関する事項の協議並びに当該事務の実施に係る連絡調整を行うための協議会（以下この条において「協議会」という。）を組織することができる。

2　協議会は、次に掲げる者をもって構成する。

一　都道府県の知事及び教育委員会

二　当該都道府県の区域内の市町村の長及び教育委員会

三　学齢期を経過した者であって学校における就学の機会が提供されなかったもののうちその機会の提供を希望する者に対する支援活動を行う民間の団体その他の当該都道府県及び当該市町村が必要と認める者

3　協議会において協議が調った事項については、協議会の構成員は、その協議の結果を尊重しなければならない。

4　前三項に定めるもののほか、協議会の運営に関し必要な事項は、協議会が定める。

第五章　教育機会の確保等に関するその他の施策

（調査研究等）

第十六条　国は、義務教育の段階における普通教育に相当する教育を十分に受けていない者の実態の把握に努めるとともに、その者の学習活動に対する支援の方法に関する調査研究並びにこれに関する情報の収集、整理、分析及び提供を行うものとする。

（国民の理解の増進）

第十七条　国及び地方公共団体は、広報活動等を通じて、教育機会の確保等に関する国民の理解を深めるよう必要な措置を講ずるよう努めるものとする。

（人材の確保等）

第十八条　国及び地方公共団体は、教育機会の確保等が専門的知識に基づき適切に行われるよう、学校の教職員その他の教育機会の確保等に携わる者の養成及び研修の充実を通じたこれらの者の資質の向上、教育機会の確保等に係る体制等の充実のための学校の教職員の配置、心理、福祉等に関する専門的知識を有する者であって教育相談に応じるものの確保その他の必要な措置を講ずるよう努めるものとする。

（教材の提供その他の学習の支援）

第十九条　国及び地方公共団体は、義務教育の段階における普通教育に相当する教育を十分に受けていない者のうち中学校を卒業した者と同等以上の学力を修得することを希望する者に対して、教材の提供（通信の方法によるものを含む。）その他の学習の支援のために必要な措置を講ずるよう努めるものとする。

（相談体制の整備）

第二十条　国及び地方公共団体は、義務教育の段階における普通教育に相当する教育を十分に受けていない者及びこれらの者以外の者であって学校生活上の困難を有する児童生徒であるもの並びにこれらの者の家族からの教育及び福祉に関する相談をはじめとする各種の相談に総合的に応ずることができるようにするため、関係省庁相互間その他関係機関、学校及び民間の団体の間の連携の強化その他必要な体制の整備に努めるものとする。

附　則

（施行期日）

1　この法律は、公布の日から起算して二月を経過した日から施行する。ただし、第四章の規定は、公布の日から施行する。

（検討）

2　政府は、速やかに、教育機会の確保等のために必要な経済的支援の在り方について検討を加え、その結果に基づいて必要な措置を講ずるものとする。

3　政府は、義務教育の段階における普通教育に相当する教育を十分に受けていない者が行う多様な学習活動の実情を踏まえ、この法律の施行後三年以内にこの法律の施行の状況について検討を加え、その結果に基づき、教育機会の確保等の在り方の見直しを含め、必要な措置を講ずるものとする。

附　則　（令和四年六月二二日法律第七六号）　抄

（施行期日）

第一条　この法律は、こども家庭庁設置法（令和四年法律第七十五号）の施行の日から施行する。ただし、附則第九条の規定は、この法律の公布の日から施行する。

（政令への委任）

第九条　附則第二条から第四条まで及び前条に定めるもののほか、この法律の施行に関し必要な経過措置（罰則に関する経過措置を含む。）は、政令で定める。

附　則　（令和四年六月二二日法律第七七号）　抄

（施行期日）

第一条　この法律は、令和五年四月一日から施行する。ただし、次の各号に掲げる規定は、この法律の公布の日又は当該各号に定める法律の公布の日のいずれか遅い日から施行する。

一　略

二　附則第十一条の規定　こども家庭庁設置法の施行に伴う関係法律の整備に関する法律（令和四年法律第七十六号）

生徒指導提要

令和 4 年 12 月 改訂

コンパクト版・関連法令付録

2023 年 4 月 18 日　初版第 1 刷発行
2024 年 5 月 10 日　　　第 4 刷発行

■発行者　加藤 勝博

■発行所　株式会社 ジアース教育新社

〒101-0054　東京都千代田区神田錦町 1-23　宗保第 2 ビル
TEL：03-5282-7183　FAX：03-5282-7892
E-mail：info@kyoikushinsha.co.jp
URL：https://www.kyoikushinsha.co.jp/

■表紙 DTP　土屋図形 株式会社

■印刷・製本　シナノ印刷 株式会社

○定価は表紙に表示してあります。

Printed in Japan
ISBN978-4-86371-653-7